船舶电气设备

林华峰　赵克威　陈胜林　编

哈尔滨工程大学出版社

内容简介

本教材包括船舶电站设备、配电设备和船舶电力拖动设备三个部分。

船舶电站设备主要介绍船舶电力系统的组成、船舶发电机、主电站和应急电站；介绍船舶交流发电机的结构和运行原理、励磁自动调节原理、发电机保护的设置；介绍主电站的结构、主配电板各功能屏的一般使用要求。着重介绍应急电站的结构、应急配电板和应急电站的码头试验方法。

配电设备主要介绍分配电板、充放电板、区域配电板和岸电箱。着重介绍临时应急配电系统的结构、充放电控制方式、充电装置电路、区域配电系统的结构和配电板控制电路。

船舶电力拖动设备主要介绍磁力启动器、机舱泵和风机类电动机械的控制、冷藏设备、锚机。着重介绍磁力启动器的各种电路形式，机舱风、泵的典型控制电路，冷藏设备的电气控制电路，交流三速锚机的控制电路。

本教材是为培训中级船舶电工编写的，也可供从事船舶电气工作的人员和船员参考。

图书在版编目(CIP)数据

船舶电气设备/林华峰，赵克威，陈胜林编. —哈尔滨：哈尔滨工程大学出版社，2005(2016.1 重印)
ISBN 978-7-81073-758-6

Ⅰ.船… Ⅱ.①林…②赵…③陈… Ⅲ.船用电气设备 Ⅳ.U665

中国版本图书馆 CIP 数据核字(2005)第 130581 号

出版发行 哈尔滨工程大学出版社
社　　址 哈尔滨市南岗区东大直街 124 号
邮政编码 150001
发行电话 0451-82519328
传　　真 0451-82519699
经　　销 新华书店
印　　刷 肇东市一兴印刷有限公司
开　　本 787mm×1 092mm　1/16
印　　张 9
字　　数 214 千字
版　　次 2005 年 12 月第 1 版
印　　次 2016 年 1 月第 6 次印刷
定　　价 16.80 元
http://www.hrbeupress.com
E-mail:heupress@hrbeu.edu.cn

编者的话

本教材参照“船舶电工职业鉴定”中有关中级工的要求，在原中级工培训教材的基础上重新编写。

考虑到目前船舶电气设备都采用交流电，本教材不介绍直流电气设备。

本教材着重介绍设备的各个主要功能电路，不“复制”具体型号设备的整体电路，以便实际工作中能按功能组合看图。考虑到便于直观地理解电路功能，本教材主要介绍基本的继电器、接触器的控制电路。

本教材在编写过程中承蒙陈国民、王旭、梁月莲、李建国、钱德福、陈波、王进、邵勤奋、许豪芬和郭伟祥等高级工程师、工程师提供帮助，在此表示感谢。

由于编者知识和经验的局限性、资料来源的局限性，对某些问题的提法和分析纯属个人理解，错误在所难免，恳请批评指正。

编者

前　言

哈尔滨工程大学出版社自成立以来就参与了船舶类各种教材、船舶工人技术等级和造船工人技术理论教育教学计划与教学大纲的编写及出版工作，填补了我国没有船舶类职工培训教材的空白。根据《船舶工业造船工人技术等级标准》的要求，先后组织编写并出版了船舶行业初、中、高级工的技术理论培训教材80余种，结束了我国船舶行业没有统编教材的历史，基本上满足了国内船舶行业各企业职工培训的要求，对推动职工培训工作，改变船厂职工队伍技术水平较低的状况，起到了显著的作用，成为各船舶企业培训的首选教材。

随着生产的发展、产品结构的调整及新工艺、新技术、新设备、新材料的应用，在早期的统编教材中有些技术标准、工艺方法及名词术语部分已过时，部分教材内容会略显陈旧。因此，为了使这批教材能更好地发挥它在培训中的作用，我们对上述教材分期进行修改或重编，逐步出版一套与各船舶企业培训相适应的初、中、高级工技术理论教材。

本套统编教材邀请了中国船舶工业集团公司和中国船舶重工集团公司所属有关船厂富有经验的工程技术人员、科技工作者及从事职工教育的同志作为编者，并对编写提纲作了广泛认真的调查和论证，是在对当今造船企业中实际培训的需求的基础上编写的。为了使教材在内容上具有一定的先进性，充分体现了我国当前采用的先进的造船方法、造船技术和造船工艺，并具有较好的实用性，我们在紧密联系船厂实际的同时，充分考虑到各船厂在产品和工艺上的不统一性，力求满足不同地区、不同船厂的不同培训需求。

编好和出版一套真正实用的职工培训教材不容易，虽然我们尽量做到精心组织、认真编写和出版，但难免存在某些缺点和不足，希望从事职工教育的同志及读者，在教和学的过程中，能发现问题，并及时地和我们联系，以便再版时修订使之更加完善，更好地为船舶工业服务。

船舶工业教材编审室
哈尔滨工程大学出版社

目　　录

第 1 章　船舶电站和配电设备

1.1　船舶电力系统

1.1.1　组成

船舶电力系统由发电、配电、输电和用电 4 个部分组成，如图 1.1.1.1 所示。

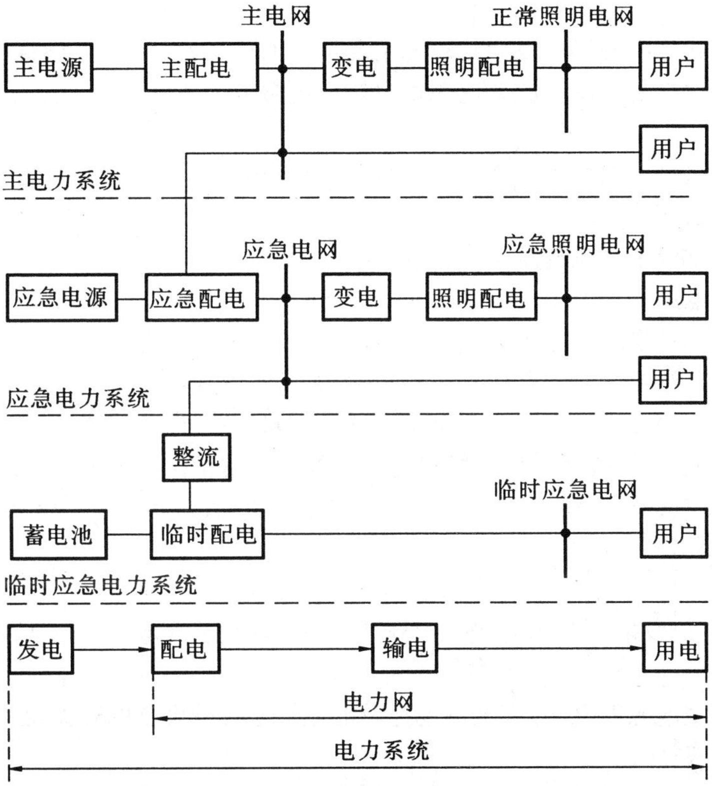

图 1.1.1.1　船舶电力系统组成示意图

1.发电部分

发电部分是发生电能的电源装置。

1)主电源

主电源是向为船舶正常航行和居住条件所必需的所有设备供电的电源，是设置在机舱或辅机舱的发电机组。主电源供电构成主电力系统。正常情况下，还向应急电力系统供电，并通过应急电力系统向临时电力系统供电。

主电源一般是采用柴油发电机组。考虑到节能，也有采用轴带发电机组或废气透平（涡轮）发电机组。

柴油发电机组是由独立的柴油机作原动机的发电机组成，柴油机和发电机的容量是相匹配的。"匹配"是指柴油机的容量配备只承担发电机输出的功率和拖动中的各种损耗，不作其他用途，即该柴油机只驱动发电机而不同时驱动其他机械。

轴带发电机是作船舶推进的主机在运行时带动的发电机。主机是驱动主推进器的，对发电机来说，它的原动机是作它用的。主机的容量大大大于发电机，容量上是不匹配的。

废气透平发电机组是利用主机（柴油机）排出的废气驱动透平机，透平机再驱动发电机发电。

轴带发电机组或废气透平发电机组航行时才能使用，还必需配置由独立原动机驱动的发动机组。

船舶主电源至少设置 2 台发电机组。海船典型的设置是 3 台。

2）应急电源

应急电源是在主电源供电发生故障的情况下，用来在应急情况下向保证旅客和船员安全所必需的设备供电的电源。应急电源供电构成应急电力系统。正常情况下是主电力系统的子系统。

应急电源可以是发电机组，小型货船也可以是蓄电池组。一般是设置在艇甲板专用舱室内的柴油发动机组。

大多数海船都设 1 台应急发电机组。

3）临时应急电源

海船规范要求："当应急电源为发电机组时，尚应设置一临时应急电源。临时电源应为有足够容量的蓄电池组。"

临时应急电源是在主电源和应急电源都失电的状态下，向各重要部位（如走道、梯口等）的照明灯和重要的报警、指示等（短时）供电的电源。正常情况下只向重要的报警、指示等供电，是应急电力系统的子系统。在主、应急电源都失电的状态下，同时向临时应急照明（也称为小应急照明）供电。

2.配电部分

"配电"是联系"发电"和"用电"的中心环节，是各种具有配电和控制功能的配电板。

1）主配电板

是用来控制主电源发电，并有控制地把电能分配至各种设备的开关设备和控制设备。

2）应急配电板

是用来控制应急电源发电，并有控制地把电能分配至各种设备的开关设备和控制设备。正常情况下由主配电板供电，而在主电源供电系统发生故障的情况下，由应急电源供电。

3）蓄电池充放电板

是用来对蓄电池进行充、放电控制和对由蓄电池供电的设备进行配电的开关设备和控制设备。

4）区域配电板

是用来向某一个区域配电的开关设备和控制设备。

主（或应急）电源向区配电板供电，区配电板再向区域内的用电设备（包括电力设备和照明器具）或配电设备（分配电板）供电。

5)分配电板

是用来对某一个区域、一组相同性质的终端负载配电的。对电力负载配电的称为电力分配电板;对照明器具配电的称为照明分配电板。

6)岸电箱

岸电箱是用来在船舶泊岸(靠码头)时接岸供电用。

3.输电部分

“输电”是连接“配电”和“用电”的电缆线路。纵横交错的电缆线路构成配电“网络”。因此把全船传输电能的电缆线路称为电力网,或简称电网。

1)电网分类

电网按供电电源的不同、负载的性质和用途不同,可分为:

●主电网——由主发电机通过主配电板供电的网络;

●应急电网——由应急发电机通过应急配电板供电,或由蓄电池通过蓄电池充放电板供电的网络;

●临时应急电网——由蓄电池通过蓄电池充放电板用以传输临时应急电能的网络;

●动力电网——向动力设备供电的网络;

●照明电网——向照明设备、电风扇及小容量电热设备供电的网络;

●弱电网络——向各导航、通信及无线电设备等供电的网络。

这里提到的“电网”或“网络”都是同一个意思。电网通常是指电力输送形成的网络,网络还包括信号传输所形成的网络。

2)配电和连接方式

主电源通过主配电板上的各配电开关(断路器)向负载供电。同样,应急电源通过应急配电板电源上的各配电开关(断路器)向负载供电。

向负载“供电”现在多用“馈电”这个术语。配电开关一般称为负载开关,现在也称为馈电开关。需要建立一个概念,配电系统中的馈电开关是具有过电流保护性能的断路器,它用来对电路(负载)供电的通、断控制,当所控制的电路发生过电流或短路时切断供电。

馈电开关可以人为操作通、断,故障时会自动分断。系统设计是按电力系统运行的可靠性、灵活性、经济性及操作管理方便等因素来选择配电方式的。

配电和连接方式的名称很多,现在一般提及的有馈线式和环路式。我们接触到的一般只有馈线式。

(1)馈线式

是主配电板直接用单独的纵向线路向各个负载供电的方式,如图 1.1.1.2(a)所示。2台主发电机 G1、G2 单独或并联向主配电板供电。平时隔离开关 Q3 处于合闸状态。母线即主汇流排上的各馈电开关,通过单独的电缆向负载供电或区配电板、分配电板供电,再通过区配电板、分配电板上的馈电开关,通过单独的电缆向负载供电。对这两种配电的连接方式,系统设计习惯上称为:

一次网络——由主配电板和应急配电板直接供电的区配电板、分配电板和负载网络,也称为一次网络系统;

二次网络——由区配电板或分配电板向负载供电的网络,也称为二次网络系统。

国内的系统设计把由主配电板和应急配电板直接供电的设备归在一次(网络)系统图,把由区配电板或分配电板供电的设备归在二次(网络)系统图。

我国 CCS 规范和国际电工委员会(简称 IEC)的定义是:

一次配电系统:系指与发电机有电气连接的系统。

二次配电系统:系指与发电机无电气连接的系统,例如用双绕组变压器加以隔离的系统。

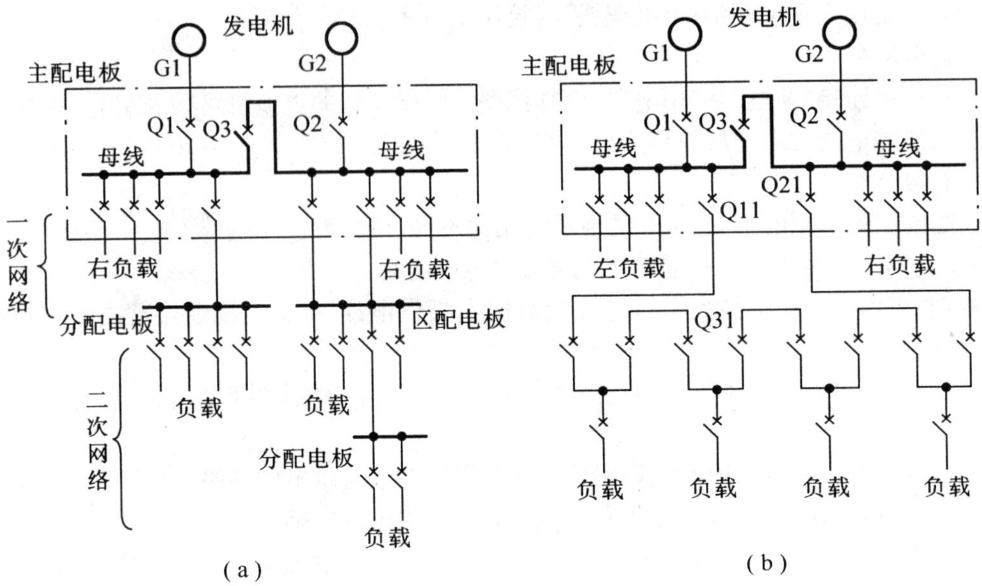

图 1.1.1.2 配电方式示意图

(a)馈电式;(b)环路式

我们接触的低压电力系统只有照明系统是用双绕组变压器加以隔离的。以后接触采用高压电力系统的船舶,需要用到严格的定义。

(2)环路式

环路式也称环形式或环网式,是利用纵向和横向连接线构成闭合电网,向用电设备供电,如图 1.1.1.2(b)所示。开关 Q11、Q21 纵向馈电,通过横向开关连接构成闭合电网,向 4 个重要负载供电,任何一处开关发生故障分闸,4 个负载总可以从一侧开关获得供电。当母线隔离开关 Q3 分断分区供电时,环路中的 Q31 也应分断。当一侧母线故障不能供电,隔离开关 Q3 和故障侧输出开关分断,正常侧输出开关通过环路向负载供电。

只有在大型游轮和战舰中对重要负载供电才可能采用环路式配电。

(3)两路供电

我们接触的都是采用馈电式配电。在这种配电系统中对重要负载采用两路供电的方式,如图 1.1.1.3 所示。担任重要负载供电的区配电板,由前电站主配电板和后电站主配电板两路供电。两台受电开关 Q11 和 Q21 相互连锁,一侧供电中断,手动或自动分断该侧开关,合上另一侧开关供电。

两路供电与环路配电方式不同,环路配电的环路闭合时,两侧配电开关是同一个电源,而两路供电的两侧不是同一电源,因此两台受电开关不能同时合闸,否则两侧电源(发电机)会通过区配电板母线并联。

配电系统是通过输电线路向用户供电。输电线路构成电网。因此通常提到的“配电系统”、“配电网络”或“电网”都是同一个意思。

3)配电线制

配电线制是规定用几根线输电。

CCS 规范对“供电与配电系统”的线制有如下规定:

(1)直流

双线绝缘系统;

负极接地的双线系统;

利用船体作负极回路的单线系统。

(2)交流单相

双线绝缘系统;

一线接地的双线系统;

一线利用船体作回路的单线系统。

(3)交流三相

三线绝缘系统;

中性点接地的四线系统;

利用船体作中性线回路的三线系统。

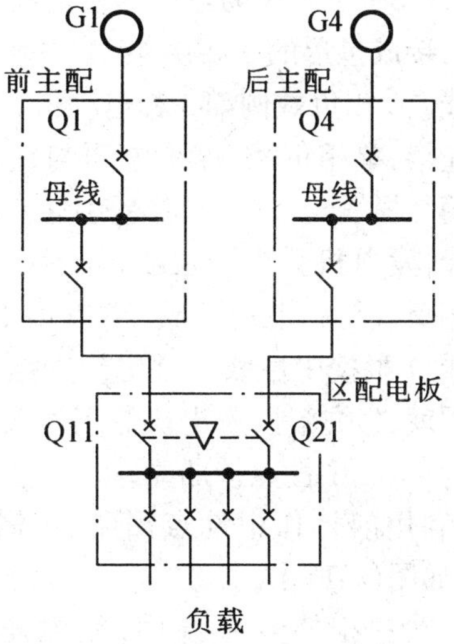

图 1.1.1.3 两路供电示意图

直流配电系统的 3 种线制如图 1.1.1.4 所示,直流电源有正、负 2 极。图(a)电源出 2 根线向负载馈电,负载 2 根线接在 2 极上,输电需要 2 根线。在国外,有的系统设计为检测接地故障方便,电源一端接地。电源绝缘的一端,某个分路发生接地故障,该分路的熔断器或断路器分断,接地故障点明显暴露。图(b)电源出 2 根线向负载馈电,电源负极接地。这种线制仍用双线,一般很少使用。图(c)电源负极接船壳(地),另 1 极用 1 根线连接负载,负载另 1 极也接船壳,输电只需 1 根线。这种线制又称为单线制。如果电源负极接地,一般都采用单线制。

交流单相配电系统的 3 种线制如图 1.1.1.5 所示。交流的照明器具一般都是单相。单相电源有 2 极,因无极性一般也称 2 端。输电线制与直流一样。

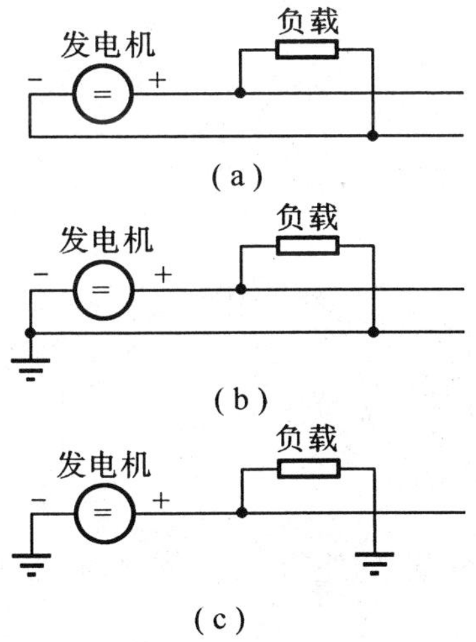

图 1.1.1.4 直流配电线制

(a)双线绝缘系统;(b)负极接地的双线系统;(c)利用船体作负极回路的单线系统

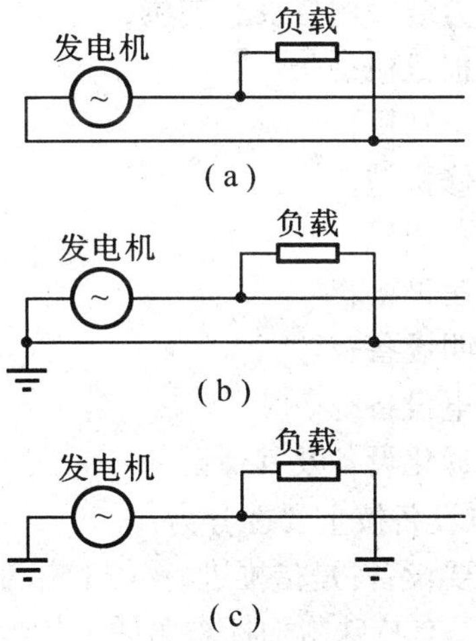

图 1.1.1.5 交流单相配电线制

(a)双线绝缘系统;(b)一线接地的双线系统;(c)一线利用船体作回路的单线系统

交流三相配电系统的3种线制如图1.1.1.6所示。作为电源的发电机(或照明变压器),接成星形的3相绕组,有3根相线、1根中性线。3相负载例如3相电动机,用3根线与电源连接,单相负载,如果电压与线电压一致,可以用2根线与2相线连接,中性点不出线,对地绝缘,发电机只出3根线,如图(a)所示。如果单相负载与相电压一致,可以用2根线1根接相线、1根接中性线。考虑到安全,中性点接出使用就必须接地,发电机需用4根线输电,如图(b)所示。中性点接船壳,单相负载1端也接船壳,利用船体作中性点回路,只需要3根线输电,如图(c)所示。

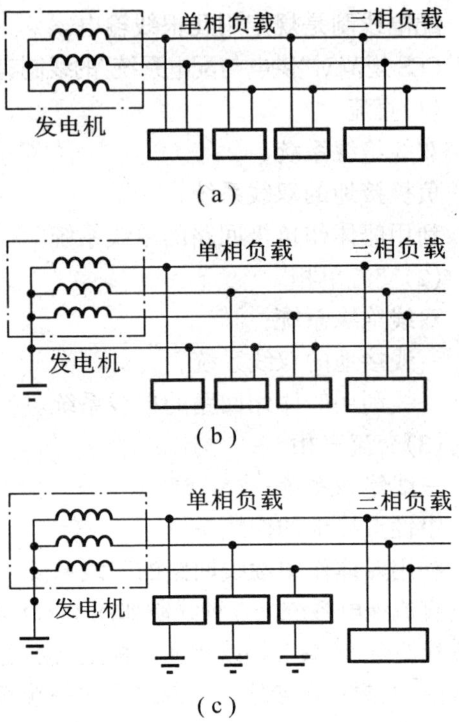

图1.1.1.6 交流三相配电线制

(a)三线绝缘系统;(b)中性点接地的四线系统;(c)利用船体作中性点回路的三线系统

在三相绝缘系统中,线电压为380 V或440 V,照明电压220 V,用变压器降压提供。照明器具布点多,又容易出现绝缘故障,采用变压器隔离,不会影响整个电力系统。因此绝大多数船舶都采用三线绝缘系统。在380 V系统中,相电压是220 V,照明可以接相电压,利用船体作中性点回路的三线系统,单相负载采用单线系统,可以节省照明变压器,节省导线。西欧有的国家的船舶曾一度采用。

4)用电部分

用电设备一般分为:

●动力装置用(机舱)辅机;

●甲板机械;

●舱室辅机;

●机修机械;

●冷藏通风;

●厨房设备;

●照明设备;

●弱电设备;

●自动化设备及其他设备。

用电设备按重要性分为:

●重要设备:是指推进、操舵和船舶安全所必需的设备,如舵机、动力装置用(机舱)辅机等,以及具有特殊附加标志船舶上的特殊设备。

●次重要设备:是指为保持推进和操舵不必连续运转的设备,以及为保持船舶安全必需的设备,如锚机、消防泵、压载泵等。

●非重要设备:是指短时间不运转不会对船舶推进和操舵有损害,也不会危及乘客、船员、货物、船舶以及机械安全的设备,如舱室辅机、机修机械、空调设备等。

●应急设备:是指在主电源失电后,需由应急电源供电的设备。

1.1.2 主要参数

电力系统运行的主要参数是电压和频率。

1.电压

船舶电力系统的电压分为低压和高压。我国 CCS 规范对此的定义是:

"低压系统:系指工作于额定频率为 50 Hz 或 60 Hz、导体间最高电压不超过1 000 V的交流系统,或在额定工作条件下导体间最高电压不超过 1500 V 的直流系统。

高压系统:系指额定电压大于 1 kV 但不超过 11 kV,额定频率为 50 Hz 或 60 Hz 的交流系统,或在额定工作条件下瞬时电压超过1 500 V的直流系统。"

陆地电力系统的电压分为低压、中压和高压。CCS 规范定义的船舶电力系统的高压是陆地的中压。其他国家船级社有的仍用中压。CCS 规范可能考虑到目前不会采用比 11 kV 更高的电压,用中压名称时上面需要有可比较的高压。需要注意,这里的低压、高压是指船舶电力系统的电压。移动用电器具使用的 36 V,是安全低压。例如高低压插座的电压是 220 V 和 36 V,这里的高、低压是这两个电压相对比较的概念,不要与电力系统的高低电压混淆。

我们接触的船舶大多数是低压电力系统,本教材也只局限于此。

我们要接触到 3 个电压名称:电源电压、系统电压和用电设备电压。

●电源电压是发电设备输出的电压;

●系统电压是在电网上传输的电压;

●用电设备电压是送到用户的电压。

主配电板母线上是电源电压。用电设备受电是经过输电线路阻抗电压降落后的电压,是与电源电压不一致的。介于电源和用电设备之间的系统电压按国家标准是指用电设备的额定电压。

用于传输电能的电缆总是有阻抗存在,电流流过会产生电压降,电压降的大小由传输电缆的阻抗决定。电压降太高,用电设备的电压太低,不能保证设备正常运行。要保证用电设备正常运行,电源电压要适当升高;传输电压降必须限制在一定范围内。

陆地要求电压变化在 ± 5% 以内。因此发电机的额定电压比用电设备高 5%。如图 1.1.2.1所示,系统电压为 U_S,发电机电压 $U_G = 1.05U_S$,用户电压最低为$0.95U_S$。用电设备电压为 380 V(440 V),发电机电压为 400 V(460 V)。

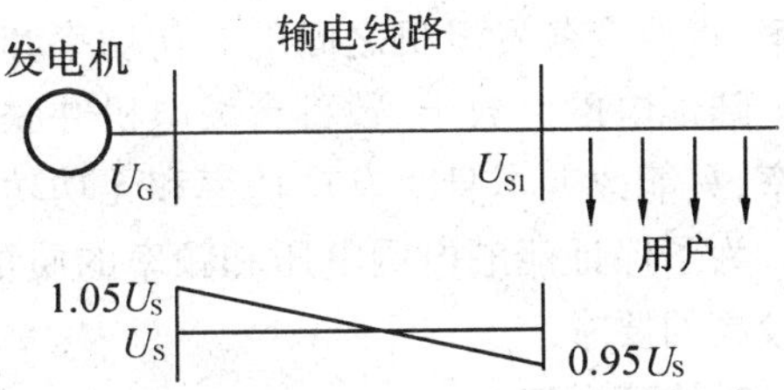

图 1.1.2.1 电力系统电压分布示意图

CCS 规范规定:"当电缆在正常工作条件下承载最大电流时,从主配电板或应急配电板的汇流排到任何安装点的电压降,应不超过额定电压的 6%。"规范要求设备正常运行的电压范围是额定电压的 -10% ~ +6%。

事实上航行时大量用电设备都集中在离发电机很近的机舱,按照比用户高 5% 的电压供电,机舱附近的设备都在 +5%额定电压下工作,这是不利的。发电机电压比用电设备电压高 5%是船舶电气设备过去沿用的陆地标准。现在按照船舶实际情况,有的发电机额定电压在380 V系统中改为390 V,440 V系统中改为450 V。实际运行可能整定得更低些。

380 V或440 V是目前船用的标准电压。两者的选择在很大程度上取决于可以利用的标准设备和进坞期间可以接用的岸电。我国船舶基本上是采用与陆地低压电力系统一致的标准电压380 V(50 Hz)。国外船舶较多采用440 V(60 Hz)。我国远洋船舶也多采用国外标准。

根据船东的选择可采用的标准设备,照明设备电压为110 V或220 V。照明电源电压为115 V或230 V,目前多采用230 V。在三线绝缘系统中,照明电压都是经变压器供电。

2.频率

额定频率与所用的额定电压有关,50 Hz对应380 V、60 Hz对应440 V。现在的船舶电力系统经常是在440 V、60 Hz和380 V、50 Hz两者之间选择。

对电动机拖动来说,440 V、60 Hz系统的可以运行于380 V、50 Hz岸电。60 Hz所得到的转速一般比50 Hz的更为适合。但为50 Hz转速设计的电动机拖动,在60 Hz系统下运行,就不那么满意。

1.1.3 运行的特点和要求

电力系统的质量指标是电压和频率的稳定性。在这个质量指标保证下,所有电气设备得以安全、有效地运行。

船舶航行时,电力系统由有限的几台(甚至一台)发电机供电,是一个孤立的电力系统。现代船舶航行的动力和操纵都依靠电力,发电机组的机械或电气故障会影响电力系统电压和频率的稳定性,电力系统的(短路)故障可能引起供电中断,危及航行安全。

电力系统的容量(功率),电压和频率表现在输电电网上。在讨论这些电量时通常直接用"电网"术语。

1.独立电网

有资料这样来定义独立电网,即"总容量不超过各发电机容量的5~10倍的电网称为独立电网。"1台发电机供电,电网的总容量是该供电发电机的容量,2台发电机并联供电,总容量是2台容量之和。一般船舶电力系统的设计,长期用单机供电运行,对某些工况,短期并联运行。船舶电网是独立电网,电网的电压和频率随发电机组的变化而变化。单机运行,调节发电机的电压或频率,就是改变电网的电压或频率。并联运行,调节某台发电机的电压或频率,将改变各发电机之间的有功功率和无功功率的分担,同时改变电网的电压或频率。

陆地电网由数十、数百台发电机并联供电,称为无穷大电网。调节某台发电机的电压或频率,只能改变本身对有功功率和无功功率的承担,不能改变电网的电压或频率。

为了保证船舶电网电压和频率的质量指标,对发电机的电压和频率的动态和静态特性有较高的要求。

2.故障电流大

船舶的长度是有限的,一般商船最长只有一、二百公尺。发电设备与用电设备之间的距离很短,输电线路的阻抗很低,短路故障产生的电流很大。特别是在主配电板附近的短路故障最严重,而且被运转着的电动机输送的电流进一步恶化。断路器切断故障电流时可能产生严重损伤,甚至无法分断。

需要选用有足够分断能力的断路器。当系统发生可能预计到的最大短路电流时,能可靠分断。例如有3台主发电机的电站,预计可能发生的最大短路电流是正好有3台发电机进行短时的交换机组并联，这时所有电动机都投入运行。

采用合理的保护措施，有选择地分断有故障的电路，保证无故障的电路设备正常运行。最大限度保证供电的连续性。

3.环境条件差

船舶电气设备工作环境温度高、相对湿度大；空气中含有盐雾、霉菌、油雾。要承受航行产生的摇摆、倾斜、冲击和振动。

电气设备应采用耐高温、耐腐蚀的材料，有良好的制造工艺来保证对环境的适应。

1.2 船舶发电机

船舶一般都采用三相交流(旋转)同步发电机。发电机本身不会旋转，需要用其他机械驱动，驱动的机械称为原动机，一般由容量相匹配的原动机驱动。用柴油机作原动机的称为柴油发电机，用汽轮机作原动机的称为汽轮发电机或透平发电机。

原动机把燃料的热能转换为机械能，旋转发电机是把原动机的机械能转换为电能的机械。

1.2.1 三相交流同步发电机结构

交流发电机由发电机本体和励磁装置组成。

发电机本体由 2 个部件组成：一个是产生磁场的磁场(励磁)绕组，另一个是发电的电枢绕组，如图 1.2.1.1 所示。三相电枢绕组出线端子用 U、V、W 表示。也有用 A、B、C 表示的。三个电枢绕组的一端连接在一起，称为中性点或中点用 N 表示。电枢绕组的这种连接称为星形接法。船舶发电机的中点一般都不引出。励磁绕组出线端子用 F1 和 F2 表示。以后讨论无刷发电机时可以看到，这 2 个端子不引出线，引出的是励磁机的励磁绕组。

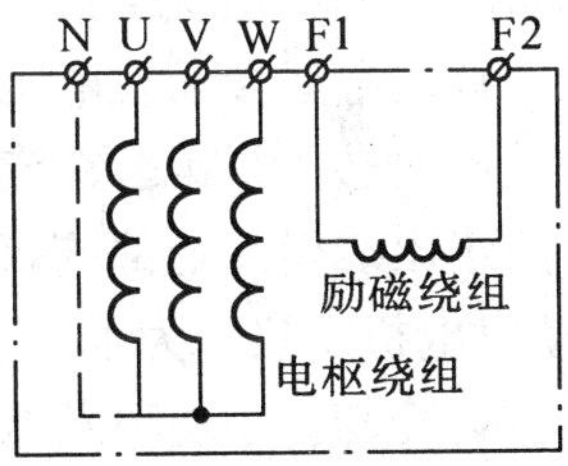

图 1.2.1.1 发电机原理图

电枢绕组在磁场绕组产生的磁场中相对旋转运动感生电势发电。

同步发电机有 2 种结构形式：转场式和转枢式。

转场式的励磁绕组在转子上，电枢绕组在定子上。

转枢式的电枢绕组在转子上，励磁绕组在定子上。

旋转着的绕组与外部连接需要用滑环和碳刷接触导电。大功率发电机的电压较高、电枢电流大，为了制成绝缘可靠的电枢相绕组、易于引出电枢电流，都采用转场式。船舶交流发电机都采用转场式。

转场式发电机的转子有 2 种结构形式：凸极式和隐极式。凸极式用于转速较低的，隐极式用于高速。柴油发电机的转速一般在 1 800(r/min)以下，较多采用凸极式，转速较高的也有采用隐极式。发电的原理是一样的。

现以凸极式为例，如图 1.2.1.2 所示。转子有显露的磁极，转子励磁绕组为集中绕组，转子的磁轭和磁极一般不是整体的，图示磁极是用燕尾槽插入，安装在转子上。在转子磁极的表面上，有嵌在槽内的阻尼绕组，它是一组铜条，两端连接在一起，像异步电动机的鼠笼转子一样。定子电枢绕组分布在定子铁心的槽内。磁极是成对的，1 对极有 2 个极，2 对极有 4

个极。

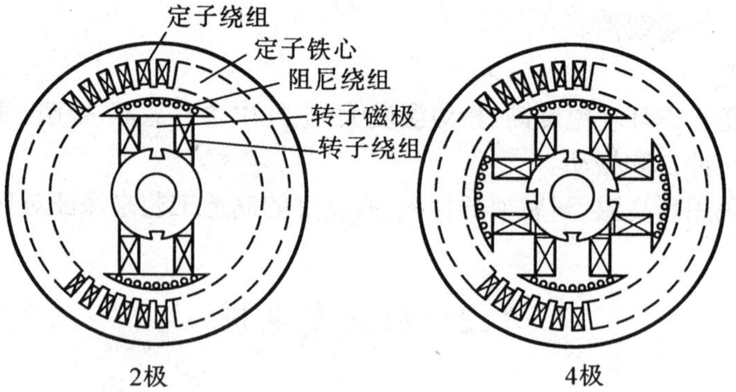

图 1.2.1.2　凸极式发电机定、转子结构形式

励磁绕组是用直流电流激励，电流的大小由自动励磁调节器控制。励磁电流随发电机负载电流和性质（超前、滞后）改变，以保持发电机端电压恒定在一定水平上。提供直流电流的电源称为励磁装置。励磁装置有旋转励磁和静止励磁。旋转励磁装置也是发电机；静止励磁则是变压器和整流器。

励磁发电机称为励磁机。直流励磁机的输出要通过碳刷和滑环接入励磁绕组。交流励磁机是采用转枢式交流发电机，电枢绕组在转子上。结构上把励磁机转子和发电机转子安装在同一轴上，励磁机电枢绕组的输出通过安装在与轴一起旋转的转子整流器，把输出交流整流成直流电流输入励磁绕组。无需碳刷和滑环，称为无刷励磁发电机简称无刷发电机。现在的船舶发电机大多采用无刷发电机。

典型的无刷发电机结构如图 1.2.1.3 所示，组件分解图如图 1.2.1.4 所示。励磁机的转子与发电机的转子在同一根轴上，轴两端用轴承安装在机壳端盖上，轴伸出端为拖动端。励磁机转子的电枢绕组输出，直接与安装在转子上旋转的整流桥连接，输出直流电流，通过沿轴布放的导线接入发电机转子绕组。

发电机转子绕组套在定子铁心内，定子铁心槽内嵌电枢绕组。定子铁心安装在机壳内。定子绕组出线引入上部的接线盒。发电机运行时流过电流所产生的主要损耗都转变成热能，使发电机发热。为了使发电机各部分的温度不超过允许值，发电机运行时需要对绕组和铁心进行冷却。小功率发电机一般利用环境空气进行通风冷却；大功率发电机采用冷却空气进行循环冷却。图例是采用轴向通风系统，离心风扇装在拖动端，发电机旋转时，外部冷却空气从非拖动端的进风口吸入，经由铁心与机座之间的空间，定、转子之间的气隙，通过风扇在拖动端的出风口排出，把热量带走。

1.2.2　额定参数

发电机的额定参数都刻印在发电机壳体的铭牌上。

1. 额定电压　以 U_e 表示，是发电机三相出线端 2 线间的电压，即线电压。单位为 V（伏）或 kV（千伏）。

2. 额定电流　以 I_e 表示，是发电机电枢绕组允许长期通过的电流值，是视在电流，一般

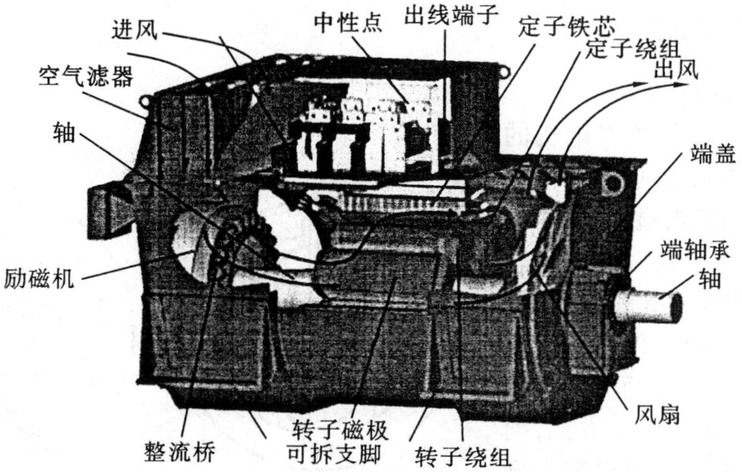

图 1.2.1.3　无刷发电机的结构图例

是相电流。单位为 A(安)或 kA(千安)。

3.额定容量或额定功率以 S_e 表示，或以 P_e 表示，是发电机允许长期输出的功率值。S_e 是视在功率，单位为 kVA(千伏安)；P_e 是有功功率，单位为 kW(千瓦)。

4.额定功率因数　以 $\cos\varphi$ 表示，或以 P.F 表示，是发电机在额定电流 I_e 和额定功率 P_e 时，电流滞后电压的相角 φ 的余弦值。一般是 0.8(滞后)。

5.额定频率　以 f_e 表示，是发电机(正弦)电压(电流)每秒钟交变的次数。单位是 Hz(赫)。

6.额定转速　以 n_e 表示，是在额定频率下发电机转子每分钟的转速。

7.额定励磁电压　以 U_{Fe} 表示，是发电机的电压、电流、功率、功率因数和频率运行在额定值时，励磁绕组两端需施加的直流电压值。单位为 V(伏)。

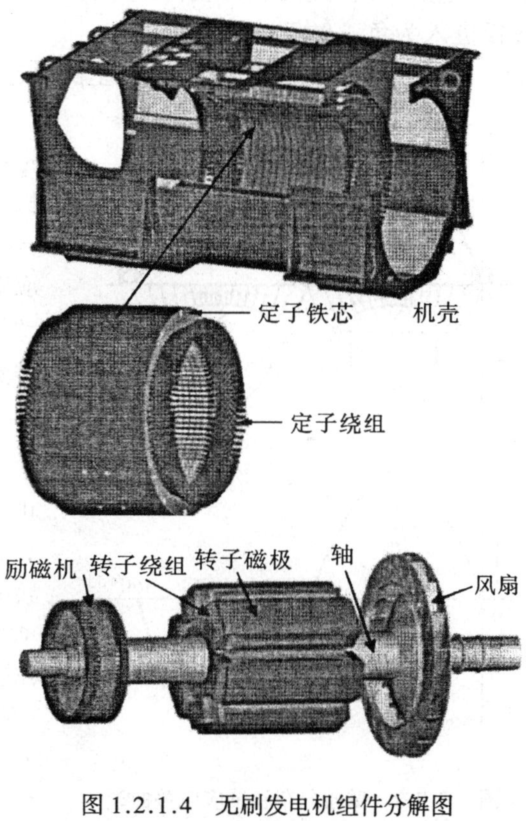

图 1.2.1.4　无刷发电机组件分解图

8.额定励磁电流　以 I_{Fe} 表示，是发电机的电压、电流、功率、功率因数和频率运行在额定值时，励磁绕组所需的直流电流值。单位为 A(安)。

9.绝缘耐热等级　是发电机运行时绕组绝缘中最热点的允许温度。分为 A、E、B、F 和 H 五个等级。

在端盖上还标有发电机的旋转方向的箭头。

1.2.3 运行原理

1.感应电势的产生

图 1.2.3.1 是简单发电机的示意图。定子铁心 A 里的电枢绕组 $abcd$ 的轴线 YY' 与磁极轴线 NS 垂直。N 极发出的磁力线穿过转子与定子间的气隙经定子铁心,再穿过气隙回到 S 极。靠近轴线的磁通密,两侧的疏。磁通分布如图 1.2.3.2 所示。为了理解方便,把 2 个磁极转到同一侧,可以看出磁通 Φ 的疏密是按正弦分布。即 $\Phi = \Phi_m \sin\theta$。θ 是相对电枢绕组轴线 XY 的角度。N 极发出磁力线为正,S 极进入为负。磁极轴线与电枢轴线 YY' 的角度 $\theta = 90°$时,磁极轴线上的磁通为最大值 Φ_m;$\theta = 270°$时,为负最大值 $-\Phi_m$。

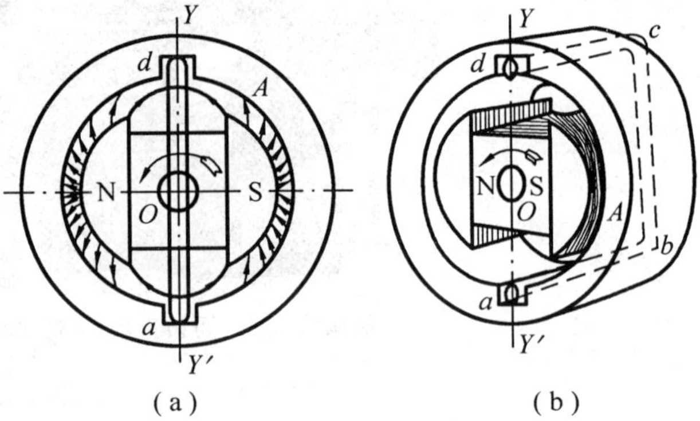

图 1.2.3.1　简单电流发电机示意图

(a)气隙磁通;(b)电枢绕组

磁极与电枢沿轴心 O 相对作旋转运动,电枢切割磁力线在绕组上会产生感应电势 e。磁极逆时针转(或电枢顺时针转),在 $\theta = 0°$处,$\Phi = 0$、$e = 0$,随着 θ 增加,切割的磁力线增加,感应电势也增加,转到 $\theta = 90°$处,$\Phi = \Phi_m$、电势达到最大值 $e = E_m$;转到 $\theta = 180°$处,$\Phi = 0$、$e = 0$;转到 $\theta = 270°$处,$\Phi = -\Phi_m$、电势达到负最大值 $e = -E_m$;再转到 $\theta = 360°$处即回到 0°。

磁极与电枢相对作旋转运动,电枢产生按正弦变化的感应电势 $e = E_m \sin\theta$。

旋转是按一定的角速度作圆周运动。每秒转的次数称为频率 f,单位是 Hz(赫兹)。角转动的速度用弧度表示是 $2\pi f$;用度表示是 $360°f$。角速度用 $\omega = 2\pi f$ 或 $\omega = 360°f$ 表示。某一时刻 t 所对应的角度 $\theta = \omega t$。

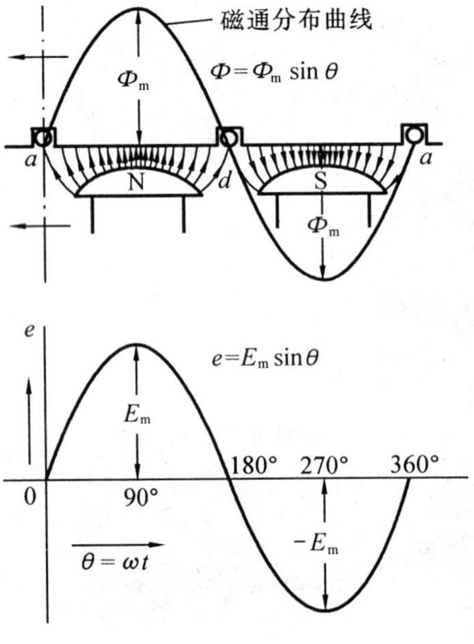

图 1.2.3.2　磁通分布和感应电势曲线

磁极与电枢相对角度 θ 旋转 360°,电枢产生正、负正弦变化的感应电势。频率就是每秒产生多少个正、负正弦变化。50 Hz 是每秒变化 50 次,60 Hz 是每秒变化 60 次。每次变化所用的时间(秒)称为周期 T,$T = \frac{1}{f}$。50 Hz 的 $T = \frac{1}{50}$,即 20 ms。举例来看角度 θ 与频率和时间的关系。50 Hz 在 0.005 s 时的角度 $\theta = \omega t = 360° \times 50 \times 0.005 = 90°$。

1 对极(2 极)旋转 360°,电枢被 N 极磁力线切割产生正的正弦波感应电势;再被 S 极切割产生负的正弦波感应电势,完成 1 个周期。如图 1.2.3.3 所示。1 对极的电角度为 180°,

对应的机械角度也是180°。2对极(4极)每对极180°电角度对应的机械角度是90°。2对极旋转360°,对应的电角度是2个360°,电枢被4个极磁力线切割,产生2个周期正弦波感应电势。

要获得50 Hz的感应电势,1对极每秒需要旋转50转;2对极只要转25转。发电机的转速 n 是用每分钟转数来计量,1对极需要旋转 $50 \times 60 = 3\ 000$ 转。2对极需要旋转 $25 \times 60 = 1\ 500$ 转。同样频率,极对数越多所需的转速越低。

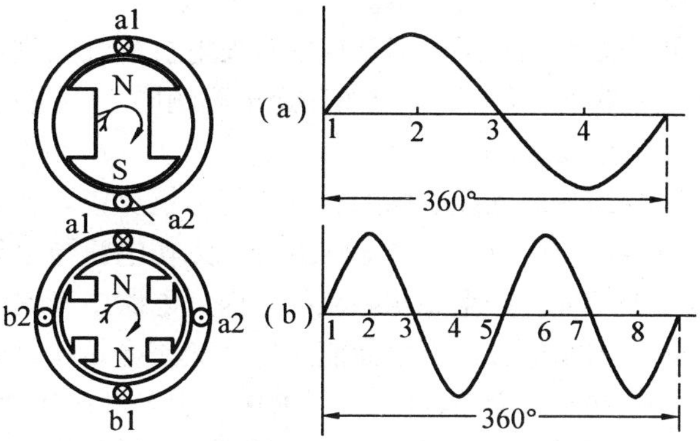

图1.2.3.3　极数与频率关系

发电机的转速 n(r/min)与频率 f(Hz)有如下关系:

$$n = \frac{60f}{p} \quad 或 \quad n = \frac{120f}{q}$$

式中　p——发电机的极对数;

q——发电机的极数;

n——r/min。

由此式可得出极数 q 及额定频率为50 Hz和60 Hz所对应的转速如表1.2.3.1所示。

表1.2.3.1　额定频率及极数和转速的对应关系

q(极数)	2	4	6	8	10	12	14	16	18	频率(Hz)
转速(r/min)	3 000	1 500	1 000	750	600	500	429	375	333	50
	3 600	1 800	1 200	900	720	600	514	450	400	60

2.同步运行

供电用的三相交流发电机称为同步发电机。同步是指2个物体的运动一致。上面讨论发电机发电原理是磁场或电枢相对转动。例如转场式的励磁绕组在转子上,电枢绕组在定子上,只有磁场旋转,这个旋转运动是肉眼看得见的。电枢感应出交流电势,在电势两端接上负载形成回路,电枢绕组中有电流流过,又要产生磁场,电流是按正弦交变的,产生的磁场也是交变旋转的。这个旋转运动是肉眼看不见的。这里有转子磁场和定子磁场2个旋转磁场运动,旋转一致是同步,不一致是异步。

对单独运行的发电机来说,转子励磁磁场旋转,在定子电枢绕组感应出交流电势,电枢流过电流产生旋转磁场,旋转磁场的转速是由转子磁场的旋转速度所决定的。2个旋转磁场的速度是一致的,因此总是同步的。

对并联运行的发电机来说,各台发电机的电枢绕组是并联在一起的,流过电流产生旋转磁场的速度是一致的,但各台发电机的转子由各自的原动机驱动,旋转的速度一致,各台发电机的2个旋转磁场是同步的,如果某一台发电机转子速度不一致,则是异步的。

因此，对单独运行的发电机来说，2 个旋转磁场总是同步的。不同步即异步只有发电机并联运行时才可能会发生。

转子磁场和定子磁场合成同步发电机的气隙磁场。能量的转换通过定子和转子之间的气隙磁场进行，只有转子磁场和定子磁场同步，才能进行能量的转换。

3.电枢反应

电枢磁场对气隙磁场的影响称为电枢反应。有交轴电枢反应和直轴电枢反应两种。

负载电流中有有功和无功成分。无功电流与电压不同相，根据负载的性质超前或滞后电压一个角度。产生无功电流的原因是电路中有储能元件。

电感器和电容器都是储能元件。交流电是随时间正负交变的正弦电压或电流。在电感或电容两端施加交流电压，正半波电压上升开始储能，电压下降开始释能；负半波同样储能、释能，反复进行。储能是线圈向电源吸取电能；释能是向电源返回电能。往返电源和电感或电容之间的(储能、释能)电流，在来回流动但没有做功，对原动机不产生负担，称为无功电流。在同一个电压下有功电流就是指有功功率、无功电流就是指无功功率。电感的电流是滞后电压；电容的电流是超前电压。

电流中的有功成分用功率因数($\cos\varphi$)表示，$\cos\varphi$ 是在 0～1 之间的数值，值越高有功成分越高，$\cos\varphi = 1$、全是有功；$\cos\varphi = 0$、全是无功。

负载电流中的无功成分主要是由电网负载中感应电动机和变压器的电感引起，是滞后的功率因数。

发电机有转子磁场和定子磁场 2 个旋转磁场。空载时，气隙中只存在由流过转子励磁绕组的励磁电流所产生由励磁磁场。当定子绕组流过三相对称电流时，气隙空间同时出现了电枢磁场。这两个磁场合成的气隙磁场是电枢反应作用的结果。

发电机负载电流的功率因数变化，两个磁场的相对位置也变化，合成的气隙磁场(即电枢反应作用的结果)也随之变化。以励磁磁场磁极的轴线为直轴；极间中心线称为交轴。两轴在空间上相隔 90°电角度。如图 1.2.3.4 所示的 4 极发电机的磁场。S 极和 N 极在空间上相隔 180°电角度(图上为 90°几何角度)。$P-P$、$P'-P'$ 为直轴(2 极发电机则在同一直线上)，$O-O$、$O'-O'$ 为交轴。

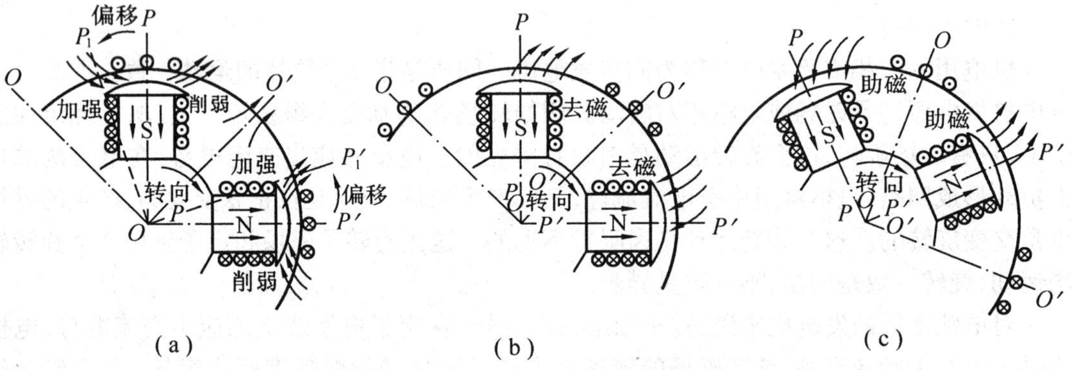

图 1.2.3.4　电枢反应示意图

(a) $\cos\varphi = 1$；(b) $\cos\varphi = 0$(滞后)；(c) $\cos\varphi = 0$(超前)

2 个磁场以同一速度和方向同步旋转，没有相对运动，可以把主磁场的磁通与电枢磁场的磁通看成是相对静止的来讨论。

1)交轴电枢反应

发电机电枢电流在 $\cos\varphi=1$ 时与电压同相,产生的电枢反应称为交轴电枢反应。

如图 1.2.3.4(a)所示,磁场 N 极的磁通,穿过转子与定子间的气隙经定子铁心,再穿过气隙回到 S 极。电枢电流与电压同相时,电枢电流产生的电枢磁场的磁通轴线在交轴 $O-O$、$O'-O'$上。电枢绕组的磁场 S 极处,电流穿出纸面,环绕的磁通方向逆时针;磁场 S 极处,电流穿入纸面,环绕的磁通方向顺时针。其作用是使主磁极磁场左侧加强;右侧削弱。如果磁路不饱和,一侧气隙磁通的增加量等于一侧的减少量,气隙中的有效磁通不变。只引起磁极轴线偏移。当磁路饱和时,一侧磁通的增加量少于另一侧的减少量,呈现去磁效应。也就是说,交轴电枢反应总伴随着不同程度的去磁效应。

2)直轴电枢反应

电枢电流在 $\cos\varphi\neq1$ 时与电压不同相,产生的电枢反应可以分解成 2 个分量,在交轴上的分量产生交轴电枢反应;在直轴上的分量则产生直轴电枢反应。

电枢磁场在直轴上的分量,对直轴上的主磁极磁场产生的影响,是改变它的大小,但不会引起磁极轴线偏移。电枢电流与电压之间的角度越大,在直轴上产生电枢磁场的分量越大,直轴电枢反应的作用越强。

在交流电路中, 由于电感和电容负载的存在,电流与两端的电压不同相,感性负载使电流滞后电压;容性负载则使电流超前电压。

为了说明直轴电枢反应对磁场大小的影响,讨论两种极端的情况。

(1)直轴去磁电枢反应

直轴去磁电枢反应发生在纯电感负载。负载电流滞后电压 90°,$\cos\varphi=0$(滞后),如图 1.2.3.4(b)所示。电枢绕组相对主磁极逆时针转 90°电角度,磁场的轴线与主磁极轴线重合,方向相反,对主磁极产生去磁作用。

(2)直轴助磁电枢反应

直轴助磁电枢反应发生在纯电容负载。负载电流超前电压 90°,$\cos\varphi=0$(超前),如图 1.2.3.4(c)所示。电枢绕组相对主磁极顺时针转 90°电角度,磁场的轴线与主磁极轴线重合,方向一致,对主磁极产生助磁作用。

电感负载电流产生的直轴电枢反应,将产生去磁作用,引起机端电压下降;电容负载电流产生的直轴电枢反应,将产生助磁作用,引起机端电压上升。

负载电流的功率因数 $\cos\varphi$ 在 0~1 之间,两种电枢反应都存在,引起机端电压大小变化主要是直轴电枢反应。

船舶电网的负载,主要是电感性质的感应电动机。发电机运行时负载及负载的功率因数是经常变化的,功率因数变化产生的直轴电枢反应也随之变化,从而使机端电压发生变化。因此需要对发电机的电压进行自动调节,以确保电力系统的电压在允许范围。

1.2.4 性能要求

1.温升

温升是指在一定的冷却介质温度条件下发电机额定运行时的温度升高限值。

船舶中、小功率发电机的冷却介质是空气。这个空气就是发电机周围的空气,冷却介质温度就是环境空气温度。绝缘的允许温度给定后，环境温度越高允许的温升越低，反之则高。

发电机绕组绝缘的耐热性能由绝缘材料决定。绝缘材料好耐热性能就好，允许的温度就高。按绝缘材料的耐热性能，制订了发电机绕组绝缘耐热的5个等级。绕组的绝缘耐热等级及其允许温度如表1.2.4.1所示。

表1.2.4.1　绕组的绝缘耐热等级及其允许温度

绝缘等级	A	E	B	F	H
最热点温度/℃	105	120	130	155	180

发电机的温升由在规定的环境温度下的绕组的绝缘耐热等级来决定。陆地规定的环境温度为40 ℃，船舶规定为45 ℃。例如采用B级绝缘，允许温度为130 ℃，温升为130 ℃ - 45 ℃ = 85 ℃；采用F级绝缘，温升为155 ℃ - 45 ℃ = 110 ℃。

温升是用来对发电机的发热进行考核的。无论天热、天冷，机舱温度高、低，只要测量到实际的环境空气温度和发热后的绕组温度，这2个温度的差值只要小于规定的温升，发电机的发热就是合格的。对发电机温升的考核是在额定负载运行规定的时间后，所测量的各部件的温度。测量温度的方法有三种：温度计法(T)、电阻法(R)和埋置检温计法(E)。在船厂码头试验的条件下测量交流绕组的温度，一般是用温度计法，但只能测到绕组端部的表面温度，不能反映内在的温度。因此对交流绕组温度的考核数值，海船规范只给出电阻法。表1.2.4.2所示为环境空气温度在45 ℃条件下发电机额定运行时的温升限值(表中未列出检温计法的数值)。

表1.2.4.2　发电机的温升限值　　(单位：℃)

绝缘等级	A		E		B		F		H	
测量方法	T	R	T	R	T	R	T	R	T	R
定子绕组		55		70		75		95		115
磁场绕组	45	55	60	70	65	75	80	100	100	120
接触铁芯	55		70		75		95		120	

例如B级绝缘的发电机做发热试验，测量的环境温度为35 ℃，试验结束后用温度计测量的磁场绕组温度为95 ℃，95 - 35 = 60 ℃，小于表中的65 ℃，发热合格。如果测量的温度为105 ℃，105 - 35 = 70 ℃，大于65 ℃，则发热不合格。

2.过载和短路

交流发电机的过载能力通常是指过电流的承受能力，各船级社的要求不完全一样。我国船级社规范要求：交流发电机应能承受150% 额定电流2 min而不发生有害变形。考虑到过电流情况下的功率承受能力，有的制造厂提供过载能力的数据。例如引进生产的1FC5型发电机给出表1.2.4.3的数据。

表 1.2.4.3 发电机的过载能力

过载电流 额定值/%	持续时间
110	1(h)
150	5 min

发电机外部发生短路时，应能维持短路电流一段时间，保证线路中的选择性保护电器动作，发电机既要能支持这股短路电流；又要能耐受短路电流所产生的机械应力和热效应。规范要求，交流发电机及其励磁系统，在稳态短路状态下，至少能维持 3 倍额定电流历时2 s。

1.2.5 电压自动调节

交流发电机的电枢反应，在负载电流的大小变化和负载电流的功率因数变化时，都会引起发电机端电压(以下简称机端电压)的变化。船舶电力系统(电网)的电压一般就是供电发电机的电压。特别是单台发电机供电的情况。电压变化如果超出用电设备的允许值，将影响设备的正常运行，甚至危及设备的安全。

发电机有功负载电流的大小变化，将引起原动机转速变化，电网频率随之变化。

船舶电力系统的正常运行是建立在供电发电机的电压变化在允许范围内；原动机的转速变化在允许范围内。这就需要对发电机的电压和原动机的转速进行自动调节。

在原动机一定的转速条件下，发电机的电压由励磁磁场决定，磁场由励磁绕组的电流激励。因此发电机的电压由励磁电流决定。调节发电机电压是调节励磁电流。

1.励磁系统

同步发电机是由直流电流励磁建立磁场，需要提供直流励磁电源。直流电源的能量可以取自原动机的机械能；也可以取自本身发电机输出的交流电源。这两种能源都需要变换成直流电能才能使用。变换能源的装置称为换能器。

励磁电源按换能器类型分类有：旋转电机励磁系统和静止励磁系统。

我们现在接触的一般都是带交流励磁机的无刷励磁系统，属于旋转电机励磁系统。

旋转电机励磁系统的励磁电源由与发电机同轴旋转的励磁(发电)机提供，励磁机把机械能转换成电能。这是由发电机本身以外的电源供电的励磁系统，称为他励系统。

励磁机有直流励磁机和交流励磁机。现在船舶发电机都采用交流励磁机。

图 1.2.5.1 是交流励磁机励磁系统。交流励磁机采用转枢式结构，励磁绕组在定子上，电枢在转子上。船舶发电机的发电机和励磁机一般在同一壳体内。励磁机电枢输出三相交流电的导线，接入旋转整流器，变换成直流直接送入发电机转子上的励磁绕组。交流励磁机没有炭刷，又取消了

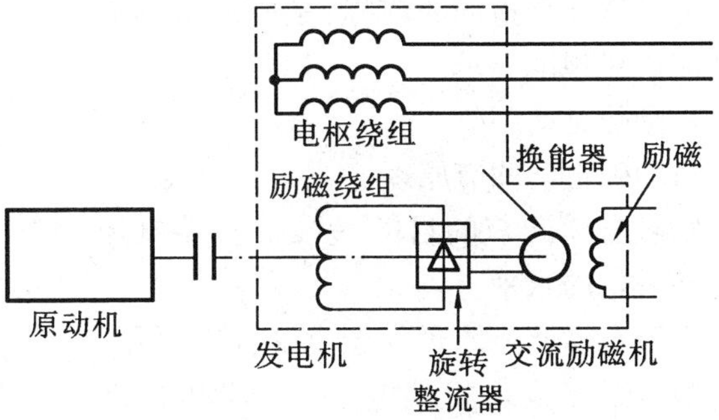

图 1.2.5.1 交流励磁机(无刷)励磁系统

励磁机与发电机励磁绕组之间的炭刷和滑环的滑动接触,故称这种发电机为无刷励磁发电机。

发电机电压通过励磁系统进行调节。例如交流励磁机励磁系统,通过调节励磁机的励磁来调节发电机的励磁电流,从而改变机端电压。

2.发电机电压的质量指标

发电机运行时电压变化主要是负载变化引起。另外,电枢绕组的温度变化和原动机转速变化等也会引起电压变化。

负载变化有缓慢的、也有急剧的。相对发电机容量很小的负载,逐一增加或减少,负载变化是缓慢的;相对发电机容量很大的负载,例如感应电动机,启动时冲击电流大、功率因数低,负载变化是急剧的。

负载缓慢或急剧变化,电压也做相应的变化,负载的有功分量使原动机转速也做相应的变化,转速变化也引起电压变化。

发电机负载运行,电流流过电枢绕组的电阻会做功发热,交变电流对铁心磁化,铁心也会发热。发电机体内发热,使绕组温度升高。励磁绕组温度升高,电阻值增加,励磁电流减小。负载电流变化,使发电机绕组温度变化,引起电压变化。

电力系统中某处发生短路时,电流骤增,机端电压会骤降。

电力系统中断开大容量负载,电流急剧下降,机端电压会急剧上升。

用调节励磁电流来调节发电机电压所构成的系统称为励磁调节系统或励磁调节装置。

机端电压发生变化,励磁调节系统进行调节,调节结束(电压稳定),电压一般不会恢复到原来的数值,存在电压差(即调节后的电压与原来电压之差)。电压差与原来电压的比值称为静态电压变化率。这是电压的静态质量指标。

海船规范规定,负载在额定负载范围内变化,静态电压变化率,主发电机应在 ±2.5% 以内,应急发电机可以允许为 ±3.5% 以内。

负载急剧变化即突加或突卸负载,引起机端电压瞬时跌落或上升,励磁调节系统参与调节,电压恢复到稳定值需要一定的时间。调节有一个动态过程。电压的瞬时变化称为动态变化率。这是电压的动态质量指标。

海船规范规定,突加和突卸 60% 额定电流及功率因数不超过 0.4(滞后)的对称负载时,电压瞬时跌落不低于 85%;电压瞬时上升不超过 120%,恢复到与最后稳定值相差 3% 以内所需的时间应不超过 1.5 s。

考核这 2 个指标的前提,是原动机的调速性能满足规范要求。

3.励磁自动调节

1)励磁自动调节原理

励磁自动调节的目的是维持机端电压稳定在一定的水平上。

励磁自动调节原理如图 1.2.5.2 所示。调节"对象"是发电机端电压。自动电压调节器输入机端电压,把检测的电压与给定电压进行比较,得出的电压差,控制调节输出。调节输出根据电压差的大小和方向,控制励

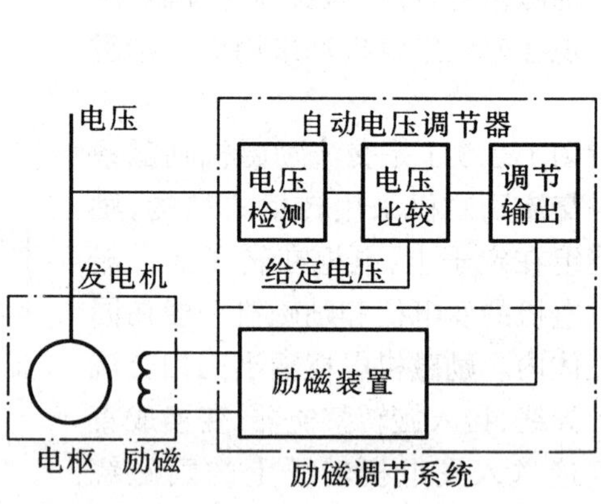

图 1.2.5.2　励磁自动调节原理方框图

磁装置的输出，输出调节发电机的励磁电流，维持机端电压稳定在一定的水平上。

励磁调节系统除了提供励磁电源外，还要能根据机端电压变化自动控制电源的输出。

负载变化、转速变化以及温度变化使机端电压偏离原来的稳定值，在调节系统的作用下又将使机端电压恢复到接近原来的稳定值。因此机端电压总是先偏离原来的稳定值，经过一段变化过程，然后恢复到趋近于原来的稳定值。

整个调节过程可以分为2个阶段：先是处于变化状态的动态过渡过程，它代表了系统的动特性，必须满足电压的动态质量指标；然后是回到稳定状态的稳态过程，它代表了系统的静特性，必须满足电压的静态质量指标。

2)自动电压调节器

自动电压调节器简称AVR，典型的带AVR的无刷发电机电路如图1.2.5.3所示。

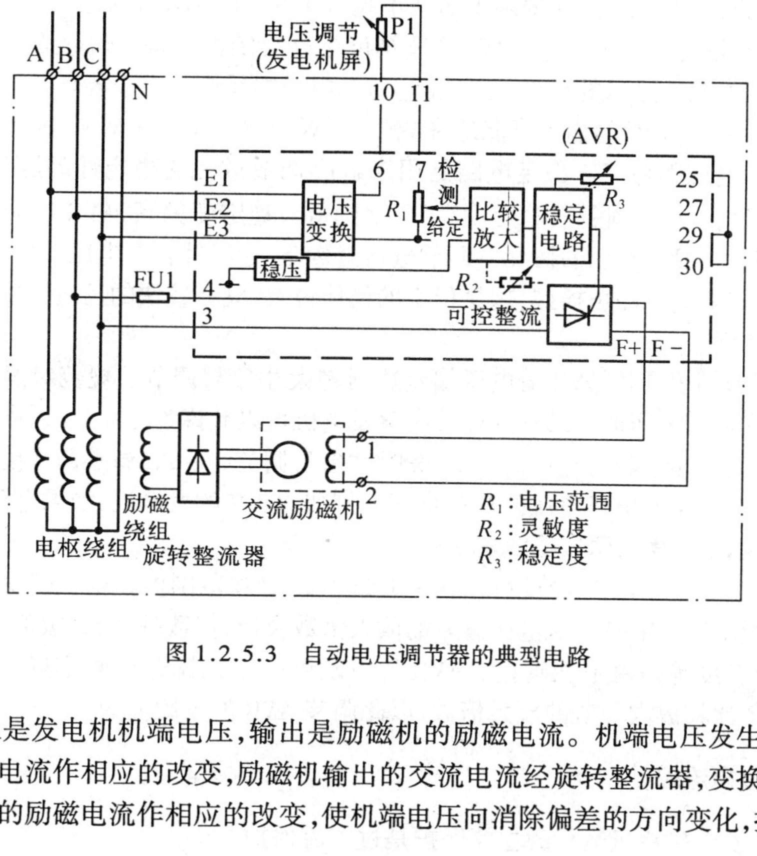

图1.2.5.3 自动电压调节器的典型电路

AVR输入是发电机机端电压，输出是励磁机的励磁电流。机端电压发生偏差，输出的励磁机的励磁电流作相应的改变，励磁机输出的交流电流经旋转整流器，变换成直流电流，输出使发电机的励磁电流作相应的改变，使机端电压向消除偏差的方向变化，把偏差减小到允许范围内。

(1)励磁电源

AVR本身是一个可控的电源装置。交流电输入变换成可控的直流电输出。

交流电由发电机输出提供。机端电压 U_{BC} 经熔断器FU1，从AVR端子3、4输入，经可控整流器整流，从端子F+、F−输出到励磁机的励磁绕组。

(2)电压检测

AVR输入检测的是发电机机端电压。机端三相电压接在AVR端子E1、E2、E3上，输入进行电压变换，作为电压检测信号。

电压检测信号与给定信号在比较放大环节中比较，得出电压偏差，输出经稳定电路触发可控硅，使可控整流输出按消除偏差的方向调节交流励磁机的励磁电流。

(3)电压整定

发电机运行时，操作者需要在配电板的发电机屏上整定机端电压。电压整定是用改变输入比较放大环节的电压检测信号的方法。电压检测信号经遥控调节电位器 P1，从端子 6、7 接入。调节 P1 改变输入比较放大环节的电压检测信号，改变电压整定值。

配电板上希望 P1 在中间位置是额定电压，这样电压可以在 ±5%之间调节。要满足这个调节要求，AVR 上有"电压范围"整定电位器 R_1，可以进行配合调节。即，P1 调至中间位置，调节 R_1 使电压至额定值，然后锁定 R_1。

(4)稳定度

在突加或突减规定的负载和功率因数情况下，发电机电压最大的下降值或上升值应满足规范对动态指标的要求外，还要求电压在不超过 1.5 s 的时间内稳定。

按电压偏差进行调节的励磁系统，调节精度越高稳定性越差。这是因为 AVR 输出，要经交流励磁机、发电机励磁的反应，才能得到机端电压的反应。由于各环节的反应有一定的滞后，该增加励磁时 AVR 的输出可能还在减少；该减少时可能还在增加，因此产生调节过程来回波动，机端电压不稳定。稳定电路是用来解决调节过程的稳定性问题的。电位器 R_3 用来调节稳定性，一般顺时针转稳定度高，反之则低。稳定度偏高，AVR 反应迟缓；偏低，会引起电压振荡。一般在空载的情况下调节电压至额定，逆时针转至电压开始摇摆振荡，然后再顺时针略为转至电压停止摇摆，这是稳定的最佳位置，既有较快的反应又能稳定地调节。

(5)调节精度

AVR 的调节精度是指 AVR 对电压偏差达到多大才参与调节。规范对静态指标的要求是，主发电机在额定电压的 ±2.5%以内；应急发电机可以允许为 ±3.5%以内。即主发电机的电压可以在偏差超过额定电压的 ±2.5%时才参与调节。±2.5%是调节精度。

调节精度决定了发电机电压的静态指标。例如 400 V 的发电机，如果电压变化大于 4 V 才进行调节，则该 AVR 的调节精度是 ±1%。

现在大多数 AVR 的调节精度可以在 ±0.25～±1.5%范围内。调节精度的整定在 AVR 上称为灵敏度调节。由 AVR 对电压偏差的放大倍数决定，倍数越大、灵敏度越高、调节精度越高。但调节精度越高稳定性越差。AVR 的灵敏度一般在制造厂整定好。图 1.2.5.3 中 R_2 是用来调节比较放大环节的放大倍数，以此调节 AVR 的灵敏度的。

1.2.6 过电流保护

船舶低压发电机单机运行的主要保护是过电流保护。

过电流是大于额定电流的不正常电流。

1.过电流保护要求

发电机流过负载的电流，在电枢绕组的电阻和铁心的磁化上做功，引起发电机发热，绕组和铁心温度上升。负载电流在额定值内，发热被散热所平衡，温度上升稳定在允许范围内。负载电流超过额定值，温度上升会超过允许值。长时间过电流运行产生的热会使绕组绝缘老化甚至损坏。短路电流产生的热和电动力会使绕组绝缘损坏和绕组端部变形。

发电机能承受的过电流由它本身的热容量决定。

发电机的过电流保护的动作是切断发电机开关，中断供电。保护动作引起的开关分断一般称为“跳闸”或“脱扣”。过流保护装置也称为脱扣器。

过电流保护是按超过额定电流的倍数和持续时间整定。为了避免开关跳闸引起电力系统失电，危及船舶的安全，一般在过电流保护动作跳闸之前，先报警同时卸去不重要的负载。在自动化的电站，在未达到卸载的过电流数值之前，启动备用发电机投入并联，增加电力系统的功率储备，如果不能消除过电流，再卸去不重要的负载。

“海船规范”对发电机过电流保护的要求：

(1)过载小于发电机额定电流的 110% 时，延时一段时间确认后动作报警，卸去不重要的负载，这级保护动作称为“脱扣预报”或“预脱扣”；

(2)过载在发电机额定电流的 125% ~ 135%，延时 15 ~ 30 s 分断开关，这级保护动作延时较长，称为“长延时保护”；

(3)过电流为发电机额定电流的 200% ~ 250%，延时时间不超过 0.6 s 分断开关，这级保护动作延时较短，称为“短延时保护”。

只作单机运行的发电机，设上述过电流保护。保护的范围是发电机开关以外，电网负载无控制地增加，母线某处发生短路。

在可能有 3 台及 3 台以上发电机并联的情况下，如果 3 台中有某台发电机内部绕组或出线端发生短路，另外 2 台发电机都向短路点输送短路电流，会引起 2 台发电机短延时保护动作跳闸，使电网失电。因此有短路故障的发电机开关，应在另外 2 台发电机短延时保护动作之前跳闸，使故障点与电网隔离。保护的范围是发电机开关以内的短路。

保护的动作时间要比短延时短，是瞬时跳闸。动作值要比发电机可输出的最大短路电流高，才不会在外部短路时动作。例如发电机的最大短路电流是 10 倍，保护瞬时动作整定为 14 倍，外部短路时电流最大 10 倍不会动作。内部短路时有 2 台发电机提供短路电流，肯定大于 14 倍，保护瞬时动作跳闸。

2.过电流保护设置

(1)过电流特性

发电机发热与电流的平方和持续的时间成正比。电流达到一定程度，电流再增加，发热成倍增加。过电流倍数越高允许持续的时间成倍缩短。发电机的过电流特性如图 1.2.6.1 中特性曲线 1 所示。过电流增加，允许持续的时间按指数曲线下降。

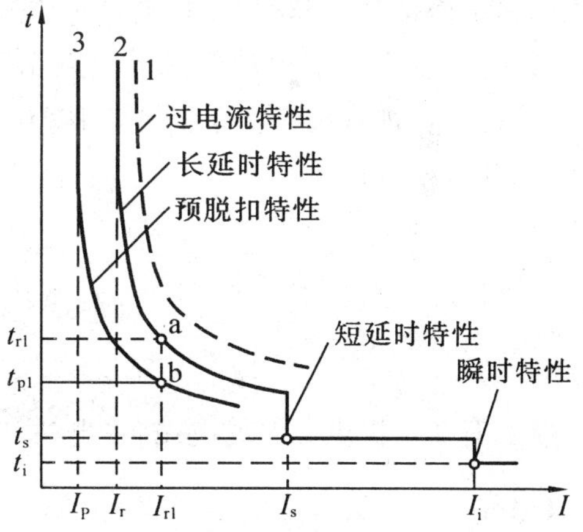

图 1.2.6.1　发电机过电流保护动作特性图

(2)长延时脱扣

长延时保护的电流范围是额定电流的 110% ~ 150%，规范建议动作整定在 125% ~ 135%，延时 15 ~ 30 s 动作。

保护动作延时按照过电流的平方减少的动作特性，称为“反时限”特性。现在过电流长延时保护都采用反时限特性。

保护动作特性的电流和时间应小于过电流特性，即保护动作特性应在过流特性的左边。如图中特性 2 所示。

保护开始动作的电流称为始动值用 I_r 表示，可以认为 $I_r = 1.1I_e$。I_r 对应时间坐标是平行的，没有交点，说明保护不动作。也就是说小于等于 I_r 保护不动作。电流超过 $1.1I_e$ 保护动作时间按指数曲线下降。

反时限动作特性的延时随电流的增加按指数曲线减少，是随电流变化的。为了使调试整定、提交验收具有“可操作”性，需要指定一个过电流值和对应的延时时间作为考核值。如图中指定 I_{r1} 为电流考核值，t_{r1} 为对应的时间考核值。例如 DW14 型框架式断路器的过流脱扣器，指定 $I_{r1}=1.2I_r=1.1\times1.2I_e=1.32I_e$ 时 $t_{r1}=30$ s。M 型框架式断路器的控制单元，指定 $I_{r1}=1.5I_r$ 时提供一组可选择的时间，可选择 $t_{r1}=15$ s，这条动作特性，在 $I_{r1}=1.25I_e$ 时 $tr_1=26$ s。可以满足规范的要求。

(3)短延时脱扣

保护要求过电流在范围 $2\sim2.5I_e$，延时不超过 0.6 s 动作脱扣。动作特性采用定时限，即电流超过整定值按固定的延时时间动作。图 1.2.6.1 中始动值用 I_s 表示，大于 I_s 对应动作时间 t_s 与横坐标平行，恒定不变。例如取 $I_s=2.5I_e$，$t_s=0.4$ s。

(4)瞬时脱扣

规范要求“对可能有三台及三台以上发电机并联的情况下，还应设有瞬时脱扣器。”整定值在“稍大于其保护发电机的最大短路电流动作脱扣”。图 1.2.6.1 中始动值用 I_i 表示。瞬时 t_i 应该是 0，实际动作总需要一定的时间，一般需要 20～40 ms。

单台运行或 2 台并联运行则不需要瞬时脱扣保护。

(5)预脱扣

预脱扣报警(和/或卸载)的电流范围是额定电流的 100%～110%，动作时间与长延时保护是协调的。长延时采用反时限特性，预脱扣也应是反时限特性。动作必须在长延时之前。动作特性在长延时特性的左边，如图中 3 所示。始动值用 I_P 表示，

实际使用，希望在接近过载时动作，始动值 I_P 动作整定在额定电流的 90%～100%。反时限考核电流值与长延时相同，延时比长延时短。动作的协调可以从图中看出，过电流达到电流考核值 I_{r1} 时，与长延时特性的交点 a，对应的时间 t_{r1}；与预脱扣特性的交点 b，对应的时间 t_{P1}；$t_{P1}<t_{r1}$，预脱扣先动作。例如 DW14 型框架式断路器的过流脱扣器，在考核值 $1.32I_e$ 时 $t_{r1}=30$ s，$t_{P1}=10$ s。

1.3 船舶电站

船舶有 3 个提供电源的电站：主电站、应急电站和临时应急电源(站)。

1.3.1 主电站

主电站由数台发电机组和主配电板组成。图 1.3.1.1 所示是 3 台发电机 G1、G2、G3 和主配电板构成的电站。

3 台发电机分别通过开关 Q1、Q2 和 Q3 接入主配电板的母线(主汇流排)。母线用隔离开关 Q4 分为 2 段，左母线和右母线。正常情况下 Q4 处于合闸状态，故障情况下断开，一侧供电或分区供电。例如一侧发生短路，断开 Q4，隔离有故障的母线，让无故障的母线继续供电。又如原动机有异常情况，或发电机 AVR 的调差装置异常，只能单机运行不能并联运行，

断开 Q4，分区供电。

大多数商船只有 1 个主电站。有的船舶或舰船有 2 个(或以上的)主电站，如图 1.3.1.2 所示。前、后电站各设 2 台发电机和 1 组主配电板。各台发电机通过开关 Q1、Q2 和 Q3、Q4 接入主配电板母线。各母线分别用隔离开关 Q5 和 Q6 分为两段，正常情况下都处于合闸状态，故障情况下断开。前、后电站通过联络开关 Q7、Q8 和 Q9、Q10 用电缆相互连接，2 条电缆分两舷敷设。正常情况下用一侧电站通过一舷电缆和联络开关向本侧和另一侧主配电板供。一侧电缆损坏可以用另一侧电缆。故障情况下或其它需要，可以断开联络开关，分区供电。

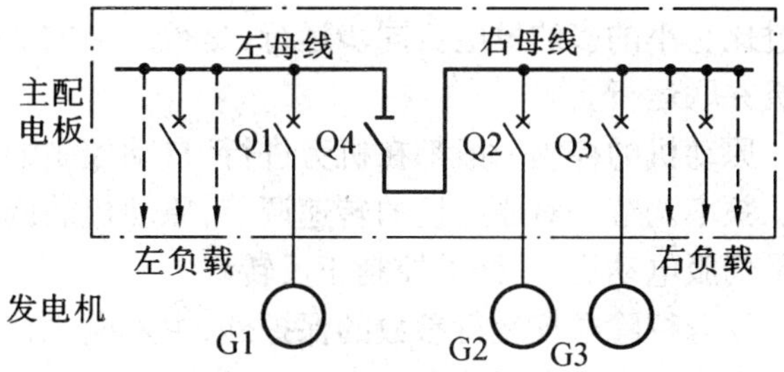

图 1.3.1.1　3 台发电机主电站接线图

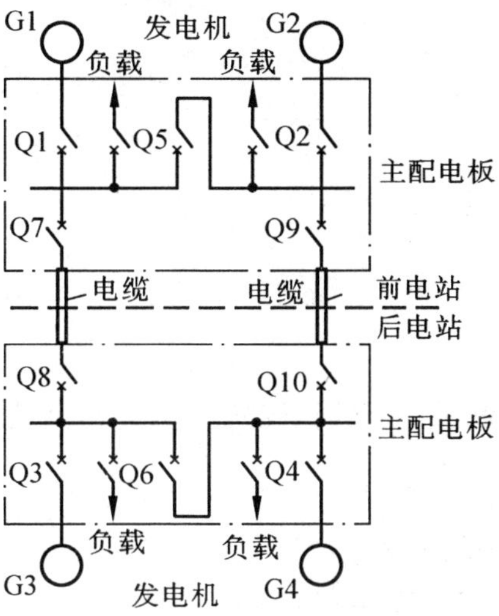

图 1.3.1.2　前、后主电站接线图

主电站设在机舱或辅机舱。

1. 发电机组

发电机和拖动它的原动机组成发电机组。

主电站发电机组的典型配置是 3 ~ 4 台。各发电机组较多的是采用同容量、同型号的。也有采用不同容量、不同形式的，例如柴油发电机组和轴带发电机。

主电站的发电机组都要求能作长期的或短期的并联运行。在某种工况下，1 台发电机供电不能满足用电需求，用 2 台或更多机组作较长期的并联运行，补充电网的功率储备。船舶航行或作业时，用 1 台机组接替供电的机组，要保证电网供电不间断，把接替的机组投入电网短时并联，然后解列原来供电的机组。

一般发电机的原动机都是“不作它用”的，即原动机只驱动发电机而不拖动其它机械，原动机的功率与发电机是匹配的。只要原动机的转速——负载特性是下降的，发电机具有“调差”特性，即随着功率因数下降，无功电流增加，发电机电压特性是下降的，无论是否同容量、同型号，都可以并联运行。

发电机组并联的同步运行，表现在各机组的频率严格相等。额定转速相同的发电机组并联运行，各机组的转速是严格相等的。额定转速不同的发电机组并联运行，各机组频率对应的转速是严格一致的。例如 50 Hz 发电机组，4 极发电机的同步转速为 1 500 转，10 极为 600 转。并联运行时电网频率下降到 49 Hz，则一台是 1 470 转，一台是 588 转，而不可能是其他数值。

并联运行的原动机的同步，即转速严格一致，是通过发电机来实现的。

有的发电机的原动机是“作它用”的，例如恒转速主机轴带动的发电机，主机是驱动主推进器的。它作为发电机的原动机是“作它用”的。用“作它用”的原动机驱动的发电机之间不考虑并联运行。主机的功率远大于发电机,如果2台轴带发电机并联运行,相当于2台主机通过比它小的多的发电机同步运行,是很危险的。但可以与“不作它用”的原动机驱动的发电机并联运行。

原动机的控制一般都在机旁进行,自动控制的电站在主配电板上可以实现启动、停机操作。频率调节是对原动机的转速调节,原动机的调速器向主配电板提供遥控的伺服机构,一般是伺服电动机,用开关控制正反转。

发电机除电气运行参数的保护外,主发电机在三相定子绕组槽内埋设温度传感器,向主配电板提供绕组高温信号。

发电机壳体内设有电加热器,在发电机不运行时通电加热,烘潮防止凝露。

2.主配电板

1)功能

(1)受电,接受主发电机和岸电电源;

(2)控制,对主发电机的供电运行进行控制;

(3)显示,显示主发电机的运行参数;

(4)配电,对电力和照明设备配电。

2)屏分类

主配电板由实现各种不同功能的功能屏组成。

(1)发电机屏

是用来控制和监视发电机的运行的。

屏的前面板一般分为上下两部分,上部安装指示和操作器件,下部安装发电机开关。面板上的基本控制和显示器件如图1.3.1.3所示。

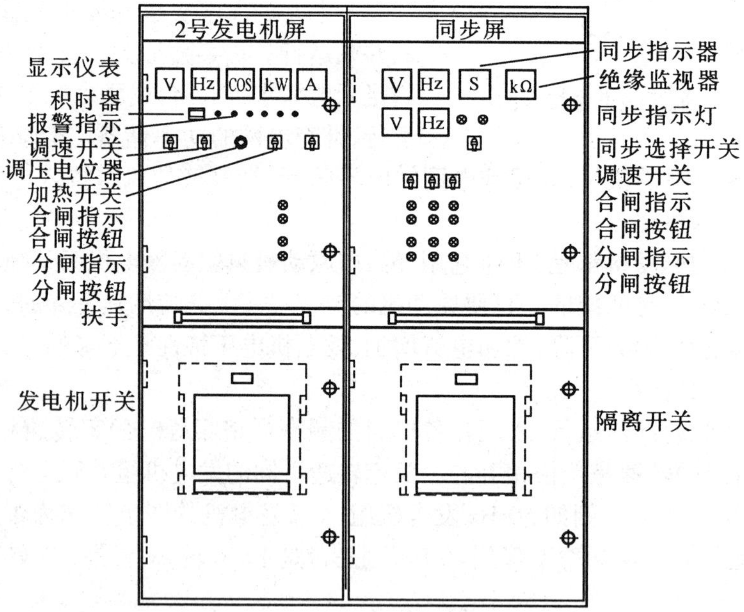

图1.3.1.3 发电机和同步屏面板布置示意图

显示仪表,规范要求至少设置电压表(V)、电流表(A)、功率表(kW)和频率表(Hz)共4

只,国内系统设计习惯要求再设功率因数表($\cos\varphi$)。电压表和电流表下面的对应位置设置选择开关,选择测量各相(线)电压和各相电流。另外,设置积时器在发电机开关合闸时接入工作,累计机组的运行时间;监视运行参数越限的报警指示灯。

操作器件,设置调速开关调节发电机的频率和并联运行时的功率分配;调节电压的电位器;发电机空间加热开关;操作发电机开关分、合闸的按钮和相应的指示灯。

(2)同步屏

也称为并车屏,是用来控制发电机投入或退出电网运行的。内部安装母线隔离器或隔离断路器。采用隔离器安装在上部,采用断路器安装在上、下都有,图 1.3.1.3 是在下部。

面板设供同步操作用的同步指示器(S 也称为整步表);同步指示灯,熄灭法用 2 只,如图所示,旋转法用 3 只;同步指示选择开关;指示母线和发电机电压、频率的仪表,图示是 2 只电压表和 2 只频率表,上面指示母线,下面随选择开关指示带并发电机的电压和频率。也有采用双指针电压表和频率表,1 根指示母线、1 根指示发电机。

操作器件,设置各发电机的调速伺服开关;各发电机开关的分闸、合闸按钮和对应的指示灯。

(3)电力负载屏

是用来向电力负载配电的。设置若干电力负载开关;测量重要负载运行的电流表和转换开关。600 A 以下的负载开关一般采用塑壳断路器,600 A 以上的则采用框架式断路器,配置相应的分、合闸按钮。如图1.3.1.4所示是采用塑壳断路器。

(4)照明负载屏

是用来向照明负载配电的。设置照明电源受电开关(或接触器),图 1.3.1.4 所示是左下角的开关(断路器),开关上面有机械连锁挡板,只允许 1 台开关合闸,图示是挡扳推向左侧,左开关被挡不能合闸,右开关可以合闸;若干照明负载开关。

显示仪表,设置测量照明电源电压和负载电流的电压表和电流表,用选择开关测量三相电压和三相电流;监视照明电网绝缘的绝缘监视器。

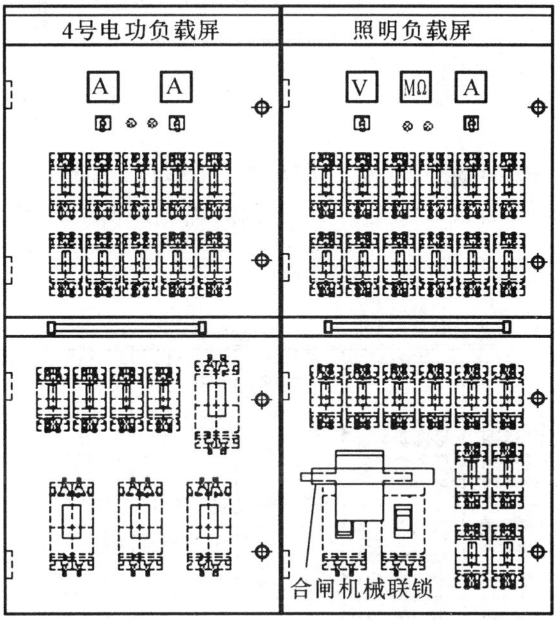

图 1.3.1.4　电力和照明负载屏面板布置示意图

(5)组合启动屏

是作为电动机控制中心,控制电动机运行。

组合启动屏是数台启动器的组合体,不属于配电功能。

现代船舶的主配电板一般都安装在机舱集控室,部分组合启动屏安装在集控室,则作为整体制造和安装依附在主配电板上。一般附加在两侧,或一侧。如图 1.3.1.5 所示,1 号组合启动屏设置在左侧。共有 9 个启动器单元和 3 个电源输出。启动器输出接电动机。电动机旁设置按钮盒,作为就地控制,在组合启动屏上集中遥控。电源开关向成组设备例如分离器等提供电源。

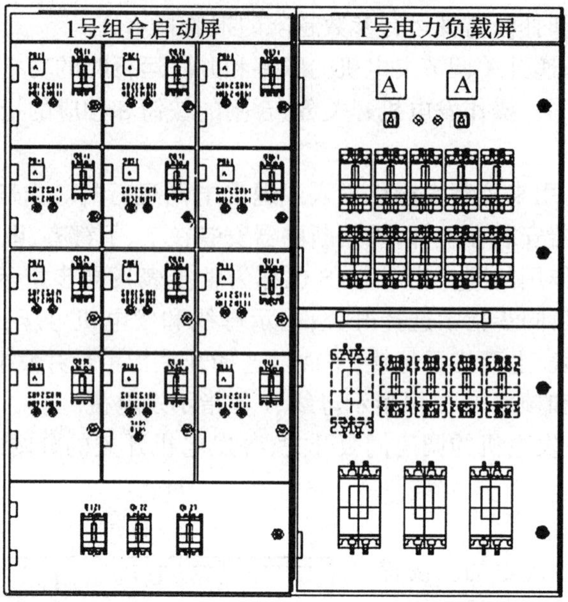

图 1.3.1.5　组合启动屏面板布置示意图

典型的主配电板外形总布置图如图 1.3.1.6 所示。本例有 3 屏发电机屏，中间设同步屏，两侧各设 2 屏电力负载屏，右侧设照明负载屏，左侧设组合启动屏（未表示，见图 1.3.1.5）。

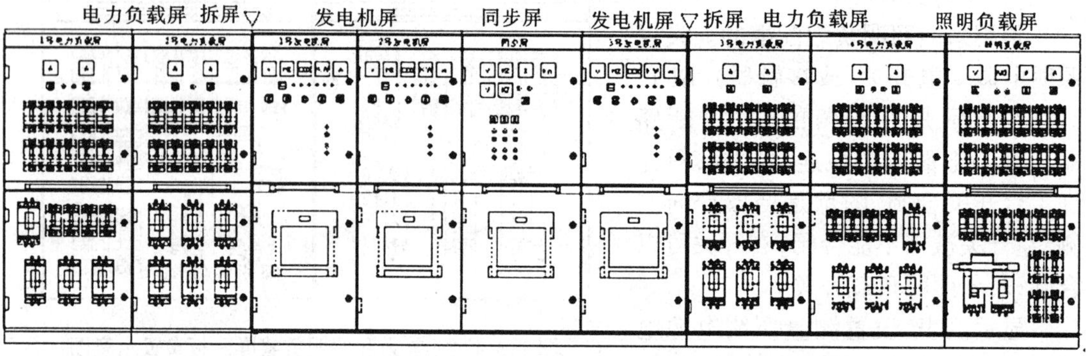

图 1.3.1.6　主配电板布置示意图

1.3.2　应急电站

1.应急电力系统

应急电力系统是由应急电源通过应急配电板、应急电网向应急设备供电所构成的系统。

应急设备是船舶在各种紧急状态下，作为安全所必需的电气设备。

正常情况下应急设备由主电源供电，主电源失电后由应急电源供电。

应急电力系统正常情况下由主配电板供电；主电源因故失电时由应急电源通过应急配电板供电。主电源恢复正常后，转换回由主配电板供电。

船舶电力系统可以看成是由主电源供电的主电力系统和它的子系统——应急电力系统组成的，如图 1.3.2.1 所示。

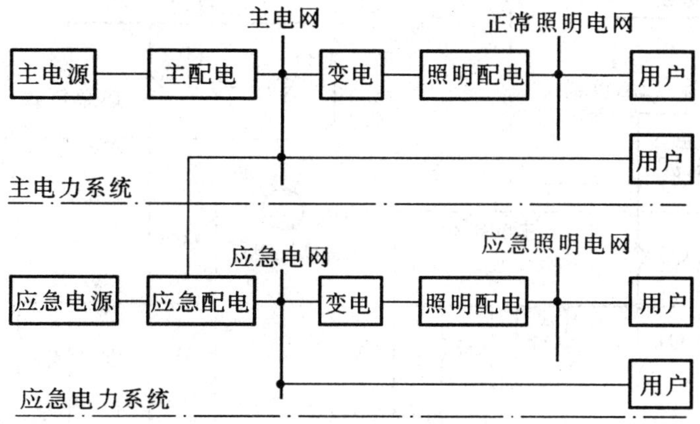

图 1.3.2.1　船舶主电力系统和应急电力系统的组成框图

应急母线只允许一个电源开关合闸，这是考虑到：

(1)应急发电机不允许与主发电机并联运行；

(2)应急发电机不允许向主配电板供电。

发电机并联运行主要是为了满足电网负载的需求，保证电网有足够的功率储备。主发电机的数量配置已考虑到主电网的容量需求，无需应急发电机并联补充。

应急发电机是在主电源故障无法供电的情况下向应急电网供电。如果主发电机可以供电，就不需要应急发电机供电。

应急与主发电机之间没有并联需求，不考虑并联运行操作，不设置并联运行所需的操作。因此不允许并联。

需要指出，不是因为应急发电机与主发电机容量不同不允许并联。

考虑到应急电源的容量和燃料的储备限制，不允许应急电源向主配电板反向供电。

考虑到实际情况，在特殊情况下海船规范允许反向供电。CCS 规定："如果从瘫船状态恢复推进必需依靠应急电源，则其容量应足以供给船舶推进机械从瘫船状态恢复运转的用电，并应在失电后 30 min 时间内完成。"瘫船也称为死船。例如船带浮筒，长期无人看管，所有机械都不运转，要再开船，动主机要开辅机，开辅机要先开主发电机，开主发电机要压缩空气，而空气瓶的空气已泄漏殆尽。在这种情况下允许借助于应急电源。条件是系统设计对应急发电机组的容量和供电时间已满足规范要求。

但大多数系统设计对应急配电板设计都按"不允许"反向供电来要求。

应急电力系统的供电转换由应急配电板执行。

为实现供电转换，应急配电板的主接线有两种方式：单连接方式和双连接方式。

单连接方式，如图 1.3.2.2(a)所示。应急母线的受电为单连接。2 个电源，应急发电机 EG 和主配电板供电通过一台双向接触器 K1 转换接入应急母线；

采用单连接方式的应急配电板，是基于"应急配电板不允许向主配电板反向供电"的要求并能防止应急发电机与主发电机并联供电。

双向接触器的分断能力不能满足发电机外部短路时的分断要求，发电机的出口还需接入断路器 Q11。

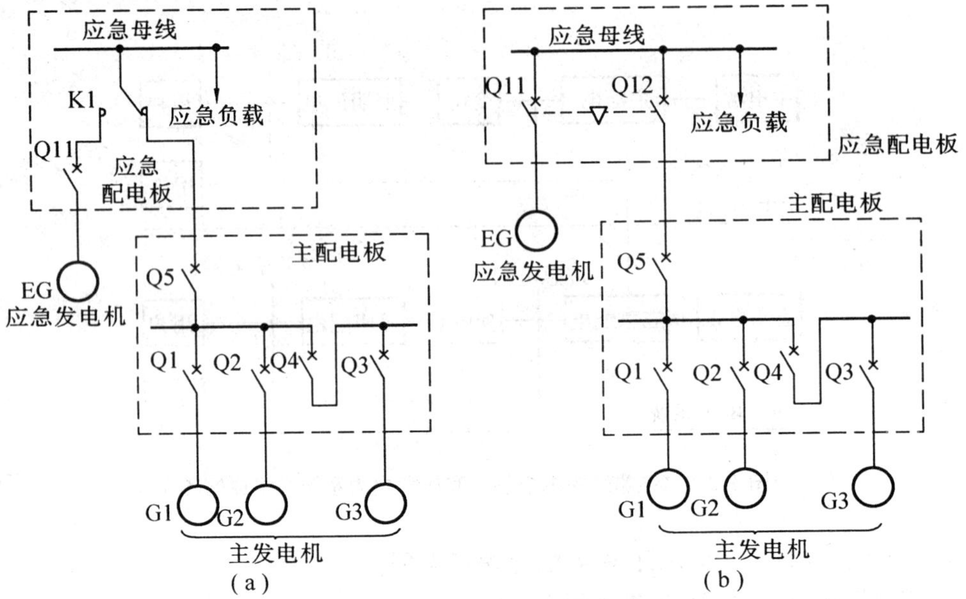

图 1.3.2.2　应急配电板与主配电板的连接

(a)单连接方式；(b)双连接方式

双连接方式，如图 1.3.2.2(b)所示。应急母线的 2 个供电电源，分别通过 2 台开关 Q11、Q12 与应急母线连接，两台开关相互采用电气连锁(符号“▽”表示连锁)，只允许一个断路器合闸。接受主配电板供电的受电开关 Q12 称为联络开关。

采用双连接方式的船舶应急配电板，在船舶长期搁置成“瘫船”时，可以暂时取消连锁，允许两台开关(断路器)Q12、Q11 同时合闸，应急电源通过主配电板的供电开关 Q5 受电，临时向主电网供电，待主发电机启动供电后再恢复连锁。为了避免疏忽引起事故，这只“取消连锁”开关设置在较隐蔽的位置。例如某进口船的应急配电板，这只开关装在靠近底部的地方，用遮板档住。修船时电工找不到，只有去接船的电机员才知道。

发电机和联络开关一般采用带欠压脱扣的塑壳断路器，也有采用框架式断路器的。需要注意的是，联络开关的分断能力比发电机的高，因为流过联络开关的短路电流是主配电板提供的，主发电机容量大、台数多。发电机开关流过的短路电流是应急发电机提供的，容量小，且只有 1 台，更换开关时需注意。

2.应急配电板

1)功能

(1)受电，对输入的主配电板电源和应急发电机电源进行供电转换；

(2)控制，对应急发电机的供电运行进行控制；

(3)显示，显示应急发电机的运行参数；

(4)配电，对应急电力和照明设备配电。

个别应急配电板也作为岸电的受电开关控制。

2)外形、结构

应急配电板通常由一屏发电机屏和一或两屏负载屏组成。典型的应急配电板外形如图1.3.2.3所示。共有3屏:发电机屏、电力负载屏和照明负载屏。

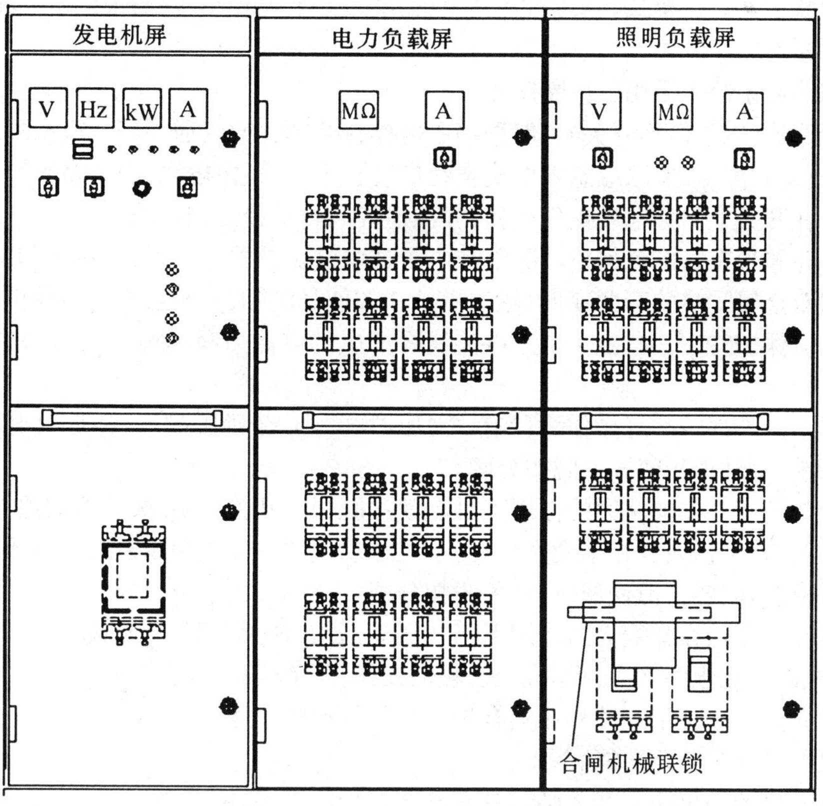

图1.3.2.3　应急配电板外形例图

发电机屏的面板上设置监视发电机运行的仪表:电压表(带开关)、电流表(带开关)、功率表、频率表和绝缘监视装置以及运行积时器;发电机断路器的操作按钮和状态指示灯等。内部安装发电机断路器;发电机和系统的继电保护以及其他诸如应急电站自动控制设备等。

应急电网的绝缘状况,在主电源供电时由主配电板上的绝缘监视装置监视;在应急发电机供电时由本身设置的绝缘监视装置监视。该装置接在发电机供电侧,只有在发电机供电时才工作。本例的绝缘监视装置设在电力负载屏上。

电力负载屏上主要设置馈电开关,重要负载的负载电流表和转换开关。

照明负载屏上主要设置馈电开关。面板上设照明母线的电压表(带开关)、负载电流表(带开关)和照明电网的绝缘监视装置。屏的下部表示2台照明电源的进线开关。与主配电板的照明负载屏一样,进线开关采用连锁,只允许合1台。

3)控制器件

(1)断路器

应急配电板的主要控制器件是开关。具有分断(短路)故障能力的开关称为断路器。开关触头分断电流时触头之间会拉弧，断路器的分断能力表现在能使燃弧熄灭(称灭弧)。分断能力是具体的电流值，短路电流超过该断路器的分断能力，燃弧不能熄灭，断路器将烧坏。例如某断路器的分断能力为 20 kA 即20 000 A，短路电流在20 kA以下保证可靠分断，大于则可能无法分断而烧坏。断路器灭弧能力与触头所处的介质有关，介质有空气、绝缘油、真空、六氟化硫气体等。低压断路器一般采用空气，称为空气断路器。

常用的断路器有框架式和塑壳式。应急配电板的电流较小，一般采用塑壳断路器，较少采用框架式断路器。

在三相绝缘系统中采用三极断路器。

塑壳断路器(以下简称开关)一般采用手柄操作合闸、分闸(通、断)。应急配电板平时无人值守，主电源故障时，要求应急发电机自动启动投入运行；主电源恢复，自动转换回主电源供电。为此在开关上附加电动操作机构，提供遥控和自动控制的手段。

塑壳断路器带有过电流保护。除附加电子过电流保护器外，一般采用热和电磁型保护。热保护采用双金属受热的弯曲变形，触动机械锁扣使其脱扣，分断触头。热保护具有长延时反时限过电流保护特性。电磁保护用电流线圈产生的电磁力吸动衔铁，触动锁扣使开关脱扣分闸。

开关提供给外部的分闸操作手段有“失压脱扣”和“分励脱扣”。都是用电磁力释放衔铁或吸动衔铁，触动锁扣使开关脱扣分闸。

失压脱扣的衔铁在弹簧力的作用下触动锁扣脱扣。开关合闸，失压线圈通电，线圈的电磁力克服弹簧力，衔铁被吸在不动作位置，不能触动锁扣。失压即断开线圈电压或电压下降至很低无法克服弹簧力，衔铁释放，开关脱扣分闸。

分励脱扣的衔铁在弹簧力的作用下不能触动锁扣，开关合闸，分励线圈不通电。分励线圈通电时，电磁力克服弹簧力，吸动衔铁，触动锁扣，开关脱扣分闸。

失压脱扣除用来分闸开关外还具有失(欠)压保护的功能。

分励脱扣只具有分闸功能。

用于发电机的输出控制开关必需具有失压保护功能，必需采用失压脱扣。

向风机和油泵设备供电的配电开关，发生火灾时必需立即切断，以避免火势蔓延。这种切断开关的措施称为“应急切断”。需要应急切断的配电开关，采用分励脱扣或失压脱扣。

(2)塑壳断路器手柄位置和辅触点状态

塑壳开关的操作手柄有两个正常位置，分闸(OFF)和合闸(ON)位置 ；一个异常位置，即脱扣 (TRIPPED)位置，如图 1.3.2.4 所示。

正常的操作是把手柄从分闸位置扳向合闸位置或从合闸位置扳向分闸位置。

开关本身具有的电磁和热保护动作、分励或失压脱扣动作都会引起开关脱扣分闸，处于脱扣位置的开关无法进行合闸操作，必须先将手柄扳向分闸位置复位(或称再扣)后，才能进行正常操作。发生脱扣分闸后，可以看出操作手柄处于分、合闸的中间位置，操作合闸时先进行复位操作。

开关设有反映开关主触头分、合闸状态的转换辅触点(即一开一闭)，如 a 所示。还有反映开关脱扣的转换报警辅触点，如 b 所示，可用作脱扣报警和自动复位操作。可以看出，正常分断和合闸位置，状态辅触点的开、闭与主触头一致；在脱扣位置，报警触点 b 与主触头不一致，分闸时触点 15、18 断开，脱扣时主触头已断开，触点 15、18 仍闭合。

(3)电动机操作机构

作供电自动转换用途的塑壳开关都附加有电动机操作机构，外部接线如图 1.3.2.5 所示。端子 P1、P2 是电源端子，一般采用交流 220 V 电压，也有用直流 24 V 的。P2 是内部控制电路的公共端。

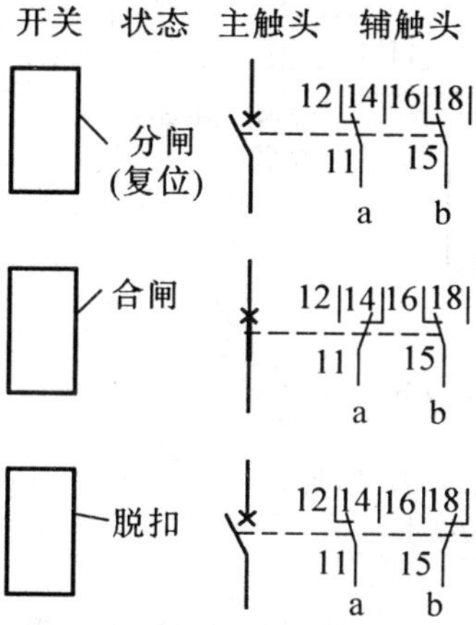

图 1.3.2.4 塑壳断路器手柄位置和触点状态

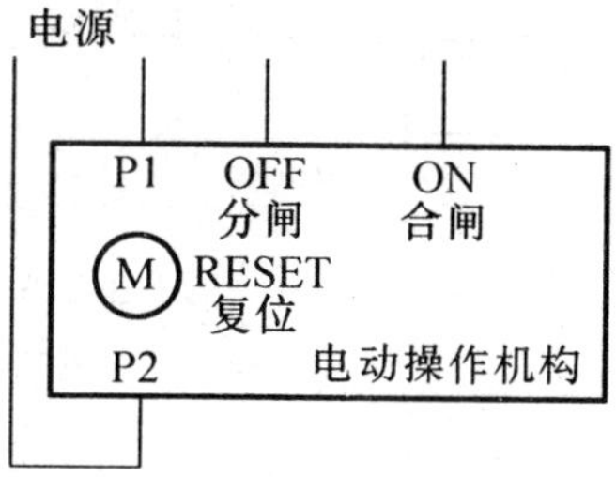

图 1.3.2.5 电动机操作机构

开关处于分闸位置允许进行合闸操作。

合闸操作，把合闸(ON)控制端接电源(P1)，电动机转动，扳动手柄合闸，主触头闭合，限位开关断开，电动机停转。

开关处于合闸位置允许进行分闸操作。

分闸操作，把分闸(OFF)控制端子接电源，电动机转动，扳动手柄分闸，主触头分断，限位开关断开，电动机停转。

开关在合闸位置因保护动作或操作脱扣分闸，必须"再扣(复位)"才能再进行合闸操作，手动复位是向分闸扳动手柄。用电动机操作复位实际上是再进行一次分闸操作。分闸端子也是复位(RESET)端子。

电动机操作机构的合闸操作有电动(非储能)合闸操作和储能合闸操作。非储能合闸操作用电动机转动来推动手柄合闸，所需的时间较长，约 0.5 ~ 1 s。储能合闸操作是用弹簧储能，合闸线圈通电释能，弹簧释放的能量推动手柄合闸，所需时间短，约 0.1 s 左右。开关分闸状态，开关的储能电路接通电动机转动使弹簧储能，储能结束电动机停止，允许合闸线圈通电。

(4)电动机分、合闸和复位操作电路

电动机分、合闸和复位操作电路原理如图 1.3.2.6 所示。图(a)是分、合闸操作接线图。合闸操作用按钮将电源接入合闸端子；分闸操作用按钮将电源接入分闸端子。分闸按钮同时具有复位操作的功能。开关脱扣，按分闸按钮进行复位操作。

开关的分闸有电动机操作分闸和(失压或分励)脱扣分闸 2 种方法。电动机分闸后无需复位操作。脱扣分闸后必须复位操作。

实际使用是主配电板向应急配电板的供电因故障中断，应急发电机自动启动供电。联络开关在供电故障时，无论电压降低或失压都必需用使用失压脱扣分断开关，才能允许发电

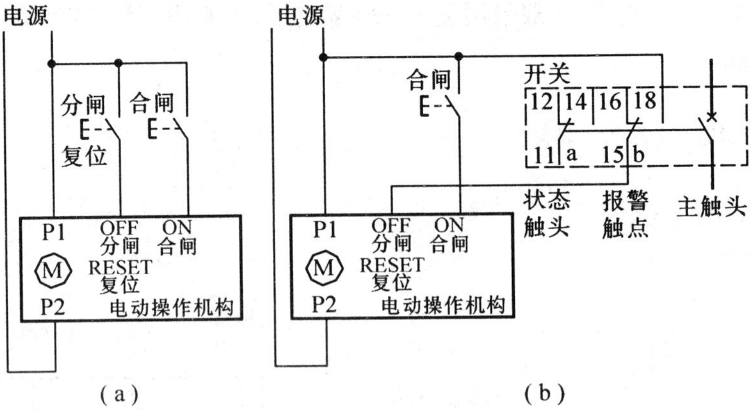

图 1.3.2.6　电动机分、合闸和复位操作原理

(a)分、合闸操作;(b)合闸和复位操作

机开关合闸。待主配电板恢复供电后再进行复位操作。电动机分闸操作几乎没有机会使用。采用电动机分闸操作反而有可能带来麻烦。

某出口船进口的应急配电板曾经有过这样的设计案例。联络开关的分闸同时采用 2 种操作方式。其意图是,正常操作采用电动机分闸,失压脱扣作为保护性分闸,因此没有设置自动复位。主配电板供电故障包括失压和欠压,欠压的检测整定在额定值的 85%,电压低于此值电动机操作分闸。失压脱扣的保护范围在 70% ~ 35%。提交时验船师要求做主电源欠压的供电转换试验。为此用自耦变压器模拟,把供电电压调低到低于 85%,监视继电器释放,联络开关进行供电转换前的分闸操作,电路设计是用电动机进行分闸,但由于电压太低,电动机几乎转不动,等了很长时间还没有分闸。而由于低压脱扣保护值低而不能分闸,试验失败,只得修改电路,取消电动机分闸操作。

实际上主发电机发生欠压故障,欠压保护会动作跳闸。联络开关总是在失压的情况下脱扣分闸。因此一般都是采用失压脱扣分闸,用开关的脱扣报警触点自动控制复位,如图 1.3.2.6.(b)所示。开关的报警触点 b,常开触点端子 15、18 正常位置断开,脱扣时闭合。脱扣时接通复位端子进行复位操作。

(5)欠电压保护

发电机必须具有欠电压保护,由开关的失压脱扣机构执行。失压脱扣机构由失压线圈控制。

失压线圈用作欠压保护,线圈是用直流电源供电。直流电源装置的输入是被检测的交流电压,输出是适应失压线圈的直流电压,如图 1.3.2.7(a)所示。

欠压保护动作需要延时,由电源装置的电容器储能获得。图 1.3.2.7(b)示意欠压保护延时动作的原理。整流输出的直流电压用电容器 C 储能(注意不是滤波),机端电压 U 低于欠压保护整定值或消逝,电容器 C 的储能维持失压线圈电压一段时间,延时释放脱扣机构,开关延时分闸。

失压线圈通常又用来控制分闸。欠压保护需要延时,而分闸控制不需要延时。

图 1.3.2.7(c)示意用常闭按钮 S1 控制延时欠压脱扣分闸的原理。分闸操作不允许延时。容易看出,S1 必须串联在失压线圈一侧,断开失压线圈的电压,C 的储能不再向线圈放

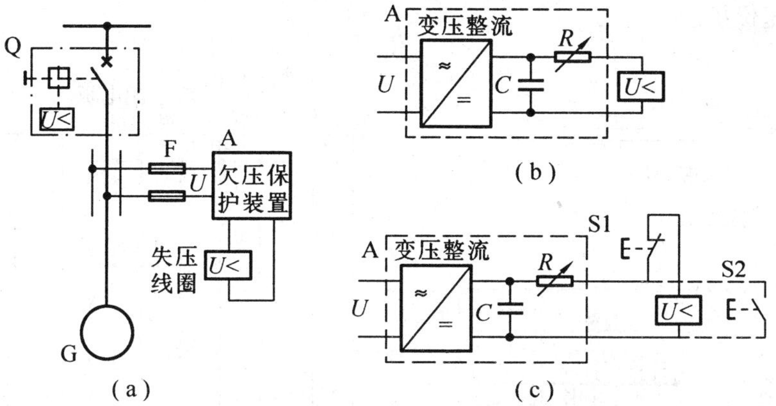

图 1.3.2.7　发电机欠电压保护和控制原理

(a)欠压保护原理图;(b)欠压保护延时原理图;(c)欠压保护延时的分闸控制原理

电,开关瞬时分闸。所有操作分闸的常闭触头串联。后面讨论的控制电路采用串联的方式。另外也可以用常开按钮 S2 并联在失压线圈两端,触头闭合,短路线圈电压,开关分闸。所有操作分闸的常开触头并联。

(6)过电流继电器

塑壳开关具有热(过电流)保护和电磁(短路)保护。热保护动作后需要等待一段时间,让热元件冷却自动复位。发电机不允许用热保护作过流保护。需要另外设置与发电机热容量相符合的过电流(称过流)保护。一般是另附电子型的过电流继电器,动作输出控制开关的失压脱扣。

应急发电机只需要 2 级保护,长延时脱扣作过流(用 $I>$ 表示)保护、短延时脱扣作短路(用 $I>>$ 表示)保护。例如 RMC－112D 电流继电器具有这种保护功能,接线原理图如图 1.3.2.8 所示。发电机输出端三相各设电流互感器 T_1、T_2、T_3,向电流继电器提供负载电流信号。输出短路 $I>>$ 触点信号和过流 $I>$ 信号,动作外接中间继电器 K15、K16,K15、K16 输出常闭触点串联,控制失压脱扣线圈,分断开关 Q01。A1 保护动作后自保(记忆),过流消失输出触点仍保持闭合,禁止在故障未应答处理前再操作合闸。故障处理后按复位按钮 S3 解除自保。

4)原理电路

(1)主电路

典型的应急配电板主电路如图 1.3.2.9 所示,设置发电机屏、电力负载屏和照明负载屏。应急发电机从发电机屏进线,通过发电机开关 Q01 控制,向电力母线供电。主配电板电源从电力屏进线,通过联络开关 Q02 控制,向电力母线供电。Q01 和 Q02 合闸连锁。只允许 1 个电源向电力母线供电。

所有电力负载配电(或称馈电)开关接在电力母线上。配电开关 Q1、Q2 分别向照明变压器 T1、T2 一次侧(初级)供电。T1、T2 二次侧(次级)通过照明电源开关 Q3、Q4 向照明母线供电。Q3、Q4 合闸连锁。所有照明负载配电开关接在照明母线上。

(2)发电机保护和仪表电路

应急发电机的保护设置欠压保护和 2 级过流保护。

发电机开关选用带失压脱扣的塑壳开关，设带延时的欠电压保护装置控制失压脱扣线圈，实现欠电压保护。

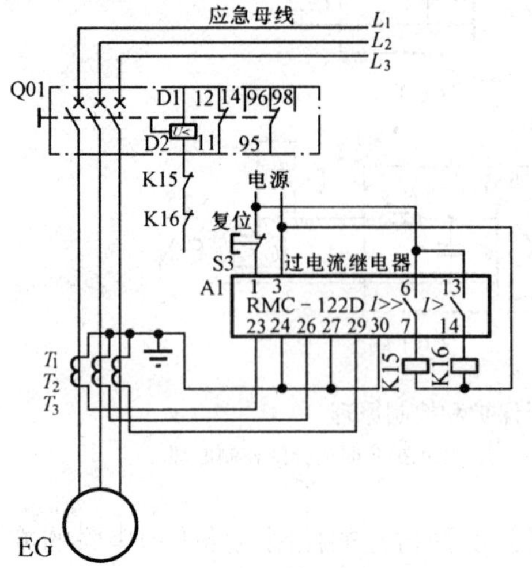

图 1.3.2.8　发电机过电流继电器接线原理图

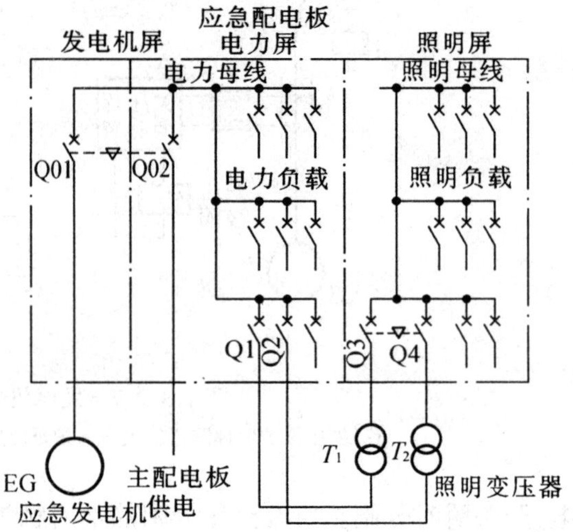

图 1.3.2.9　应急配电板主电路图

设电流继电器实现 2 级过流保护，电路如图 1.3.2.10 所示。负载电流信号由电流互感器 T_1、T_2、T_3 提供。保护继电器 A1 和仪表电流元件合用电流信号。电流信号先进保护装置再到仪表。A1 工作电源由控制变压器 T_{11} 提供。电源串联复位按钮 S3 常闭触点接入。保护动作输出自保，按复位按钮解除。

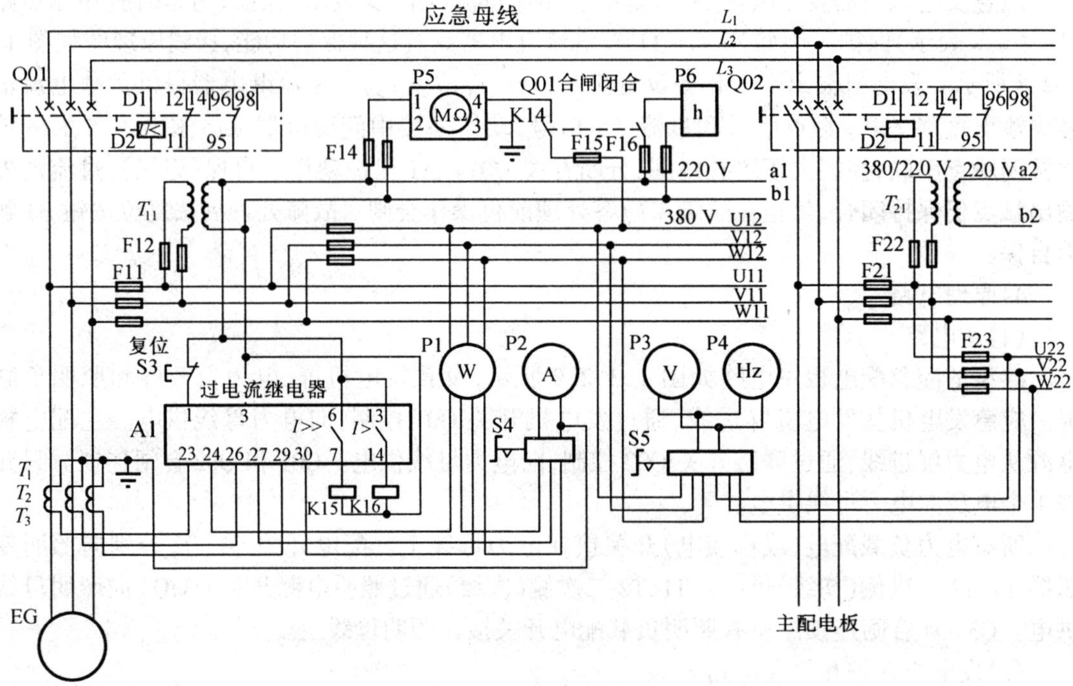

图 1.3.2.10　发电机过电流保护和仪表电路图

发电机需要监视的运行参数有:电压、电流、功率和频率,以及运行积累时间。设功率表P1、频率表P2、电流表P3(带开关S4)、电压表P4(带开关S5)和积时器P6。发电机供电运行时,应急电力系统是独立的,需要设电网绝缘监视装置P5。

应急母线(汇流排)由主配电板供电时,需要监视电压和频率。一般是与发电机公用,在发电机的电压表选择开关上加1个或3个测量位置,测量母线1个或3个线电压。电压表和频率表是并联连接的,测量母线电压同时测量频率。

应急母线由主配电板供电时属于主电网,绝缘状况在主配电板上监视;由应急发电机供电时是独立的电网,需要另设绝缘监视。在应急发电机侧设绝缘监视装置P5,发电机供电开关Q01合闸,状态继电器K14触点闭合,测量端通过熔断器F15接入检测。发电机运行积时器P6在发电机供电运行,状态继电器K14触点闭合,接入累计计时。

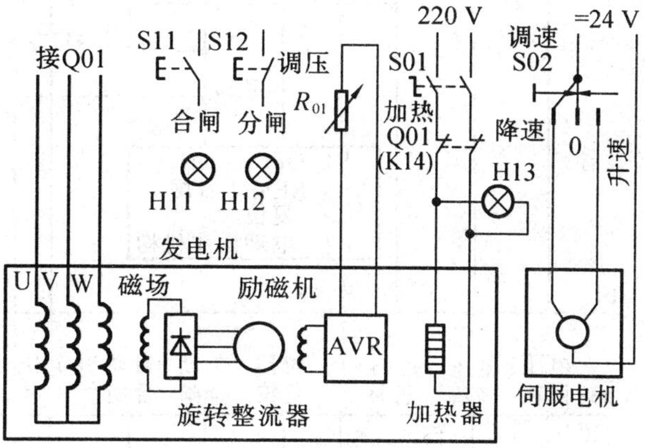

图1.3.2.11　发电机控制电路图

(3)发电机控制电路

发电机屏设的控制设置如图1.3.2.11所示。

●发电机开关Q01的分、合闸按钮S11、S12和对应的指示灯H11、H12;

● 发电机自动电压调节器引出的调压电位器R_{01};

●空间加热器开关S01和指示灯H13。发电机不运行,开关S01接通,加热器通电,指示灯H13亮;发电机运行,开关Q01合闸,状态继电器K14动作,断开电路,停止加热;

●发电机调频开关即柴油机调速开关S02,开关为自复零位式,控制调速器伺服电机正反转,整定转速;

●有关的报警、指示等,以及根据所采用的柴油机自动启/停控制装置的要求设置有关的操作、指示、报警。

(4)发电机和联络开关操作控制和自动转换控制电路

自动转换控制电路如图1.3.2.12所示。

发电机和联络开关的分、合闸操作方式有手动和自动,由操作方式开关S1选择。手动用按钮操作,自动由有关的条件组合电路控制。合闸为常开触点接通控制,分闸为常闭触点断开控制。

S1通过操作方式中继K12、K22分别控制发电机开关和联络开关的手动或自动操作。

置"手动",中继K12、K22不动作,输出常闭触点接通合闸按钮电路;常开触点断开对分闸(常闭)按钮的短路。允许按钮操作。

置"自动",中继K12、K22动作,输出常闭触点断开合闸按钮电路;常开触点1副短路分闸按钮、1副接通自动合闸电路。

本例发电机开关Q01和联络开关Q02采用带失压脱扣的塑壳开关。失压线圈由外附的欠压脱扣电源装置A12、A22供电。A12、A22在电源电压低于欠压整定值,延时约0.5s使

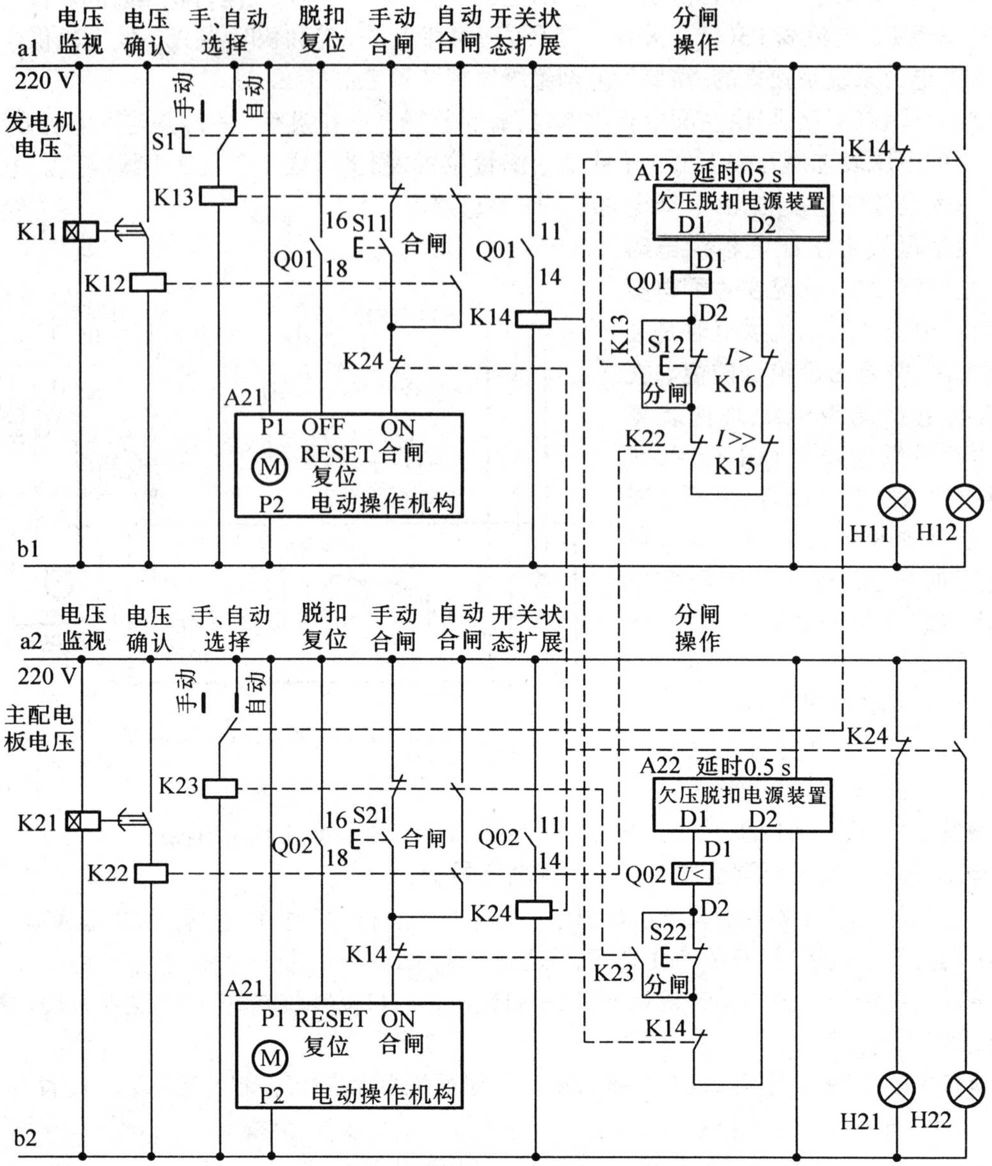

图 1.3.2.12　发电机和联络开关供电自动转换电路图

失压线圈释放,开关脱扣。控制开关分闸的常闭触点串联,控制失压线圈。

发电机开关的分闸控制有:分闸按钮 S12 操作、主电源恢复 K22、短路故障动作 K15 和过载动作 K16。应急发电机设置自动时,K13 常开闭合,短路 S12 常闭触点,分闸按钮操作无效。设置自动时,发电机是在主电源失电的情况下投入运行,主电源恢复 K22 动作,使开关分闸。

联络开关的分闸由分闸按钮 S22 操作,S1 置"自动"位,K23 短路 S22 常闭触点,分闸按钮操作无效。发电机开关状态继电器 K14 常闭作为合闸连锁接入。

操作引入 Q01 和 Q02 的状态继电器 K14、K24 相互连锁条件。1 台开关合闸禁止另 1 台合闸操作。必须先手动分闸 1 台才能操作另 1 台合闸。

相互连锁条件在自动时也必须起作用。电路是采用以主配电板为主供电的方式来解决“必须先手动分闸 1 台才能操作另 1 台合闸”的问题。

以主配电板为主供电的意图是,应急发电机只在主配电板失电时才供电。

(5)主配电板失电自动转换应急发电机供电过程:

●联络开关 Q02 合闸,主配电板供电;

●主配电板失电,电压确认继电器 K22 释放, A22 欠压保护动作,Q02 分闸,状态中继 K24 释放;

●应急发电机手动或自动启动,电压建立,电压监视继电器 K11 工作,延时 1s 动作输出,电压确认继电器 K12 动作;

●K12 输出通过 K24 常闭,接通电动操作机构 A11(ON)合闸端电源,操作发电机开关 Q01 合闸,完成应急发电机向应急母线供电转换。

主配电板恢复供电自动转换过程:

●Q01 合闸,应急发电机向应急母线供电;

●主配电板供电恢复,Q02 因脱扣,报警辅触点(16、18)闭合,接通 A21(RESET)复位端电源,开关再扣复位;

●电压监视继电器 K12 工作,延时 1s 动作输出,电压确认继电器 K22 动作;

●K22 输出,常闭断开 Q01 失压线圈,Q01 分闸,状态中继 K14 释放;

●K22 输出,常开通过 K14 常闭,接通电动操作机构 A21(ON)合闸端电源,操作联络开关 Q02 合闸,完成主配电板向应急母线供电转换。

主配电板供电或应急发电机有电,开关 Q01、Q02 的状态中继输出,接通指示灯 H11 或 H12 指示 Q01 的分、合闸状态;H21 或 H22 指示 Q02 的分、合闸状态。

(6)照明主电路

应急照明系统一般设置 2 台互为备用的照明变压器。如图 1.3.2.13中 T_1、T_2 所示。变压器一次测由电力负载屏 2 只塑壳开关 Q1、Q2 分别供电。塑壳开关的电磁和热保护可以作为短路和过载保护。但一般塑壳开关选用的热保护满足变压器的过载保护时,合闸时变压器的励磁冲击电流会引起电磁(短路)保护动作跳闸。通常是用开关本身的电磁脱扣作短路($I>>$)保护;外加热继电器(F11、F21)作过载保护,通过断路器的分励脱扣线圈 SHT 分闸。热继电器也有设置在二次侧的。

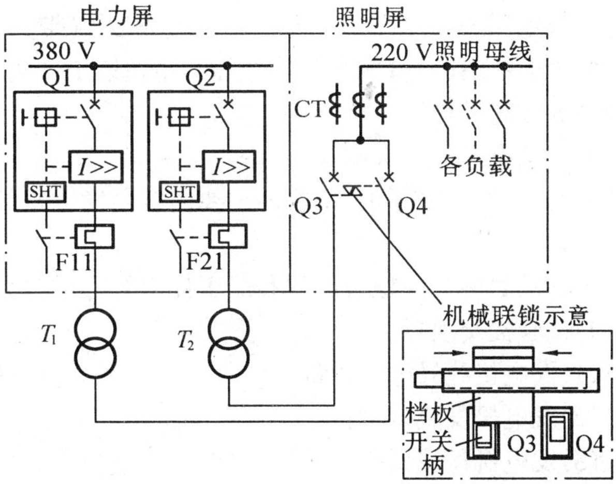

图 1.3.2.13　应急照明主电路图

平时 Q1、Q2 都处于合闸状态,2 台变压器的次级都处于可供电状态。Q3 和 Q4 的合闸是连锁的,只能 1 台开关合闸。

塑壳开关的合闸连锁,有采用失压或分励脱扣作电气连锁,也有采用机械连锁。图右下示意机械连锁结构。在开关 Q3、Q4 手柄上方安装机械档板,档板推向一侧如图中 Q3,Q3 手柄被档板阻挡不能合闸，只能合闸Q4。

(7)照明屏电路

照明负载屏设：照明电源受电开关、各应急设备和照明器件的配电开关、指示仪表等。

如图1.3.2.14所示。电源受电开关Q3、Q4的进线分别与变压器二次侧连接，出线并联通过电流互感器 T_{31}、T_{32} 和 T_{33} 输出，作为应急照明母线。

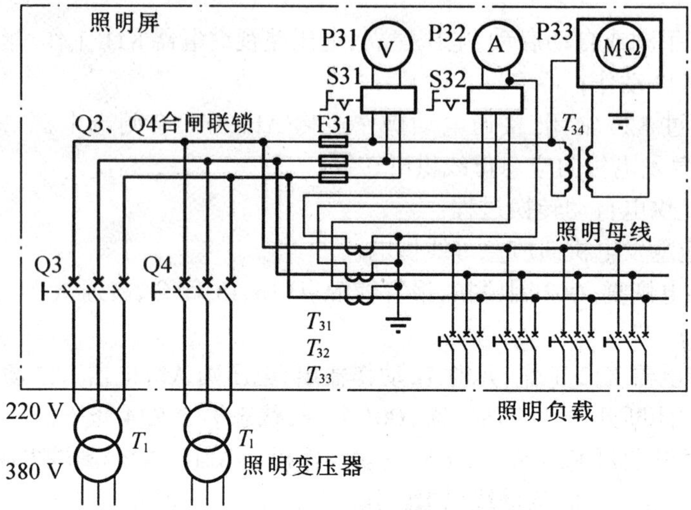

图1.3.2.14　应急照明屏电路图

应急照明母线被照明变压器隔离，是独立的电网，需要监视电压、电流和应急照明电网绝缘。设电压表P31(带开关S31)、电流表P32(带开关S32)和绝缘监视装置P33。电压表P31通过开关S31选择测量三相电压。电流表P32由3台电流互感器提供负载电流信号，通过开关S32选择测量三相负载电流。

3.应急电站的码头试验

应急电站码头(系泊)试验的主要内容是发电机组单机负载性能试验、保护试验和供电转换试验。

试验的目的是向检验部门和船东提交符合试验大纲和船舶建造规范要求的应急电站。

1)试验提交项目

(1)发电机绝缘电阻测量；

(2)发电机发热试验；

(3)发电机过载试验；

(4)发电机电压性能试验；

(5)发动机组频率性能试验；

(6)发电机保护器件定值试验；

(7)供电转换试验。

发电机负载性能试验是：在额定(100%)负载条件下，运行所规定的时间后，考核各部件的发热；在过载(110%)条件下运行所规定的时间后，考核原动机的运行参数；在负载缓慢变化的条件下，考核发电机电压和频率(原动机转速)的静态变化率；在负载突变的条件下，考核发电机电压和频率(原动机转速)的动态变化率。

2)试验前的准备

(1)试验设备

主要是负载试验的设备。一般是用电阻设备来消耗有功功率,用电抗设备来储存和释放无功功率。

有功功率负载采用水电阻或干电阻;无功功率负载采用饱和电抗器或感应电抗器。

(2)配电板清洁和绝缘检查

a)去除尘垢;

b)清除杂物特别是金属物品;

c)测量各发电机、汇流排及照明变压器初、次级的对地绝缘,一般应不低于 1 MΩ。

(3)试验设备连接

a)配电板内部连接

码头试车阶段,发电机负载试验是与全船电气设备试验同时进行。应急配电板接受主配电板供电,再向全船应急负载供电。进行发电机试验,主汇流排需要作适应性临时更改。发电机负载试验需要把发电机的出线连接与主汇流排分开,主配电板供电接入用电负载的主汇流排,发电机的出线通过软电缆接入试验负载设备。如图 1.3.2.15 所示,发电机试验时发电机开关 Q11 与主配电板供电开关 Q12 需要同时合闸,合闸连锁应拆开。

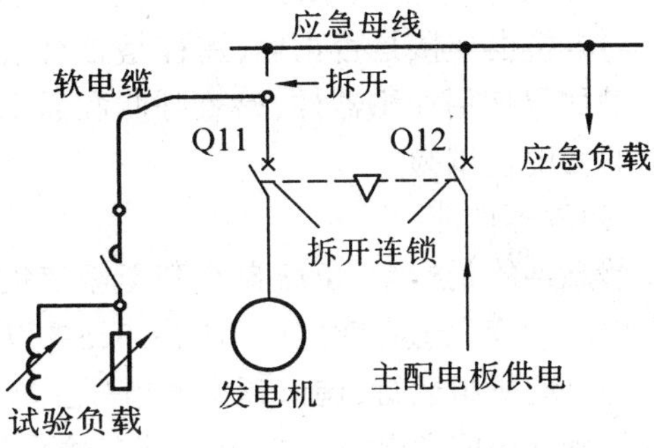

图 1.3.2.15　应急配电板试验连接图

b)试验负载设备连接

应急发电机只有一台,只需要一套试验负载设备。国内船舶发电机负载试验,要求负载额定电流,需要电阻负载和电抗负载;出口船一般只要求负载额定功率,只要电阻负载。需要分 2 级突加负载试验,则需要 2 组包括 2 台接触器和 2 组电阻负载。

c)遥控连接

●接通、断开负载的接触器;

●水电阻负载增加、减小的伺服电动机或干电阻负载增加、减少的接触器(包括感应调压器的伺服电动机);

●饱和电抗器负载增加、减小的变阻器或自耦变压器或感应电抗器负载增加、减小的伺服电动机。

根据所采用设备的控制电路,用多芯电缆与遥控设备连接。

d)试验电缆布放

●发电机试验用的负载电缆和控制电缆,应沿不易擦碰、不妨碍交通的安全途径布放。各转弯和垂放处应衬防擦伤的衬垫,作防松散和滑动的捆绑;

●沿电缆路线,应扎上红白旗号以示警告;

●从船上垂放到码头的电缆,应采用粗的非金属绳索捆吊垂,码头上留有足够的余量,适应潮水涨落。

仪表配备高阻(摇)表、温度计(3根)和秒表。

3)应急配电板接线检查

(1)发电机接线检查

a)发电机电缆两端连接是否正确;

b)调压电位器电缆两端连接是否正确;

c)空间加热器电缆两端连接是否正确。

(2)配电接线检查

a)按图纸电缆编号,检查各分路配电开关连接电缆是否正确;

b)外部控制电缆(如应急切断)接线是否正确。

(3)试验设备检查

a)应急配电板与电阻负载设备电缆两端连接是否正确,负载控制接触器遥控是否有效;

b)如果是水电阻,水源是否连接,极板升降调节是否有效;

c)电抗器连接是否正确,遥控是否有效;

d)如果使用通讯器件,检查呼叫和通话是否正常。

4)发电机试验

(1)静态性能

静态性能指标是,负载自空载至额定负载范围内,且其功率因数为额定情况下,保持其稳态电压的变化值在额定电压的±3.5%以内。

a)启动机组运行,调节频率和电压至额定值,轮机人员同意加载试验后开始试验;

b)确认电阻负载和电抗负载都在最小位置;

c)合上发电机开关,合上负载并缓慢加载,按试验大纲规定的负载点记录各运行参数值;或加载至额定值,调节频率和电压至额定值,缓慢减载,在75%~50%~25%~0,再加载在25%~50%~75%~100%,记录各考核点的各运行参数值,应满足静态性能指标。

(2)动态性能

动态性能考核的负载是,突加或突卸60%额定电流及功率因数不超过0.4(滞后)的对称负载,突加或突卸负载引起的电压瞬时波动为-85%、+120%;电压恢复到稳定所需的时间不超过1.5 s。电压恢复到最后稳定值相差3%以内就算稳定。

5)提交验收

试验前测量冷态绝缘电阻。

(1)静、动态电压调整率考核

按上述静态性能和动态性能试验提交。

(2)发热试验

a)在发电机进风口和出风口挂温度计,在配电板处挂温度计作为环境温度;

b)加载至额定值,调节频率和电压至额定值,经验船师同意后开始试验;

c)按试验大纲规定的表格,按时填写运行参数;

d)考核时间内不再进行任何调节。

(3)温升测量

a)经验船师同意后结束试验;

b)停机,立即用温度计测量,测量时用锡纸包覆,压在定子绕组端部2~5 min,待读数稳定后读出数据,该数据减去环境温度是温升。允许的温升值与该发电机的绝缘等级有关。

具体数值试验大纲会给出。

(4)柴油机调速率考核

发电机考核电压的静、动态特性时,配合柴油机考核调速率。

(5)柴油机过载试验

柴油机过载试验是对柴油机的考核。发电机只需负载有功功率,无需无功功率。

发电机负载试验提交结束,拆除负载电缆,恢复发电机开关出线与主汇流排的连接和发电机开关与主配电板供电开关之间的合闸连锁。

(6)供电转换试验

主电源供电故障,应急母线失电后,手动(或自动)启动应急发电机组,自动投入应急母线供电。主电源恢复供电后,自动分断应急发电机开关,联络开关应自动合闸供电。

试验提交前应请轮机部门配合,在模拟应急母线失电后立即启动发电机组。如果柴油机具有自动控制功能,应把柴油机控制箱的控制方式开关置于遥控(或自动)位置。

转换试验按图 1.3.2.16 流程确认。

(1)主电源失电转换供电

●关断主配电板上的应急配电板供电开关,模拟主电源供电故障;

●柴油机手动(或自动)启动至额定转速;

●发电机电压建立;

●联络开关自动分断;

●应急发电机开关自动合闸;

●应急电源供电。

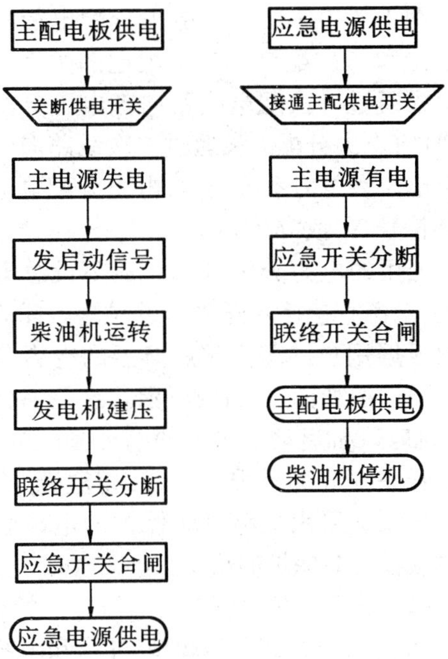

图 1.3.2.16　应急电网供电自动转换试验流程

(2)主电源恢复转换供电

●接通主配电板上的应急配电板供电开关,模拟主电源恢复供电;

●主电源有电;

●应急发电机开关自动分断;

●联络开关自动合闸;

●主电源供电;

●柴油机手动(或自动)停机。

1.4　配电设备

除了在主电站和应急电站中对主电源和应急电源输出的电能进行配电的主配电板和应急配电板外,还有把主配电板或应急配电板馈送的电源再分配给某个区域或某种性质负载的区域配电板、分配电板、充放电板等。

1.4.1 电力分配电板

电力分配电板是用来对一组相同性质的终端电力负载配电的，是一个或几个具有过电流保护开关组件的组合设备。

电力分配电板是由主配电板或应急配电板一次配电，再进行二次配电的开关设备。输入和输出都是三相 380 V(或 440 V)。

图 1.4.1.1 所示是电力分配电板所在的部位和一次配电与二次配电的关系。主配电板通过一次配电线路向各电力分配电板供电；电力分配电板通过二次线路向各用户供电。在电力系统图中，电力分配电板用文字符号“P”或“AP”表示。

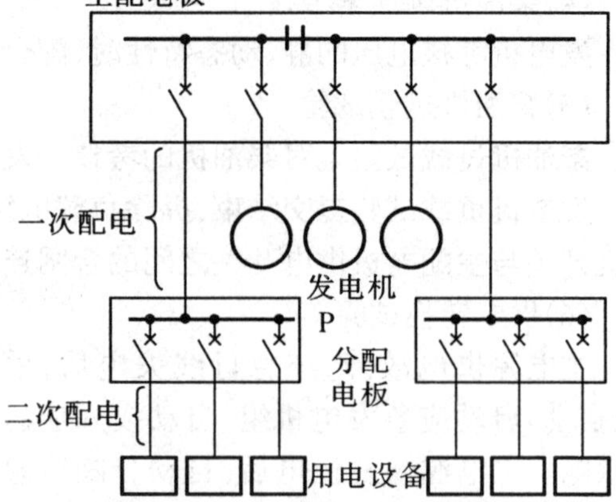

图 1.4.1.1 电力配电系统原理图

船用的电力分配电板一般不设总电源开关，电源直接接入开关的进线侧。开关的路数根据用户的多少定。典型的电力分配电板原理图如图1.4.1.2所示。这是一台向4 台机舱风机启动器供电的电力分配电板，配电开关一般都采用三极、三相塑壳开关。过电流保护采用短路瞬时保护的电磁脱扣和过载长延时保护的热脱扣。

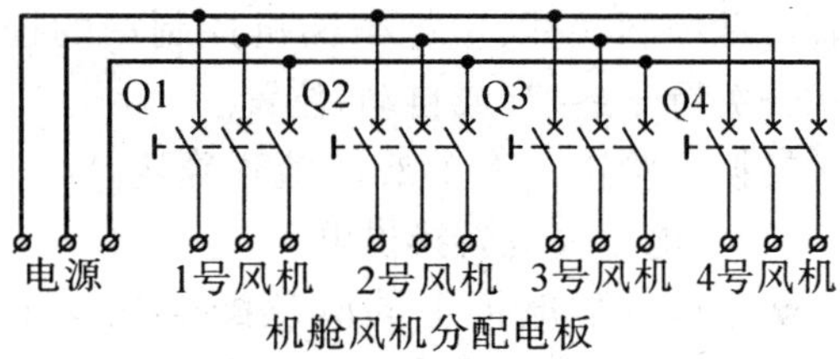

图 1.4.1.2 电力分配电板原理图

电力分配电板是安装在靠近用户的地方，箱体的防护等级是根据安装处的环境条件确定，一般采用“IP22”即防滴型，外形和内部布置图如图 1.4.1.3 所示。电源线直接接到上部的接线铜排，铜排分别用导线接到各开关进线侧，用户电缆直接接到开关出线侧。电缆的屏蔽壳接在下部的接地铜排上。外部电缆一般从下面进入。进入的方式有单填料函和穿线孔。单填料函有防水和紧固作用，铜质的还可以作为屏蔽壳接地。穿线孔需加电缆紧固件，

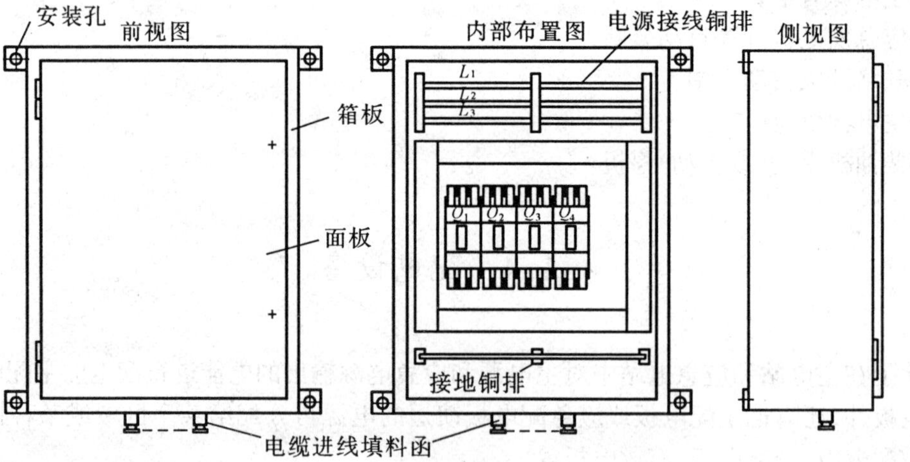

图 1.4.1.3 电力分配电板外形和内部布置图

外加围框,电缆进入紧固后,充填防火堵料,防老鼠钻入。

1.4.2 照明分配电板

照明分配电板是用来对某个区域的、某个部位的照明器具配电的,是数个具有过电流保护开关组件的组合设备。

照明分配电板是由主配电板或应急配电板的照明屏一次配电,再进行二次配电的开关设备。输入是三相220 V(或 110 V),输出一般都是单相220 V(或 110 V)。

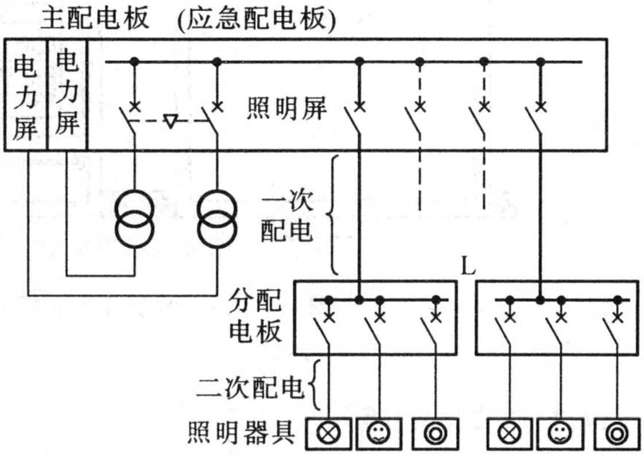

图 1.4.2.1 照明配电系统原理图

图 1.4.2.1 所示是照明分配电板所在的部位和一次配电与二次配电的关系。主配电板(或应急配电板)通过一次配电线路向各照明分配电板供电;照明分配电板通过二次线路向各照明器具供电。在电力系统图中,照明分配电板用文字符号“L”或“AL”表示。

典型的照明分配电板原理图如图 1.4.2.2 所示。这是一台 10 路输出的照明分配电板。图中的用户名称是示意的。系统设计一般都留有备用的输出。配电开关一般都采用双极单相塑壳开关。过电流保护采用短路瞬时保护的电磁脱扣和过载长延时保护的热脱扣。

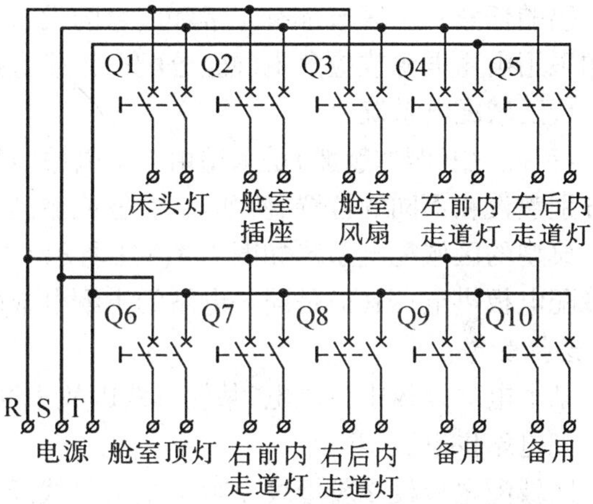

图 1.4.2.2 照明分配电板原理图

各单相开关接三相电源需要分配、选相。图中是按 3、3、4 接入 RS、ST、TR 相。外部负载接入也有分配平衡的问题。施工是按图放线、接线。施工设计者有可能疏忽对灯点负载的平衡布置,有的验船师和船东在试航时,也会查看照明全负载使用时三相电流的平衡情况。通电时需用钳形电流表测量各相电流,如果相差太大则需要进行负载平衡调整。

照明分配电板是安装在靠近用户的地方,箱体有“明”式和“暗”式。安装在居住区域走道的采用暗式,一般都采用明式。防护等级一般是“IP22”即防滴型。外形和内部布置图如图 1.4.2.3 所示。电源线直接接到上部的接线铜排,铜排分别用导线接到各开关进线侧,用户电缆直接接到开关出线侧。电缆的屏蔽壳接在下部的接地铜排上。外部电缆一般从下面进入。进入的方式有单填料函和穿线孔。单填料函有防水和紧固作用,铜质的还可以作为屏蔽壳接地。穿线孔需加电缆紧固件,外加围框,电缆进入紧固后,充填防火堵料,防老鼠钻入。

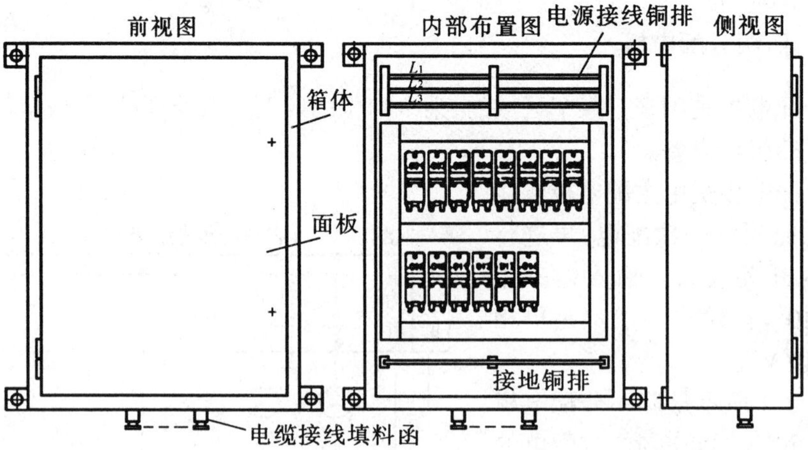

图 1.4.2.3　照明分配电板外形和内部布置图

1.4.3　区域配电板

区域配电板(简称区配电板)是用来向某一个区域配电的。

主(或应急)电源向区域配电板供电,区域配电板再向区域内的用电设备(包括电力设备和照明器具)或配电设备(分配电板)供电。

船舶任意一个区域都有正常和应急的设备,需要分别由主电源或应急电源供电。一般船舶采用由主电源或应急电源经分配电板或直接供电的方法解决。

1.区域配电系统

特种船舶(例如舰船)是采用由 2 个电站向区域配电板供电的方式。2 个电站供电的电缆分别敷设在不同的位置,例如左、右舷或艏、艉部,进入区域配电板。

典型的区域配电系统如图 1.4.3.1 所示。图(a)是前、后电站分别通过开关 Q7 和 Q8 向区域配电板供电;图(b)是同一电站的主配电板两侧母线供电。区域配电板设 1 台转换开关 Q11 选择受电。

某个电站因故中断供电、某侧母线因故中断供电,或某侧电源电缆被损坏,可以转换到另一侧电站供电。

区域配电板设 2 段母线,380 V 电力母线经转换开关 Q11 选择受电,向本区域电力负载供电;220 V照明母线由本区域配电板供电的照明变压器 T_{11}受电,向本区域照明(或该电压等级的器具)负载供电。

2.区域配电板

1)功能设置

(1)开关设置

区域配电板的主体是开关板。典型的有 3 种开关:受电选择开关、电力负载开关和照明负载开关。

受电选择开关的输入是 2 路、输出是 1 路。具有受电选择功能的开关器件有:双投刀开关、气密式组合开关、(2 台)接触器和双向接触器等。

无需自动转换电源的区域配电板采用密封组合开关。

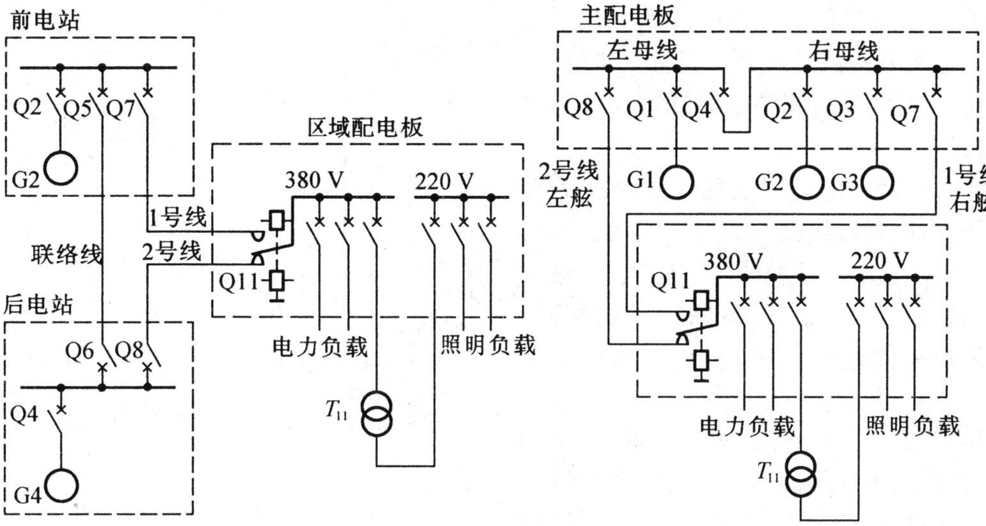

图 1.4.3.1　区域配电系统图

(a)不同电站供电;(b)同一电站供电

需要自动转换电源的区域配电板采用 2 台接触器或双向接触器(如图 1.4.3.1 中 Q11 所示)。采用 2 台接触器需要采取电气连锁和机械连锁措施,以避免 2 个电源因接触器同时接通产生的(非同步)并联。

电力负载开关采用三相断路器。断路器具有过载和短路保护功能。电力负载有直接供电的,也有通过电力分配电板间接供电的。通风机负载开关具有分励脱扣,用作应急切断控制。

照明负载不单是指照明也有同样电压(220 V)的其他用电器具。负载开关采用三相或单相断路器。照明负载有直接供电的(多数是单相);也有通过照明分配电板间接供电的(多数是三相)。

(2)仪表设置

区域配电板是该区域的配电中心,操作人员需要了解供电电压数值和负载电流值;照明电压数值和负载电流值;照明的绝缘状况。

设置电源电压表、负载电流表、照明电压表、照明负载电流表和绝缘监视器。

2)电源转换器件

2 路供电电源无论是来自不同的电站;还是来自同一电源的不同开关,尽管 2 路电源是在供电的 1 路失电时才转换到另 1 路供电,电路仍需要保证 2 路电源之间不能有任何联系。

图 1.4.3.1(a)所示 2 路电源分别来自前电站和后电站。2 个电站分区供电,2 路供电电源是不同步的,电压和频率存在差异。2 路电源(哪怕是短时的)连接,会产生非同步并联的危险。图 1.4.3.1(b)所示是来自同一电站的不同母线,正常时隔离开关 Q4 合闸,是同一电源供电。发生一侧母线故障,例如金属性短路,分断隔离开关,隔离有故障的母线,如果允许区域配电板的 2 路供电电源连接,无故障母线的供电就会连接到有故障的母线,产生短路。

一般都采用双向接触器,它不存在 2 个电源并联的问题。

双向接触器又称为自动转换开关(简称 ATS),相当双掷闸刀,有 3 组端子,中间和两侧。

如图 1.4.3.2 中 K 所示。中间端 A 和两侧端 B、C 所示。它有 2 个状态，中间 A 端子接通一侧触头 B 端或接通另一侧触头 C 端。2 个状态的转换由两侧的电磁线圈 K11、K21 吸引操作。

双向接触器的吸引线圈 K11、K21 为短时工作，由串联在线圈上的另一侧辅触头来实现。线圈通电使接触器向本侧吸合，触头闭合，另一侧触头断开，线圈同时被断开。闭合的触头又为另一侧线圈的通电作好准备。

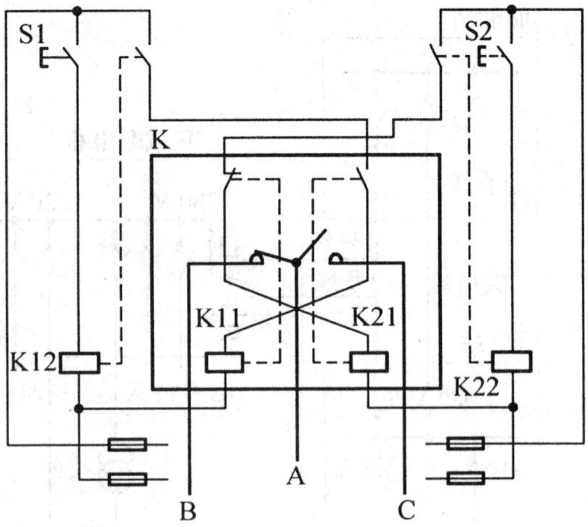

图 1.4.3.2　双向接触器控制原理电路

例如原状态是 A 端接通触头 B 端，辅触头闭合，接通 K21 线圈回路，允许 K22 操作；而 C 端触头断开，辅触头也断开，K11 线圈回路被断开。按按钮 S2，K22 动作，输出接通操作线圈 K21，接触器向 C 端吸合，转换成 A 端接通触头 C 端。B 端触头断开，辅触头也断开，K21 线圈回路被断开。

3)典型电路

目前，两舷电源供电的区域配电板，都采用双向接触器进行电源自动转换。典型电路如图 1.4.3.3 所示。

(1)主电路

双向接触器 K0 两侧静触头接左、右舷电源，中间动触头接电力母线供电。

电力母线接各路电力负载开关。一路开关向照明变压器初级供电，变压器次级接入照明母线。照明母线接各路照明负载开关。

(2)控制电路

控制电路的功能是，两舷电源同时有电(即初次供电)，双向接触器应停留在原来的位置；一舷电源有电，应自动转换到有电的一侧供电。

双向接触器 K0 的左侧吸引线圈为 K01、右侧为 K02，图中表示初始位置在左侧。吸引线圈通电的条件是，另一侧触头闭合、中间继电器 K11 或 K21 动作。

两舷电源同时有电，左侧辅触头闭合 K11 动作，常闭触头断开右侧的“左侧失电确认”延时继电器 K22，右侧电路不工作。双向接触器保持左侧闭合，左侧电源供电。

右舷电源失电，K11 释放，K22 线圈经 K11 常闭、左侧常闭辅触头通电工作，经短暂的时间确认动作，输出接通 K21 动作，使右侧吸引线圈通电动作，主触头转向右侧闭合，右侧电源供电。供电转换结束，延时继电器 K12、K22 同时断电。

H11、H22 为两舷电源指示灯，H12、H21 为供电指示灯。

(3)仪表设置

电力母线设电压表 P31，通过选择开关 S31 测量三相电压；电流表 P32，通过选择开关 S32 测量三相电流。

照明母线设电压表 P34，通过选择开关 S34 测量三相电压；电流表 P33，通过选择开关 S33 测量三相电流。

设照明母线绝缘表 P35，由变压器 T35 隔离供电。P35 测量端通过熔断器 F33 接母线，

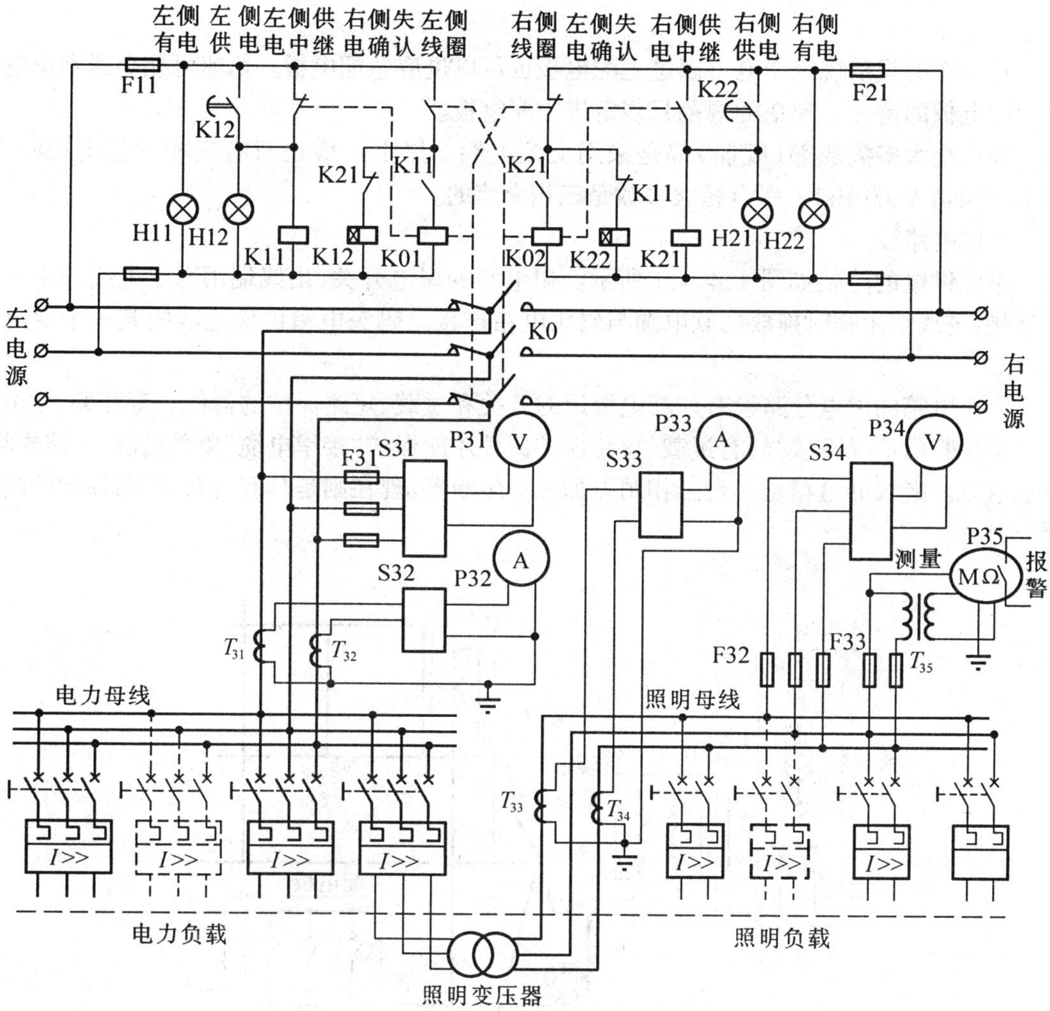

图 1.4.3.3　区域配电板原理电路

另一端接地。

1.4.4　岸电箱

岸电箱是用来在船舶泊岸(靠码头)时接岸供电用的。

船舶泊岸或进坞修理,船舶电力系统可以接岸电,由陆地电网供电。接岸供电,船上发电机可以停机,进行正常的维修、保养工作,减少值班人员,减少机械运行噪音。

岸电箱也不限于只接岸电。海船规范是这样规定的:“若船上的设备由岸电或其他外来电源供电,则应在船上便于连接来自外部电源软电缆的适当地方设置岸电箱。在岸电箱与主配电板间应以固定敷设并具有足够定额的电缆相连。”这里提到“其他外来电源”,可以理解为两艘相互停靠在浮筒上的船舶,一艘船向另一艘船供电。但岸电箱只有接受外来电源供电,而没有向船外供电的规定。

舰船则有明确的规定,即允许“舰船上的电站通过岸电装置向他舰或岸上提供电力。”因此，相互停靠的舰船，可以通过岸电箱向邻近舰供电。即岸电箱既可接受外电也可以向外供电。

过去有的规范规定岸电可以进主配电板也可以进应急配电板。修船可能会遇到岸电进应急配电板的情况。现在的规范只规定进主配电板。

现在绝大多数船舶（舰船）都是采用交流电制。岸上一般也只有三相交流电（380 V、50 Hz或440 V、60 Hz）。岸电箱大多数是三相交流的。

1.供电路径

岸电供电的路径如图1.4.4.1所示。岸电箱的岸电开关，出线端用固定电缆与主配电板连接，进线端用临时拖放的软电缆与码头电箱连接。码头电箱由该地区的某一个变电站供电。

码头电箱的供电分路设有切断电源用的开关和过载、短路保护的器件。有开关，才可能在电源关断的情况下接线；有过载、短路保护器件才能保护“接岸电缆”免受过载、短路损坏，酿成事故。老式的电箱是一台三相闸刀加三只熔断器，现在则是具有过载、短路保护的断路器。

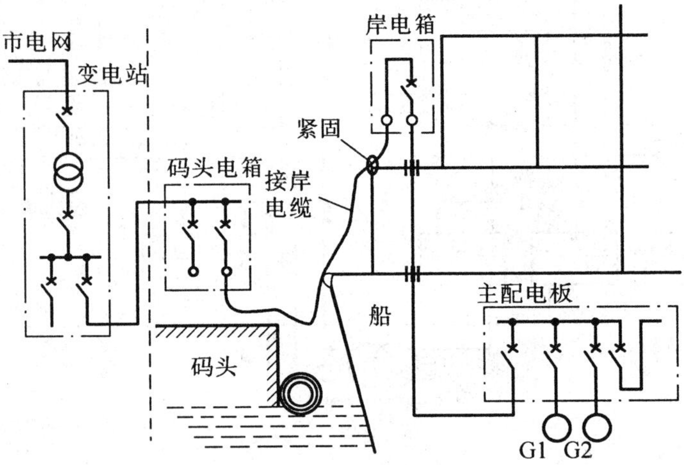

图1.4.4.1　接岸供电示意图

2.器件设置

同样，在岸电箱里至少也应设有切断电源用的开关和过载、短路保护器件，保护岸电箱与主配电板之间的连接电缆。

(1)基本设置

最简单的岸电箱设置为：带保护的断路器（或三相闸刀、熔断器）、电源指示灯和便于连接岸软电缆的接线端子。

(2)附加设置

海船规范不强调在岸电箱上设置相序指示。岸电接入的相序是否正确，需要采取措施才能确认。例如启动一台小的风机，从风机是送风还是抽风来判别相序的正确与否。

舰船规定在岸电箱上设置相序指示。

现在制造的岸电箱一般都设有相序指示。

岸上供电需要收费。现在制造的岸电箱都设有电度表。

有的岸电箱还设置测量岸电的电压表和电流表。

(3)相序对(换)接装置

岸电接入的相序只有在岸电电缆接线、送电后才能确定。如果错相,需要关断电源,更换接线。大功率电站的船舶,要求接岸功率也大,接岸电缆截面粗,还可能用多根并联。接线很麻烦,要再更换接线更麻烦。

相序对接装置是相序接线更换的装置,即在岸电箱电缆接好线、送电后,选择正确的相序输出到主配电板去。

手动对换是设置 2 台岸电开关,开关两侧接线相序交叉,一台开关在接入是正序时用,另一台则在接入是负序时用(只用一台开关送电)。

自动对换是设置 2 台接触器,两侧接线相序交叉,用相序检测装置自动选择输出正序的接触器工作。但接触器对故障的分断能力很低,需要另加断路器保护。

这种装置仅在某些特殊的船舶上使用。

3.控制电路

1)岸电箱基本电路

最简单的岸电箱电路如图 1.4.4.2 所示。

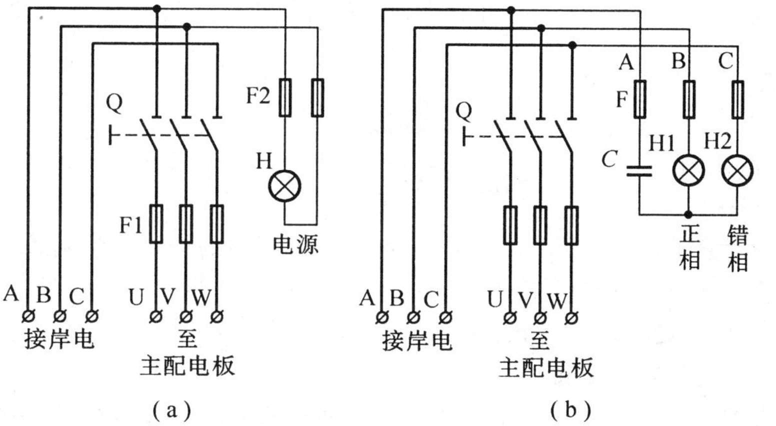

图 1.4.4.2　岸电箱基本电路

(a)带电源指示;(b)带相序指示

图(a)的电源开关和保护是用闸刀 Q 加熔断器 F1。面板上设电源指示灯 H。

岸电电缆接在端子 A、B 和 C 上,至主配电板的固定电缆接在端子 U、V 和 W 上。

图(b)的电源开关用带保护的断路器 Q,面板上设相序指示灯 H_1 和 H_2。

相序指示灯是用一个电容器 C 和 2 只指示灯 H_1 和 H_2 接成星形组成。如果电容器的容抗与指示灯的电阻相等(即 3 个元件阻抗相等),则正相(正序)时(即 A、B、C)B 相灯亮(灯电压为 1.5 倍相电压),C 相灯暗,即 H_1 亮、H_2 暗表示正相;错相(负序)时(即 C、B、A)C 相灯亮,B 相灯暗,即 H_2 亮、H_1 暗表示错相。

2)岸电箱附加设置和相序对接控制电路

图 1.4.4.3 是设置比较全面的岸电箱。

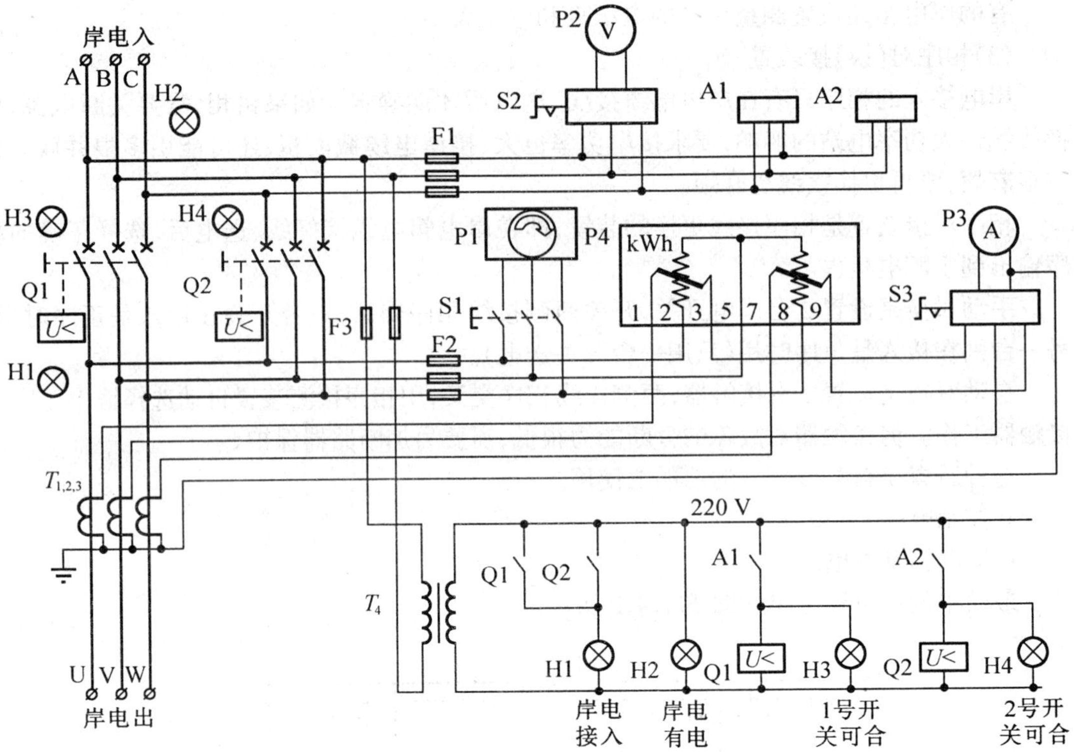

图 1.4.4.3　岸电箱相序对接控制电路

(1)相序对接设置

设置 2 台带失压脱扣的断路器 Q1 和 Q2。2 台断路器的进线相序交叉。接入的岸电是正序,(手动合闸)用 Q1 供电;负序则用 Q2 供电。2 台断路器上的指示灯 H3 和 H4,哪一个亮指示可以合哪一台断路器。

(2)电压、电流和电度测量

设电压表 P2,用选择开关 S2 测量岸电进线的 3 相电压。电压信号通过熔断器 F1 取自岸电进线端。

设电流表 P3,用选择开关 S3 测量岸电输入的 3 相电流。电流信号由 3 相电流互感器 T_1、T_2、T_3 提供。

设电度表 P4,测量岸电输入的电能,用以计费。电压信号通过熔断器 F2 取自岸电出线端,电流信号由 2 相电流互感器 T_1、T_3 提供。

(3)相序监视

输入用 2 只相序继电器 A1 和 A2 检测,A1 输入电压按正序接线,A2 按负序接线。A1 正序动作,动作输出接通指示灯 H3 和 Q1 失压线圈,指示“1 号开关可合”,允许 Q1 合闸。A2 负序动作。动作输出接通指示灯 H4 和 Q2 失压线圈,指示“2 号开关可合”,允许 Q2 合闸。

输出端用按钮 S1 接入相序指示器 P1,以确定输出相序的正确性。

指示灯和断路器的失压线圈由变压器 T_4 降压(220 V)供电。

相序继电器用来检测三相电压的相序。相序只有正和负。继电器接线在负序动作,正序则不动作；相反，正序动作，负序则不动作。电力系统继电保护中作负序保护的称为负序继电器。即在输入电压为负序时动作。如果需要正序动作，只要改变输入电压的相序（交换任意 2 根电压线）即可。

(4)输入、输出电源指示

岸电送入进线端，“岸电有电”指示灯 H2 亮。

岸电开关 Q1 或 Q2 合闸，辅触头接通“岸电接入”，指示灯 H1 亮。

4.安装

大多数岸电箱的箱体为水密结构，安装在室外。这种岸电箱的器件一般为基本设置，面板上只设置指示灯，开关手柄操作需要打开面板。

有附加测量仪表设置的岸电箱，仪表需要安装在面板上，以便观察。这种岸电箱的箱体一般采用非水密结构，安装在室内。

岸电箱为壁式安装、单独安装，一般只用安装脚烧焊固定，无需制作安装构架。

为了避免船体、舾装施工时损坏箱体和面板器件，一般采用模板定位预安装，特别是安装在室外的岸电箱。箱体安装好后应套三防布罩。

安装在室内的岸电箱，如果接岸电缆不是通过室外接线盒连接，而是直接进入岸电箱，应根据移动电缆方便进出的位置考虑岸电箱的安装位置。

固定电缆两端的芯线应校对编号或色标，接线相序应与主配电板一致。芯线余量不应过长，接线后芯线余量的安放应不妨碍移动电缆的进入和接线。

5.试验

通电试验是确认岸电箱所设置功能的有效性和固定电缆接线的正确性。

试验内容根据业主要求、验船师要求、系统设计（试验大纲）要求以及船厂建造习惯有所不同。一般认为岸电箱（只有开关和指示灯）比较简单，只查对接线、检查安装质量和测量绝缘，也有要求做实效试验。

如果不做实效试验，试验可在“码头试验”主配电板供电的情况下进行。岸电电源用就近分电板的输出分路模拟。

准备绝缘测量表（如摇表）、相序指示器和长度足够连接至分电板的电缆（$3\ mm^2 \times 2.5\ mm^2$）。

检查确认固定电缆的主配电板侧的岸电开关端已接好，开关关断。

主配电板派人监视，并用对讲机联系。

测量岸电箱进线和出线的绝缘，应满足试验大纲要求（例如不低于 5 MΩ）。

用电缆连接分电板的输出和岸电箱的进线端。分电板的供电必须经分路开关提供，如无备用开关，可拆去暂不使用的负载接线，接入使用。

确认岸电开关关断。请主配电板向该分电板送电。

合上分电板供电分路开关：

(1)基本设置的岸电箱

设电源指示灯的：

●电源指示灯应亮；

●用相序指示器检查接入电源的相序（端子编序），正序（或逆序），合上岸电开关，主配电板上的岸电相序指示应有对应指示，如果相反说明固定电缆的接线有误。

设相序指示灯的

●面板相序指示灯(正向或错相)应亮;

●用相序指示器检查接入电源的相序,应与面板相序指示灯的一致,如果不一致,说明内部相序指示接线有误,需检查纠正。内部接线错误一般在制造厂就解决,船上极少出现;

●合上岸电开关,主配电板上的岸电相序指示应有对应指示,如果相反说明固定电缆的接线有误。

(2)附加测量设置的岸电箱

一般是附加电能(度)测量。仪表接线的正确性在制造厂就已解决,船上只检查仪表是否在运输和安装过程中损坏。检查仪表工作是否有效。电度表的计数动作需要有负载电流流过。

先按基本设置岸电箱的试验方法检查,确认指示灯指示有效、固定电缆接线无误。

如果做实效试验,岸电电源向主配电板供电,负载的运行会使电度表动作。

如果做模拟试验,需在出线端接一适当容量的三相负载,例如 1~2 kW 的电动机,如图 1.4.4.4 所示。接通岸电开关,启动电动机运转,观察电度表,应向用电方向转动计数。

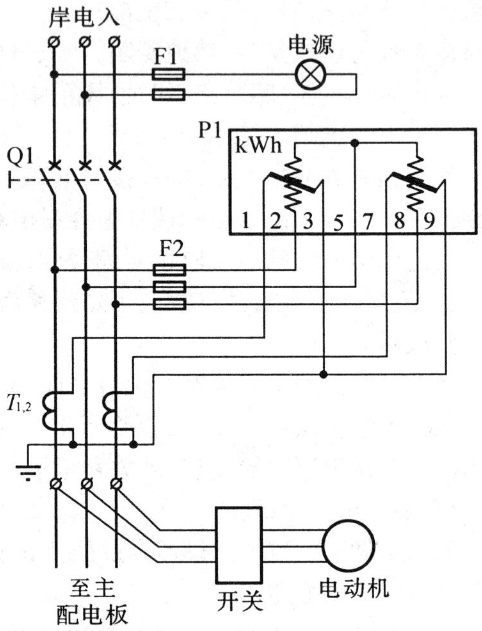

图 1.4.4.4　测量仪表试验电路

(3)相序对接设置的岸电箱

以图 1.4.4.3 的电路为例。

试验是检查各指示灯指示、相序继电器动作、相序指示器指示、测量仪表指示等的正确性;开关合闸可靠性,以及固定电缆接线的正确性等。

接入模拟电源(用相序指示器确认相序),送电:

●“岸电有”电指示灯亮;

●转动电压表选择开关,有 3 相电压指示。

正序:

●“1 号开关可合”灯亮;

●手推 2 号开关合闸,开关脱扣断开;

●手推 1 号开关合闸,开关合上;

●按按钮(S1),相序指示器指示正序;

●“岸电接入”指示灯亮。

负序:

●“2 号开关可合”灯亮;

●手推 1 号开关合闸,开关脱扣断开;

●手推 2 号开关合闸,开关合上;

●按按钮(S1),相序指示器指示正序;

●“岸电接入”指示灯亮。

再按(1)和(2)试验,检查固定电缆接线和测量仪表。

1.5 蓄电池充放电板

蓄电池充放电板是用来对蓄电池组进行充电控制和对直流用电设备或由蓄电池供电的设备,进行配电的开关和控制的组合装置。以下简称充放电板。

海船规范规定:

“船舶的应急电源可以是发电机组也可以是蓄电池组。

客船和某些货船除设具有自动启动的应急发电机组外,还应设置一组蓄电池作为临时应急电源。

作为临时应急电源,在整个放电期间,电压变化应能保持在额定电压的 ± 12% 范围内;当主电源供电失效时,自动接入充放电板对规定的各项设备供电。”

充放电板的充电功能是控制向蓄电池充电;放电功能是控制蓄电池或直流电源对直流用电设备配电。

1.5.1 临时应急配电系统

充放电板作为电源和所供电的用户构成临时(小)应急配电系统。

正常电力系统提供全船所有(包括照明和动力)负载。应急电力系统只提供紧急情况下必需的照明和动力负载以及信号设备。临时应急配电系统不提供动力负载,仅提供少量紧急情况下必需的照明和信号设备。

临时应急配电系统与正常、应急电力系统的关系如图 1.5.1.1 所示。临时应急配电系统正常情况下由主电源供电,主电源失电由应急电源供电,应急电源失电由蓄电池供电。蓄电池供电时间有限,只能作临时供电。

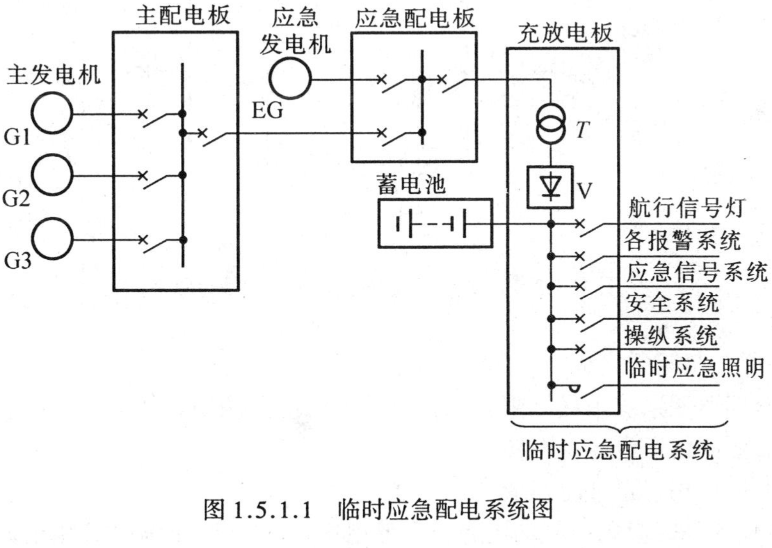

图 1.5.1.1 临时应急配电系统图

直流用电设备主要是短时使用的临时应急照明(即小应急照明)和船舶安全必需的设施,例如:各报警系统(如舵机失电报警、火灾报警、二氧化碳施放报警及主、辅机报警系统等);应急信号系统(如总动员警铃、水密门关闭和开启信号系统、防火门关闭信号系统等)以及主机的安全系统和操纵系统等。

有应急照明系统的船舶一般不设置临时应急照明,只有客船和应急发电机自动启动不能满足规范要求的货船才设置。临时应急照明只有在主照明与应急照明都失电时才会照亮。

临时应急照明是采用蓄电池供电,当主电网及应急电网失电或者电源降至40%额定值自动接通,主电网及应急电网电压恢复时自动切断。

1.5.2 充放电控制方式

蓄电池充、放电控制的方式有3种:交互充放电、浮充电和交互与浮充组合。

1.交互充放电方式

交互充放电方式又称“充放制”,至少需要设置2组蓄电池和1台充电装置,1组充电、另1组放电即向临时应急用户供电。充电装置只向蓄电池充电,不向临时应急用户供电。2组蓄电池的充、放电由开关设置,人工定时或根据实际情况交换。早期的船舶一般采用这种方式,工作原理如图1.5.2.1所示。充放电板有2台充电装置A1和A2,由应急配电板供电,设3组蓄电池G1、G2和G3。G1作为临时应急照明的电源,G2和G3作为临时应急用户的电源。

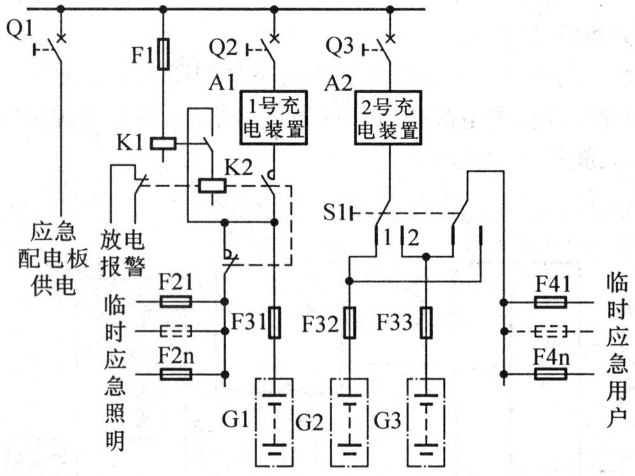

图1.5.2.1 交互充放电控制方式(单线)原理图

(1)临时应急照明的控制

客船的全船照明系统中最低限度的照明是临时应急照明。主电网和应急电网供电都中断时临时应急照明由蓄电池供电照亮。

其他临时应急用户正常时需要供电工作。

图中G1作为临时应急照明的电源,充、放电由接触器K2控制,K2由电源电压监视继电器K1控制,电源有电,K1吸合,输出使K2吸合,常开主触头把G1接入A1,G1处于可以充电的状态,即正常时由A1进行充电;常闭触头断开,G1不向临时应急照明供电。应急电网失电,K1、K2释放,K2常开触头断开对G1充电、常闭触头接入G1向临时应急照明放电。K2

常闭辅触头向主配电板发出“临时照明放电”报警指示。

(2)交互充放电控制

G2 和 G3 按交互充放电方式工作。交互工作由开关 S1 设定。S1 置“1”位，G2 充电、G3 放电即向临时应急用户供电；置“2”位，G3 充电、G2 放电。

2 组蓄电池中的 1 组总处于放电状态，需要电工经常检查，放电电压低于一定值，转换 2 组的充、放状态。转换时负载会出现瞬时的断电现象。

按交互充放电方式工作的充电装置，只承担蓄电池充电，不向用户供电，装置的容量较小。

2. 浮充电方式

浮充电方式又称“浮充制”，原理如图 1.5.2.2 所示。充电装置 A1 与蓄电池 G 并联向临时应急用户供电。正常情况下充电装置向临时应急用户供电，同时向蓄电池提供很小的充电电流，大约每安时 1～5 mA，用于补偿蓄电池内部局部放电的电能损失。正常和应急电力系统失电，充电装置断电，用户转换由蓄电池供电，供电转换过程是连续的。因此浮充电方式构成了“不中断供电”的直流电源。

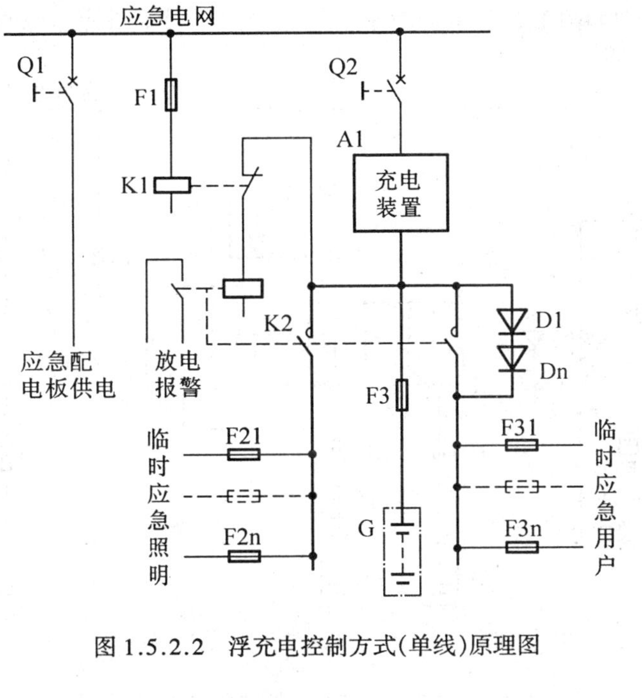

图 1.5.2.2　浮充电控制方式(单线)原理图

(1)浮充供电电压的控制

充电电源必须高于蓄电池的电动势才能向蓄电池充电。尽管浮充的电流很小，但电压为蓄电池的 1.1～1.2 倍。例如 24 V 蓄电池，浮充电压可能在 28 V 左右。用电器具长期承受过高电压是不利的。

浮充供电电压需要适当降低才能提供使用。用户的电流是不确定的。一般的降压元件，例如电阻，产生的电压降随流过的电流变化而变化。目前，产生电压降的方法是利用硅二极管(整流器)的正向压降(0.7 V)。当流过的电流大于一定值，正向压降变化不大。24 V 蓄电池，用 4 只二极管串连，如图中 D1～Dn。如果 $n=4$，串连在供电电路中，负载电流流过可以降低2.8 V。浮充电压为28 V,提供给负载的电压为28 - 2.8 = 25.2 V。

电网失电由蓄电池供电,不需要降压,图中是用K2的动作,主触头短路二极管。

(2)临时应急照明的控制

图中用接触器K2控制临时应急照明。应急电网电压检测继电器K1正常供电时动作,常闭触点断开K2线圈,K2不动作,临时应急照明断电。应急电网失电,K1释放,K2动作,主触头接通蓄电池向临时应急照明供电。

按浮充电方式工作的充电装置,除了充电功能外,还要向负载供电,需要的容量大。

3.交互与浮充组合方式

交互充电方式时,处于充电的蓄电池只充电不放电;处于放电的只放不充。

浮充电方式的蓄电池,电网有电时处于充电状态;电网失电或短时跌落时,处于放电状态。

采用两种方式的组合方式,一般设2台充电装置和2组蓄电池,一组蓄电池充电,一组放电或浮充。2组可以交换。另外也有设2台充电装置和1组蓄电池,1台充电装置(称主整流器)供电,1台充电。

(1)设置2组蓄电池

典型的电路原理如图1.5.2.3(a)所示。配电用户不设临时应急照明。

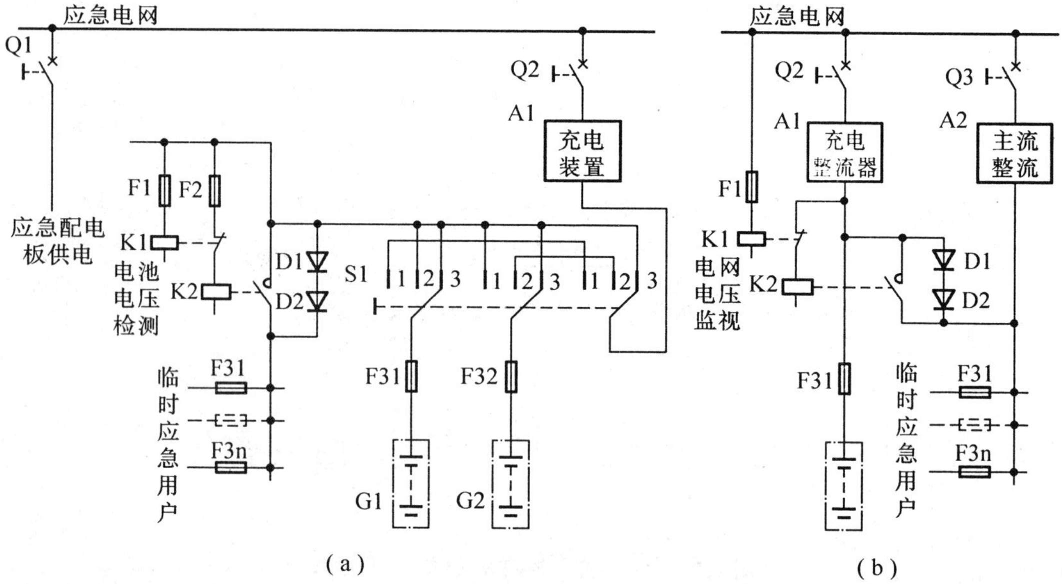

图1.5.2.3 交互与浮充组合控制方式(单线)原理图

(a)2组蓄电池;(b)1组蓄电池

转换开关S1有3个位置:位置1,G1充电、G2放电(供用户);位置2,G2充电、G1放电(供用户);位置3,两组蓄电池浮充。

蓄电池放电和浮充2种方式向用户供电的电压值,有较大的变化。放电电压低、浮充电压高。要保证用户电压在一定范围内,需要设置蓄电池电压检测继电器K1,K1动作输出控制接触器K2,K2主触头控制降压二极管D1、D2。浮充时,蓄电池电压上升到设定值,K1动作,输出断开K2,K2释放,二极管串入供电电路,使用户电压下降;放电时,蓄电池电压低于设定值,K1 释放,K2 吸合,二极管短路,使用户电压回升。

图 1.5.2.3(b)是一种较经济的充放电设置。设 2 台整流器 A1 和 A2,A1 为充电整流器,A2 为供电的主整流器。正常情况下主整流器作为稳压电源向用户供电,充电整流器保持蓄电池全充电状态。二极管 D1、D2 阻止主整流器向蓄电池充电;允许蓄电池向用户供电。蓄电池只有在电网电压瞬时跌落或用户负载超过主整流器的额定电流时,才向用户输出电流。在电网故障失电的情况下以不间断供电的方式向用户供电。

1.5.3 蓄电池和充电方式

主要使用的蓄电池有酸性蓄电池和碱性蓄电池两大类。

酸性蓄电池又称铅酸蓄电池,过去临时应急电源主要采用铅酸蓄电池。

碱性蓄电池主要使用镉镍蓄电池,过去较少使用。

现在建造的船舶都采用“免维护”的铅酸蓄电池或镉镍蓄电池。

1)蓄电池的主要性能

(1)开路电压

开路电压是蓄电池不接负载时的端电压,即电动势。充电电压必须高于电动势才能充电。

酸性蓄电池每个电池的电动势为 2.1 V。

碱性蓄电池每个电池的电动势为 1.25 ~ 1.3 V。

(2)工作电压

工作电压是蓄电池接负载(有电流流过)时的端电压,即放电电压。蓄电池的额定电压即标称的工作电压。酸性蓄电池的额定电压为 2 V;碱性蓄电池为 1.2 V。额定电压是选取电池个数的依据。例如 24 V 电源,采用铅酸蓄电池需要 $24 \div 2 = 12$ 只;采用镉镍蓄电池需要 $24 \div 1.2 = 20$ 只。

放电时,电压逐渐下降,下降到称为“终止电压”的数值就不应再放电。终止电压的数值不是一个固定值,是随放电电流的大小变化的,放电电流小、时间长,终止电压高;电流大、时间短,终止电压低。

酸性蓄电池放电电压变化在 2 ~ 1.7 V 之间,一般低于 1.7 V,不应再放电。

碱性蓄电池放电电压变化在 1.2 ~ 1.0 V 之间,一般低于 1.0 V,不应再放电。

(3)额定容量

蓄电池放电电流的大、小,决定了可以使用的时间。电流大、时间短,反之则长。

蓄电池的容量 Q(C,库)是以放电电流 I(A,安)和放电时间 t(H,时)的乘积(Ah 安时)来计量。标称容量是 1 h 放电电流,例如 40 Ah(安时),即 1 h 放电 40 A。

(4)使用温度

蓄电池标称的性能数据一般是在环境温度 20 ℃的条件下。高于或低于 20 ℃,输出容量都会有不同程度的下降,允许浮充的电压随温度的升高而下降。

例如某制造厂提出的温度性能:“高温,在 45 ± 2 ℃环境下,输出容量不小于 90%;低温,在 − 18 ± 2 ℃环境下,输出容量不小于 70%。”

酸性蓄电池温度与浮充电电压之间的关系如图 1.5.3.1 所示。

船舶电气设备的使用环境温度规定为 45 ℃,充电时需要注意适当降低充电电流和电压。

2)充电方式

充电的控制方式有：

——恒流充电，以恒定电流充电至结束。

——恒压充电，以恒定电压充电。

——连续补充充电，给无负载的蓄电池自行放电进行补充充电的方法。

——分段充电，按阶段充电，例如第一阶段用较大的电流充电一段时间，第二阶段用较小的电流再充电一段时间。

——均衡充电，为消除各个电池的差异，采用恒流或恒压充电以提高蓄电池电压和密度。

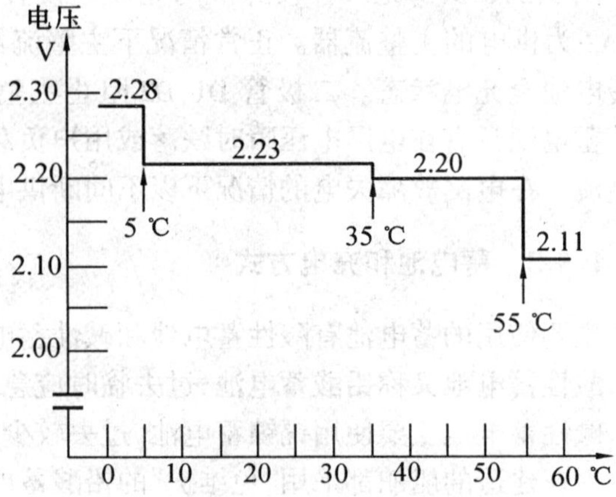

图 1.5.3.1　温度与浮充电电压之间的关系

——浮充电，充电装置与蓄电池并联向负载供电，组成不间断的供电电源，正常时，充电装置向蓄电池提供很小的充电电流（1 ~ 5 mA），用于补偿蓄电池内部局部放电的电能损失，电网（充电装置）失电时，蓄电池向负载供电。

1.5.4　充电装置

1)充电原理

充电装置是一个直流电源设备，蓄电池接在直流电源上，当电源电压高于蓄电池的电动势时，就有充电电流流入蓄电池。

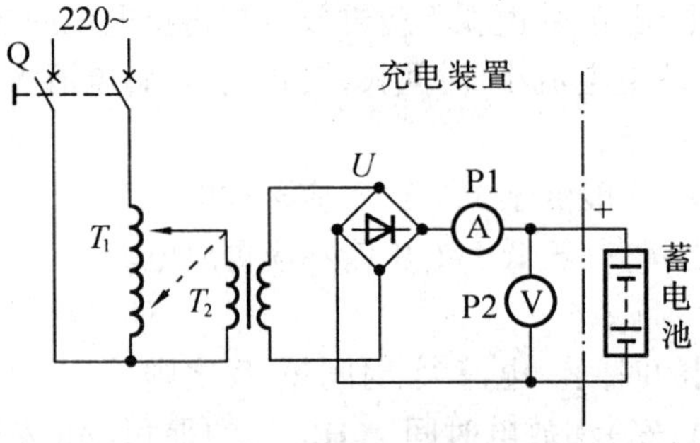

图 1.5.4.1　蓄电池充电原理图

充电原理图如图 1.5.4.1 所示。充电装置是一个输出直流电压可调节的电源。输入交流电经自耦变压器 T_1 调节，再经变压器 T_2 降压、整流器 U 变换成直流电输出。电流表 P1 和电压表 P2 监视充电的电流和电压。

进行恒流充电，例如 24 V、200 Ah 的酸性蓄电池，如果要求充电电流为 7 A，则调节 T_1，使电流表指示 7 A。随着蓄电池电压的上升，充电电流会减小，需要随时调节 T_1，在规定的充电时间（例如 6 h）内，保持电流不变。

如果恒流充电结束后要进行一段时间（例如 4 小时）的恒压充电，电压要保持在28 V，则需要随时调节 T_1，使电压表保持在28 V。

如果接上负载进行浮充电，电压要保持在 28 V，则需要随时调节 T_1，使电压表保持在 28 V。

3)充电装置

从充电原理可知，担任充电的装置，应能根据设定的充电参数要求，自动控制充电的电流和电压。

目前使用的充电装置,都是采用大功率电子开关器件担任电流和电压的调节任务,例如晶闸管(可控硅整流器)。

充电装置的流程如图 1.5.4.2 所示。

●电源

由应急电网或主电网供电。

●滤波

电子开关器件的工作会产生电磁干扰,本身工作也会受到外部干扰。大多数装置在电源的接入处和整流输出处都设置滤波器件,抑制干扰信号的发散和窜入。

●变压

电源电压和充电电压一般是不相适应的,例如电源电源 380V 或 440V,蓄电池电压 24V 或 110V,需要用变压器变换成相适应的电压。

●可控整流

交流电源需要整流成直流电才能向蓄电池充电,要控制充电的电流和电压,整流器件应是可控的。

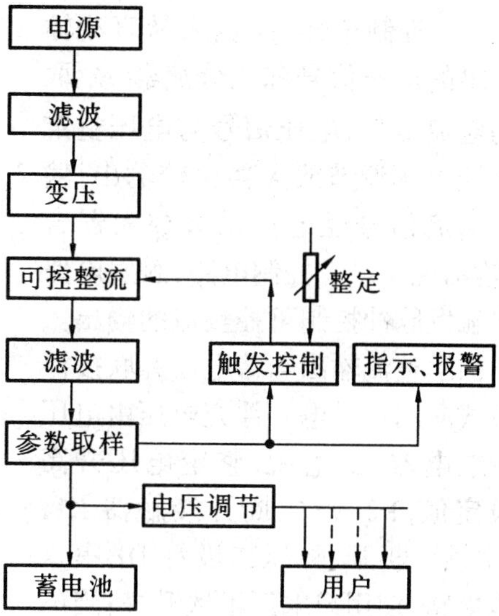

图 1.5.4.2　蓄电池充电装置的流程图

●触发控制

可控整流器件例如可控硅整流器,是在交流正弦波的某一角度上,用触发信号使整流器导通,不同的触发角度得到不同的导通面积,在负载上就得到不同的电压和电流。控制触发的角度就控制了整流的输出。

●参数取样

触发控制是根据整定的数据与实际输出的电压和电流数据的差异,控制触发的角度,从而调节整流器的输出。需要对输出的电压和电流参数进行取样。

●指示和报警

取样得到的电流和电压参数还用于仪表指示,超出允许值时发出报警。

●用户电压调节

工作在浮充方式时,可控整流是按照整定的电压输出。这个电压不一定适应用户需要,一般是较高,应进行电压调节以适应用户需要。

图 1.5.4.3 所示是充电装置原理图。图示有三个部分:充电装置、配电装置和蓄电池。这是一个蓄电池浮充工作方式的临时应急电源,充电(整流)装置的容量较大,采用三相电源供电。

三相电源经带保护的断路器 Q1 开、关控制输入。经交流电源滤波 L_1、C_1,接入三相电源变压器 T_1。T_1 初、次级的连接方式各制造厂可能不同,图示是 Y/Y 连接,也有△/△连接。图示有 2 个次级,一个主绕组为充电电源;一个辅绕组供控制单元。可控整流的触发是按三相相序同步进行,因此三相电源的连接相序特别重要。图示表示相序 ABC 从左到右。初次试验应关断电源开关,用相序表检查相序正确,才能通电。有的制造厂设置相序继电器,电源开关采用失压脱扣,电源负序连接,相序继电器动作,断开失压线圈,禁止合闸。

可控整流 U_1 是三相桥式整流。有采用全控(6 只可控硅),也有采用半控(3 只可控硅、3 只整流器)。整流输出一般都设有滤波器 L_2。

充电控制单元 A1 输入从直流输出取得的电压信号和从分流器 R_1 取得的电流信号,电压信号与电压整定信号经电压调节放大器比较输出,输出与电流信号经电流调节放大器合成,输出控制触发控制电路,触发电路输出触发脉冲控制可控整流的输出。

图示整流输出与蓄电池并联按浮充方式向用户供电。浮充电压由电压检测继电器 K2 监视,整定电压升高至设定值,K2 动作,断开接触器 K1,K1 主触头断开,降压二极管 D1 串入供电电路,使用户电压不致升高;当电压降低,K2 释放,K1 动作,主触头短路降压二极管,使用户电压不致下降。也有采用两级电压检测,控制两组降压二极管,可以减少用户电压变化。

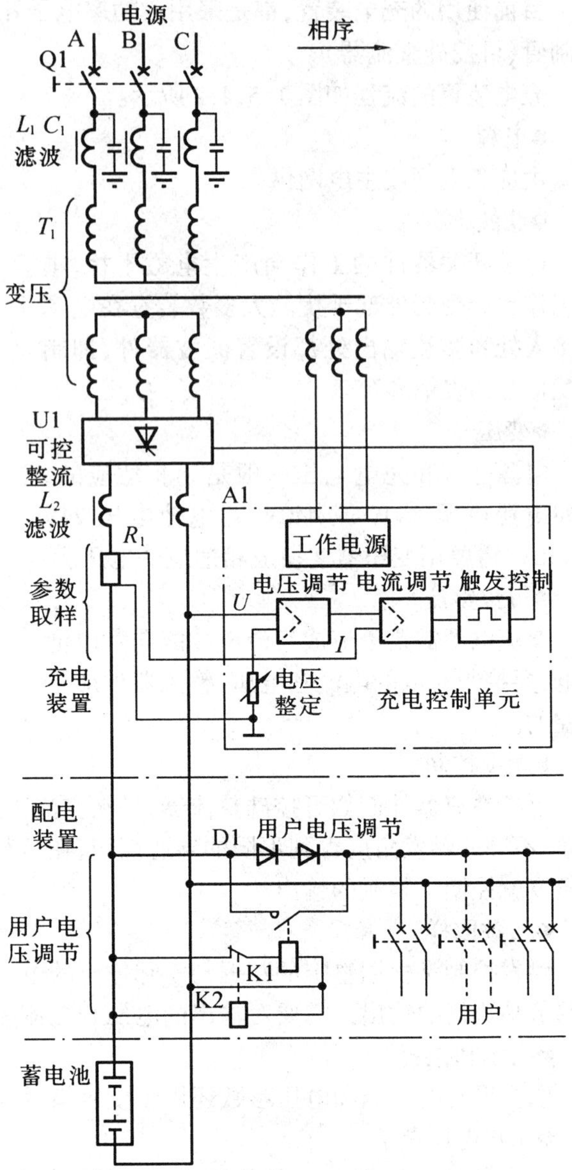

图 1.5.4.3　蓄电池充电装置的原理图

1.5.5　充放配电板实例

充放配电板的主体是充电装置和配电装置,再加上充放方式选择电路和指示电路。

典型的充放配电板电路如图 1.5.5.1所示。

(1)充电装置

●电源开关 Q1;

●电源熔断器 F11、F12、F13;

●电源监视继电器 K1;

●电源变压器 T_1;

●整流熔断器 F14、F15;

●整流电源监视继电器 KB;

●浪涌抑制器 VR1、VR2、VR3;

●三相全波半控桥式整流器 $U_1 \sim U_3$(可控硅)、$U_4 \sim U_6$(整流器);

●续流二极管 D11;

●滤波器,电感 L_{11}、电容 C_{11}、放电电阻 R_{11};

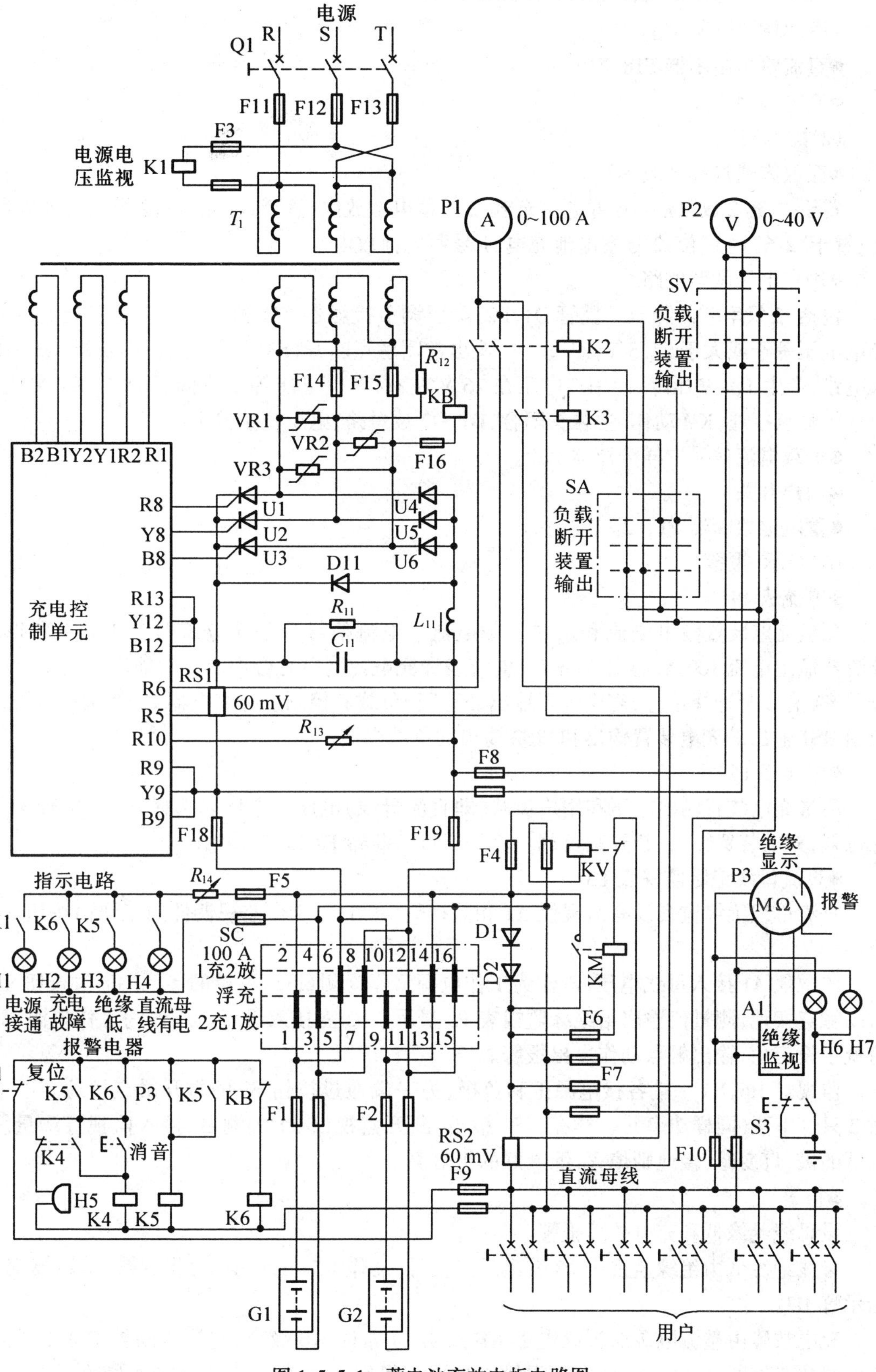

图 1.5.5.1　蓄电池充放电板电路图

●充电装置输出电流信号取样分流器 RS1；

●电压调节电阻 R_{13}；

●直流输出熔断器 F18、F19；

●充电控制单元。

(2)配电装置

●充放方式选择开关 SC

置于“1 充 2 放”位，1 号蓄电池充电、2 号蓄电池放电；置于“浮充”位，2 组蓄电池并联浮充；置于“2 充 1 放”位，2 号蓄电池充电、1 号蓄电池放电。

●用户电压调节电路

包括：2 只串联的降压二极管 D1、D2；降压调节接触器 KM 和充电电压监视继电器 KV。充电电压等于或大于 27.5 V，KV 动作，输出常闭触点断开，KM 释放，主触头断开，D1、D2 串入电路，产生 1.4 V 压降，使用户电压在 26 V 左右；充电电压等于或低于 25 V，KV 释放，输出常闭触点接通，KM 动作，主触头闭合，D1、D2 被短路，电压直接输出。

●负载电流信号取样分流器 RS2。

●用户开关。

●蓄电池熔断器 F1、F2。

(3)指示、报警

●电流表 P1

测量充电装置输出电流和用户负载电流。电流信号分别从分流器 RS1 和 RS2 取出。分流器额定电流 100 A，输出 60 mV。电流表和充电控制单元合用 RS1 的输出。电流表选择开关 SA 有 3 个选择位置，充电装置输出、断开和负载。控制选择继电器 K2 和 K3，动作分别接通 RS1 输出的充电装置输出和 *R*S2 输出的负载电流。

●电压表 P2

测量充电装置输出电压和用户负载(即直流母线)电压。电压表选择开关 SV 有 3 个选择位置，充电装置输出、断开和负载。信号通过熔断器 F8 和 F7 输出。

●直流母线绝缘监视表 P3

直流母线绝缘监视设有监视仪 A1 和监视灯 H6、H7。2 个监视器件的工作由按钮 S3 选择。

监视仪 A1 接入母线电压，既作为工作电源又作为测量点，测量的接地端通过按钮 S3 的常闭触点接地，测量值输出给绝缘监视表 P3 显示。P3 需接入母线电压作为工作电源，测量值低于设定值，输出触点动作发出报警。

监视灯 H6、H7 一端各接电源正和负极，另一端通过按钮 S3 的常开触点接地。不工作时 2 只灯串联(同样功率)，一样亮。S3 按下，断开监视仪 A1 的测量，接入监视灯测量。绝缘低的极，灯变暗，接地则熄灭，绝缘好的极灯亮。

●报警

设母线绝缘低和充电故障报警。

母线绝缘低由绝缘监视表 P3 发出触点信号，动作 K5。K5 动作自保，接通蜂鸣器 H5 和指示灯 H3。

充电故障由整流电源监视继电器 KB 发出，正常时 KB 吸合，整流熔断器 F14、F15 因整流电路故障熔断，KB 释放，输出常闭触点接通报警继电器 K6，K6 输出接通蜂鸣器 H5 和指示灯 H2。

报警时按消音按钮 S2,消音继电器 K4 动作自保,断开蜂鸣器 H5。报警点修复,按复位按钮 S1,报警电路复位。

●指示灯

设 4 只指示灯。除上述 2 只报警外,还有电源接通和直流母线有电指示。考虑到充放电板可能安装在上层甲板(例如艇甲板),指示灯光外泄会影响驾驶,设有减光电阻 R_{14}。为此,电源接通指示灯不是接在电源上,而是通过继电器 K1 的动作,接入减光电路。

第 2 章　船舶电力拖动设备

2.1　电力拖动知识

以电动机为动力拖动各种工作机械的工作方式,称为电力拖动。

船舶电力拖动的机械对象一般为:辅助机械、起锚系缆机械、起重机械、舵机和特种机械等,统称为船舶辅助机械或船舶辅机。

船厂一般把机舱的(除主机和发电机组)机械称为机舱辅机,把机舱以外的机械统称为甲板机械。

甲板机械一般多指起锚、系缆(绞盘)机械和起重(起货机)机械。

舵机是与主机同样重要的电力拖动机械。

我们的工作内容是电气控制设备和电动机的安装、接线和调试。控制设备和电动机是为工作机械服务的。我们除了掌握控制设备和电动机的安装工艺、接线工艺、工作原理外,还需要对所服务的对象有所了解,才能承担配合工作机械的调试和运行。

2.1.1　机械负载特性

电力拖动系统一般由电动机、控制设备、传动机构和工作机械组成,如图 2.1.1.1 所示。

旋转电动机的定子与转子之间是空气隙,没有任何传动的接触联系,转子是靠定子电流产生的电磁转距 T 的作用转动的。

工作机械的运转方式无论是旋转、平行移动或上下移动,通过传动机构与电动机的接口总是作旋转运动。工作机械是被电动机拖动的,是电动机的负载。工作机械旋转产生负载转距 T_L。

简单的电力拖动系统如图 2.1.1.2 所示。电动机在电磁转距 T 的作用下转动并使工作机械以同样的转速 n 运转。电磁转距必须克服工作机械转动加在轴上的负载转距 T_L。

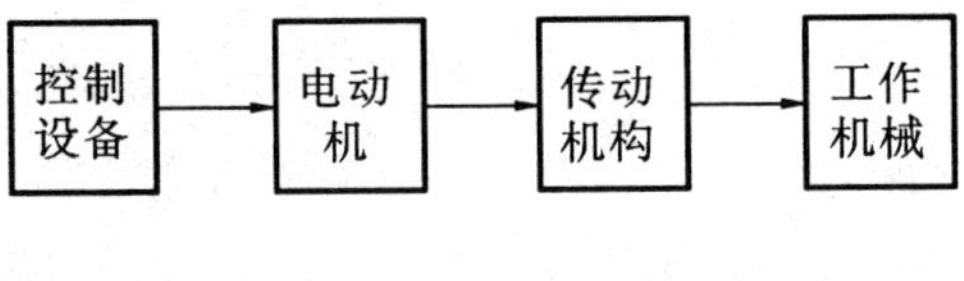

图 2.1.1.1　电力拖动的工作方式

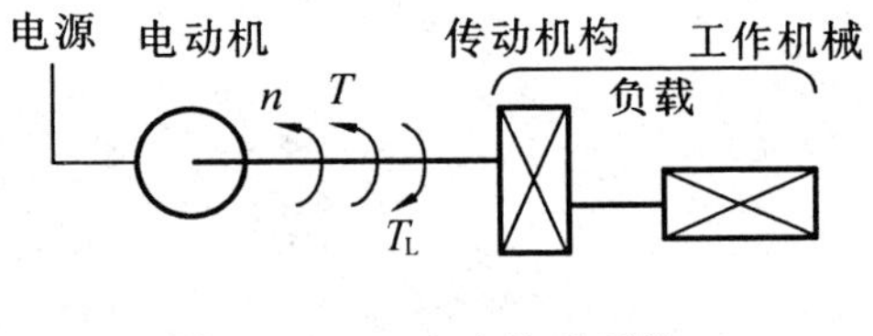

图 2.1.1.2　电力拖动系统

电力拖动机械的运动状态由电动机的电磁转距 T 和工作机械的负载转距 T_L 决定。

- $T = T_L$,工作机械以恒定的转速运转;
- $T > T_L$,工作机械做加速运转;
- $T < T_L$,工作机械做减速运转。

传动机构与电动机的接口总是做旋转运动。大多数工作机械运行时，它的旋转运动是被动的，即是被电动机拖动的。它的负载转距 T_L 是阻止电动机转动，是阻转距。机械产生的阻转距，有的随转速的快、慢是变化的，有的是恒定的。有的工作机械如起货机、锚机、起(救生)艇机等升降机械，上升时是阻转距；下降时会带动电动机转动，是动转距。上升和下降运动在接口处是电动机的正转和反转。工作机械的转距即负载转距与转速的高、低和正、反是有一定关系的。

负载转距 T_L 与转速 n 的关系称为负载特性，或称机械特性。

典型的负载特性有3类。

(1)恒转距负载特性

恒转距负载的负载转距 T_L 恒定不变，与转速 n 无关。它又分：反抗性恒转距负载；位能性恒转距负载。

反抗性恒转距负载，负载转距的方向总是与拖动它运动方向相反，是阻碍运动的制动性转距。由摩擦力产生转距的负载属于这种负载特性。如图2.1.1.3(a)所示，负载转速 $n>0, T=T_L>0; n<0, T=-T_L<0$。与转速 n(高、低)无关。

位能性恒转距负载，负载转距的方向固定不变，与转速 n 的方向无关。如图2.1.1.3(b)所示。例如起货机起吊一包货物，货物的重量一定，提升(正转 $n>0$)和下降(反转 $n<0$)产生的转距 T_L 是恒定的。

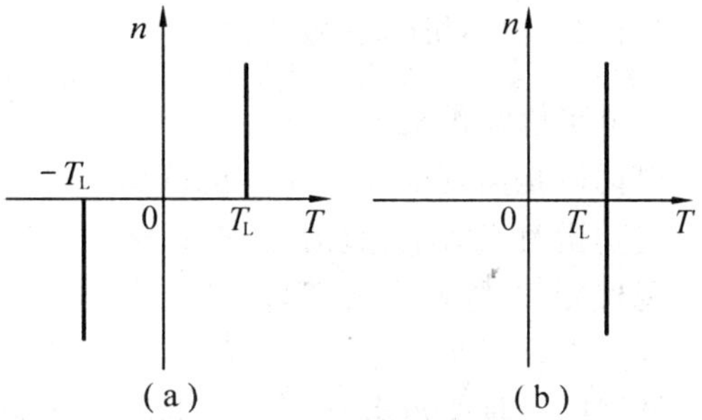

图2.1.1.3　恒转距负载特性

(a)反抗性；(b)位能性

(2)通风机、泵类负载特性

通风机和泵类是船上最多、最常见的工作机械。负载特性是负载转距与转速的平方成正比。负载特性如图2.1.1.4(a)所示。例如在转速 n_1 运行，需要电动机提供的转距为 T_1，转速升到 n_2 运行，需要电动机提供的转距按平方增加为 T_2。负载转距随转速而变化，也称为变转距负载特性。

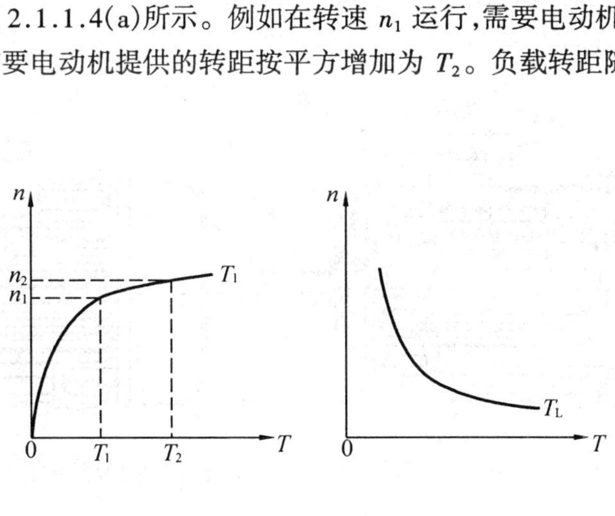

图2.1.1.4　变转距负载特性

(a)二次方；(b)恒功率

(3)恒功率负载特性

负载转距与转速成反比，但其乘积不变。负载特性如图 2.1.1.4(b)所示。

电力拖动系统的负载以一定的转速 n 和转距 T_L 运转，需要电动机提供一定的负载功率 P_L。显然，负载功率 P_L 与转速 n 和负载转距 T_L 成正比，转速越高、负载转距越大，负载功率越大。三者的关系表示为：

$$P_L = T_L\Omega_L = T_L\frac{2\pi n}{60} = \frac{T_L n}{9.55}$$

式中，Ω_L 是旋转角速度。$\Omega_L = 2\pi f$；$f = \frac{n}{60}$。

恒功率负载的功率 P_L 等于常数 C，则 $T_L \cdot n = C$，即负载转距 T_L 与转速 n 成反比。

通风机、泵类负载特性的负载转距随转速的增加成平方增加，转距是变化的；恒功率负载特性转距随转速增加而减小，转距也是变化的。这种负载特性也称为变转距负载特性。

2.1.2 电动机的机械特性

1.电动机知识复习

电动机是实现电能转换为机械能的机械。

电动机有三大类：直流电动机、交流异步电动机和交流同步电动机。

现代船舶(除水下舰艇外)辅机电力拖动都采用三相交流异步电动机。

异步电动机是基于气隙旋转磁场与转子中感应电流相互作用产生电磁转距。从而实现能量转换的一种交流电动机。它的转速与同步转速之间存在一定的差异(即所谓的异步)，这是它产生转距的必要条件。由于转子绕组电流是感应产生的，所以异步电动机又称为感应电动机。

三相异步电动机有鼠笼型(称笼型)和绕线型。辅机电力拖动几乎都采用笼型。

1)结构

笼型异步电动机的典型结构和外形如图 2.1.2.1 所示。

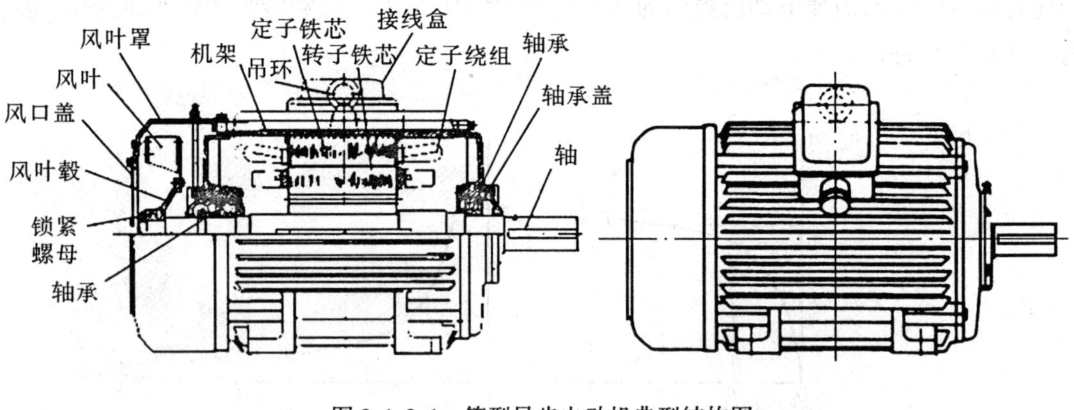

图 2.1.2.1 笼型异步电动机典型结构图

定子绕组为 3 组相隔 120°电度分布的三相绕组，每相绕组对外出 2 个端子。对应三相电源，绕组可以接成“星(Y)形”或“三角(△)形”。两种接法接入的电压相差$\sqrt{3}$倍。

转子为对应定子极对数的三相短路绕组。

一般小型异步电动机的转子轴上装叶片风扇，旋转时自扇风冷却。

2)旋转磁场的产生

参看图2.1.2.2。1个线圈通以上“+”下“-”的电流，产生上“N”下“S”的电磁极性，现交换电流极性，则电磁极性也交换。相当于电磁极性转180°。如果通交流电流，正半周相当于前一种情况，负半周相当于后一种情况。由此看出，线圈流过电流将产生磁场；线圈流过交流电流，电流每交变一次，电磁极性旋转360°，将产生旋转磁场。通50 Hz交流电流，每秒旋转50次，每分钟旋转50×60=3 000次。60 Hz，每秒旋转60次，每分钟旋转60×60=3 600次。旋转次数就是旋转磁场的转速n。1个线圈流过电流产生1对磁极。2对磁极的转速减少1半。也就是说旋转磁场的转速 n 与频率 f 成正比、与磁极对数 p 成反比。频率 f 以每秒计，转速 n 以每分计，需要乘以60秒。相对异步电动机的异步转速，由电流频率产生的转速称为同步转速 n_0，表示为：

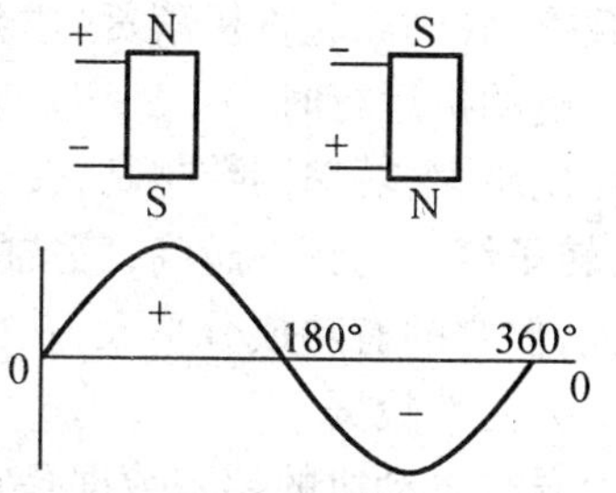

图2.1.2.2　旋转磁场产生示意图

$$n_0 = \frac{60f}{p} \quad (\text{r/min、转/分})$$

3)转差率

异步电动机的转速与同步转速之间存在一定的差异(即所谓的异步)，这是它产生转距的必要条件。

用来表示转子转速 n 与同步转速 n_0 之间的差异程度的量称为转差率 S 或称转差。表示为：

$$S = \frac{n_0 - n}{n_0}$$

电动机刚接通电源启动还未旋转，$n=0$，转差率最大 $S=1$；启动运转在空载的情况下，n 接近 n_0，转差率最小接近零 $S \approx 0$。由此看出，S 是在1~0之间变化。电动机(作电动机)运行时，$0<S<1$。

电动机从空载至额定负载的范围内运行，转速接近同步转速，转差率的变化很小，一般在0.01~0.06之间。

4)电磁转距的产生

异步电动机的定子三相绕组通以交流电流，在气隙中产生旋转磁场。旋转磁场切割定、转子绕组，分别在定、转子绕组中感应产生电动势。转子电动势在短路的转子绕组中产生电流。转子电流与气隙中的(基波)磁场相互作用产生电磁转距，也可以认为由转子电流产生的转子(基波)磁场与定子磁场相互作用产生转距，使转子旋转，拖动机械负载旋转。

电机能量的转换是通过气隙进行的。

电磁转距是做功的，它的大小与转子电流的大小和电流的有功成分即功率因数有关。

转子电流是通过气隙感应(绕组短路)产生出来的，它的大小和功率因数与转子的转速和转子绕组所呈现的阻抗有关。从两个极端状态来看：

● $n=0$，转子不动，定子和转子相当于二次侧短路的变压器，转子的频率等于定子的频率，转子绕组呈现的感抗大，感应电流的功率因数低，转子电流的有功成分低，电流大但产生的电磁转距并不大；

●$n = n_0$，转子转速 n 等于定子产生的旋转磁场的转速 n_0（即同步转速），转子与旋转磁场之间没有相对运动，没有感应电势，转子电流等于零，电磁转距等于零，这种情况只有在被负载拖动（例如起货机落货）才会发生。

电动机运行时，$0 < S < 1$。转差率 S 越小，转子绕组的频率越低，感抗的作用越小、电阻的作用越大，功率因数越高，转子电流的有功成分越大，获得的电磁转距越大；转差率 S 越大，转子绕组的频率越高，感抗的作用越大、电阻的作用越小，功率因数越低，尽管转子电流很大，但它的有功成分不大，获得的电磁转距不大。

5）铭牌数据

异步电动机的铭牌数据是它的额定数据：

（1）额定功率 P_e：是指电动机在额定运行时，轴端输出的机械功率，单位为 kW。

（2）额定电压 U_e：是指电动机在额定运行时，加在定子绕组上的线电压，单位为 V。

（3）额定电流 I_e：是指电动机在额定电压下，轴端输出额定功率运行时，定子绕组中的线电流，单位为 A。

（4）额定频率 f_e：船舶电力系统的额定频率为 50 Hz 或 60 Hz。国内船舶采用陆地电网的频率 50 Hz，远洋船舶有采用 60 Hz 的，国外船舶较多是采用 60 Hz。

（5）额定功率因数 $\cos\varphi$：是指电动机在额定运行时，定子绕组侧的功率因数。

（6）额定转速 n_e：是指电动机在额定电压、额定频率下，轴端输出额定功率时，转子的转速，单位为转/分或 r/min。

（7）温升：是指在一定的冷却介质（一般是空气）条件下，电机额定运行时的温度上升限值。由绕组的绝缘（耐热）等级决定。

（8）绝缘等级：是指电机运行时，绕组绝缘中最热点的允许温度。分为 5 级。数据见前“船舶发电机”节的表 1.2.4.1。船舶电动机一般采用 B 或 F 级绝缘。

（9）接法：是指电动机在额定电压下稳定运行，定子三相绕组的接法。接法有星形（Y 形）和三角形（△形）。

（10）工作方式：有 3 种工作方式：连续运行、短时运行和重复短时运行。

2.异步电动机的机械特性

异步电动机的转速 n 与电磁转距 T 之间的关系称为机械特性。

异步电动机的机械特性曲线如图 3.1.2.3 所示。纵坐标有 2 个表示，右侧表示转速 n，坐标原点为 0；左侧表示转差率 S，对应（a 点）额定转速 n_e 为 0，向下到坐标原点为 1。横坐标表示转距 T。

在定子绕组加额定电压、额定频率，笼式转子是短路的，在这种条件下得到的特性称为固有机械特性。如果施加的电压或频率不是额定值，所得到的特性称为人为机械特性。

图 2.1.2.3 所示的是固有机械特性。纵坐标右侧即第一象限为电动机运行状态。在特性近似直线的部分，随着转距 T 的增加转速随之下降。前面提到，从空载至额定负载的范围内运行，转速接近同步转速，转差率的变化很小，一般在 0.01～0.06 之间。转速下降幅度不大，这种特性称为“硬特性”。转距 T 继续增加，接近 c 点，转速下降幅度增加，达到 c 点，转距 T 减小，转速急剧下降至 0，电动机被堵转。

（1）额定转距 T_e

电动机拖动的负载达到电动机的额定转距 T_e,所对应的转速为额定转速 n_e,电流为额定电流 I_e。工作点 b 在特性曲线的斜线部分。

(2)启动转距 T_{st}

电动机刚接通电源还未转动,转速为 0,转差率 S 为 1,旋转磁场与转子电流产生的转距,它的作用是使静止的转子转动起来,称为启动转距 T_{st},或最初启动转距。转子绕组是短路的,电流很大,一般约为 5~7 倍。但因频率为定子绕组的频率,转子绕组呈现的感抗作用大,功率因数很低,电流的有功分量不大,产生的启动转距也不大。

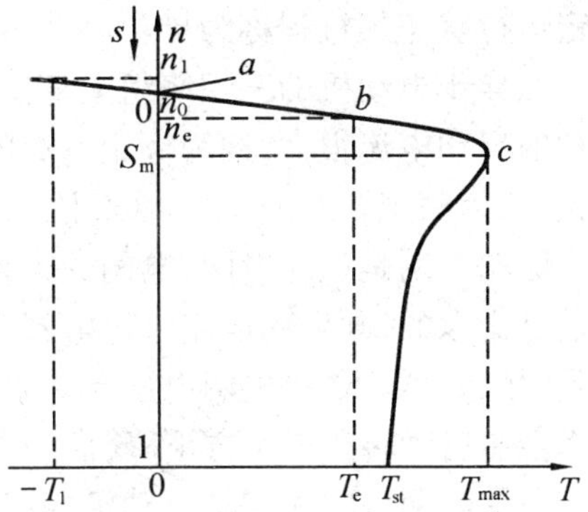

图 2.1.2.3　异步电动机的机械特性

启动转距 T_{st} 与额定转距 T_e 之比,称为启动转距倍数,用 k_{st} 表示:

$$k_{st} = \frac{T_{st}}{T_e}$$

启动转距倍数 k_{st} 的大小,反映了电动机启动负载的能力。一般 $k_{st} = 1.7 \sim 2.2$。

(3)最大转距 T_{max}

负载的转距增加,电动机的电磁转距也相应增加。从图 2.1.2.3 所示的特性曲线看出,在额定转距 Te 范围内转速的下降是很少的,转差率 S 很小,转子绕组的频率很低,转子电流的有功分量大。超过额定转距 T_e 一定值后,转速下降增加,转差率 S 增加,转子绕组的频率升高,转子电流的有功分量减小,转速下降到特性曲线的 c 点,电磁转距达到最大值,不再增加。这一点的转距称为最大转距 T_{max}。从特性曲线看出,如果负载再增加,转距会下降,同时引起转速急剧下降,直至零,停转。

最大转距 T_{max} 与额定转距 T_e 之比,称为过载倍数或过载能力。用 k_m 表示:

$$k_m = \frac{T_{max}}{T_e}$$

它表示电动机的过载能力,一般异步电动机的过载倍数 $k_m = 2 \sim 2.5$。各种型号和用途的异步电动机的过载倍数是不同的。

电动机在运行时负载有可能突然增加超过额定值,如果过载倍数小,负载转距超过最大转距,电动机转速可能急剧下降停转;如果过载倍数足够大,则负载转距增加在最大转距内,电动机仍能运行,负载恢复正常后电动机也恢复正常。电动机长期过载运行是不允许的,会因过热烧坏。

另外,从特性曲线还可以看出,当转差率 $S < 0$,即转速 $n > n_0$ 时,例如起货机下降时,重物的位能拖动电动机转动,转速达到 n_1,高于同步转速 n_0,此时电磁转距 T 为负,电动机处于制动运行状态,称为再生(或反馈)制动运行状态,即电动机处于异步发电状态,把重物位能转换为电能,返回电网。

2.1.3　异步电动机的启动和制动

1)异步电动机的启动

使异步电动机从静止状态加速到稳定运行状态称为异步电动机的启动。从静止状态到稳定运行状态的过程称为异步电动机的启动过程。

在异步电动机的三相绕组上直接施加额定电压,初瞬,电动机转速为 0,转差率 S 为 1,最初的启动电流很大,约为额定电流的 5~7 倍,而此时转子绕组的功率因数很低,启动转距不大,约为额定转距的 1.7~2.2 倍。这种启动方法称为直接启动。

船舶电网是独立电网,电网的容量有限。如果要启动的异步电动机的容量相对电网容量是可比拟的,则启动电流将对电网产生很大的冲击,使电网电压骤然下降。最明显的是引起照明灯闪烁。如果电网电压下降幅度大,持续时间长,会影响其他设备的正常运行。电压下降会使启动转距成平方下降,启动着的电动机有可能无法加速到稳定运行状态。

如果电网中的大容量电动机的启动电流冲击将影响到电网的正常运行,则应采取措施降低该电动机的启动电流。电路中的电流正比于施加在电路上的电压,对笼式异步电动机,要降低启动电流只有降低启动时的电压。这种启动方法称为降压启动。

降低启动电压以降低启动电流,会使启动转距成平方下降。不同的电网容量和不同的负载特性对启动的要求是不同的。一般希望有足够大的启动转距和尽可能小的启动电流。

启动电流对电网的冲击影响与被启动电动机相对电网的容量有关、与供电发电机的调压的动态性能有关。现在的船舶发电机组的调压和调速的动、静态性能都能满足要求,因此主要考虑被启动电动机相对电网的容量。船舶电网允许直接启动的电动机的容量一般控制在电网容量的 10%~20%。考虑到电站正常运行一般用单台发电机供电,直接启动的电动机的容量按单台发电机容量作为电网容量。采用哪种方法启动是由系统设计来确定。例如某船电站设 3 台 560 kW 发电机,系统设计要求 50 kW 以下电动机允许直接启动,50 kW 以上采用星/三角降压启动,90 kW 以上采用自耦变压器降压启动。

船舶电动机降压启动一般采用星/三角和自耦变压器启动方法,很少采用电阻降压启动,不采用电抗降压启动。

(1)直接启动

直接启动是将线路电压直接加到电动机接线端子上去的启动方法,如图 2.1.3.1 所示。定子三相绕组有星形和三角形两种接法。采用哪一种在电动机铭牌上有说明。例如标:接法"Y"、电压"380 V",则为图中(a)的接法,这是 50Hz 的电源。如果是 60 Hz,电压是 440 V。如果标:接法"△"、电压"380 V",则为图中(b)的接法。

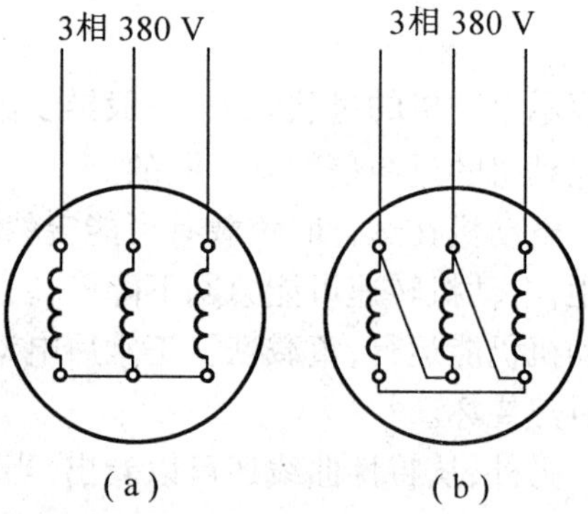

图 2.1.3.1　直接启动接线图

(a)星形接法;(b)三角形接法

转子绕组是短路的,直接启动电流很大,一般约为额定电流的 5~7 倍。如果电动机的功率是发电机的 10%,直接启动的电流将超过发电机额定的 50%。电动机的功率越大,对电网的冲击越大,引起电网电压瞬时波动越大。

电网容量(相对要启动的电动机)足够大,异步电动机才可以直接启动。

(2)星/三角(Y/△)降压启动

容量较大的异步电动机,为了减少对电网的启动冲击,需要降压启动。

被拖动的机械,启动时负载的转距不大或接近空载,可以采用 Y/△降压启动。

Y/△降压启动是在启动位置将定子绕组接成星形,而在稳定运行位置将定子绕组接成三角形的启动方法,如图 2.1.3.2 所示。线路电压是 380 V,三角形接法各相绕组是接在线电压上,即各相绕组的额定电压是 380 V。如图中(b)所示。如果接成星形,绕组获得的是相电压,为线电压的$\frac{1}{\sqrt{3}}$,是 220 V。

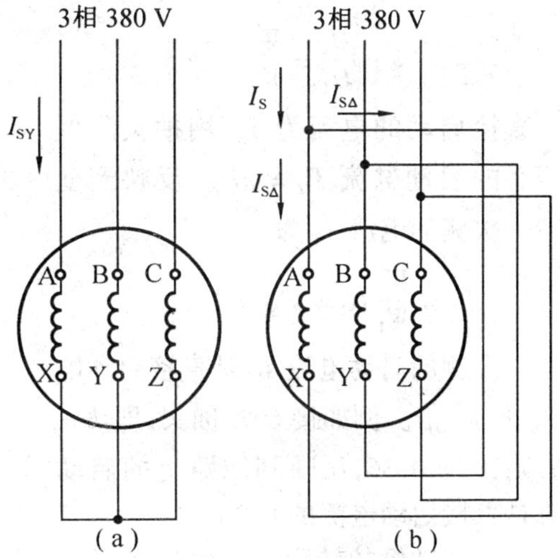

图 2.1.3.2 Y/△启动接线图

(a)星形启动;(b)三角形运行

启动按三角形接法,线电流为 I_S,绕组的电流为:

$$I_{S\Delta}=\frac{I_S}{\sqrt{3}}$$

启动按星形接法,绕组的电流为:

$$I_{SY}=\frac{I_{S\Delta}}{\sqrt{3}}=\frac{I_S}{\sqrt{3}\times\sqrt{3}}=\frac{I_S}{3}$$

即按星形接法启动,线路提供的电流是按三角形接法的 1/3。如果按三角形接法直接启动的启动电流是 6 倍,则按星/三角降压启动的启动电流是 6/3 = 2 倍。

异步电动机的转距是与电压的平方成正比。启动电压降低$\frac{1}{\sqrt{3}}$,则启动转距降低到只有直接启动的$\frac{1}{3}$。如果直接启动的转距是 2.1 倍,则按星/三角降压启动的启动的转距只有 0.7 倍。因此,星/三角降压启动只适合空载或轻载启动的机械。

需要注意的是,50 Hz 船舶电力系统的额定电压是采用星/三角降压启动的电动机,三角形接法的额定电压必须与线路电压一致,即 380 V。一般小型 50 Hz 电动机的额定电压是 380 V,接法是星形。三角形接法的额定电压是 220 V,不能采用。采用星/三角降压启动的电动机,铭牌表示为:接法:Y/△;电压:660/380 V。

曾有过这样的案例。码头试车时一台水泵动车。电动机采用星/三角启动,星启动正常转换到三角形,启动器的电源开关立即跳闸。检查后发现,铭牌表示为:接法为 Y/△;电压为 380/220 V。星启动实际是在额定电压下直接启动,转到三角形,绕组电压升高$\sqrt{3}$倍,严重过电流引起跳闸。更换电动机后解决。

这种启动方法,设备简单。但降压幅度是固定的。

(3)自耦变压器降压启动

是从自耦变压器上抽出一个或几个被降低的电压来启动异步电动机的方法,如图 2.1.3.3所示。图(a)是启动时用自耦变压器 T 抽头降低的电压接入电动机,图(b)是启动转速升高到一定程度后全压接入运行。抽头电压的降压比用百分比表示。例如 40%、60%、80%三种。可以根据机械启动所需要的转距和允许的启动电流来决定选用的抽头。如接 60%抽头,启动电压是 380 × 0.6 = 228 V。

自耦变压器一次侧和二次侧的电流关系可从图 2.1.3.4 中得出。

抽头电压 U_2 的百分比 k 是对线路电压 U_1 的。即：

$$k = \frac{U_2}{U_1} = \frac{W_2}{W_1}$$

直接启动的电流为 I_S，用抽头降低电压后的启动电流 $I_{S2} = kI_S$。反映到变压器一次侧的电流 I_{S1} 为：

$$I_{S1} = \frac{W_2}{W_1} I_{S2} = kI_{S2} = k^2 I_S$$

一次侧的启动电流 I_{S1} 是直接启动电流 I_S 的 k^2 倍。例如接 60% 抽头，即 $k = 0.6$，则 $k^2 = 0.36$，反映到线路上的启动电流是直接启动电流的 0.36。

异步电动机的转距是与电压的平方成正比。启动电压为 k 倍，则启动转距降低到只有直接启动的 k^2 倍。例如 $k = 0.6$，则启动转距是直接启动的 0.36。

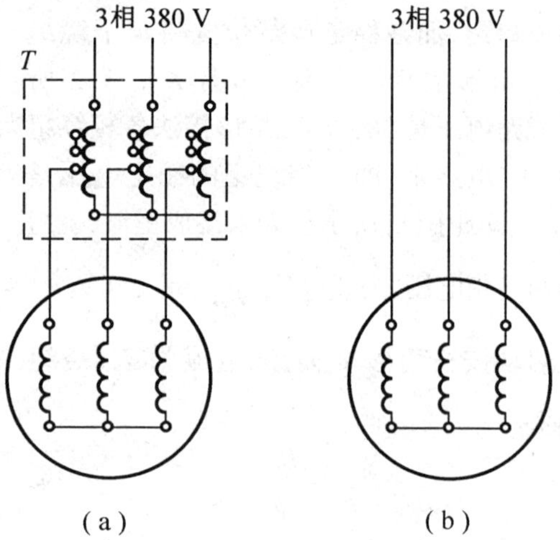

图 2.1.3.3 自耦变压器启动方法

(a)降压启动；(b)全压运行

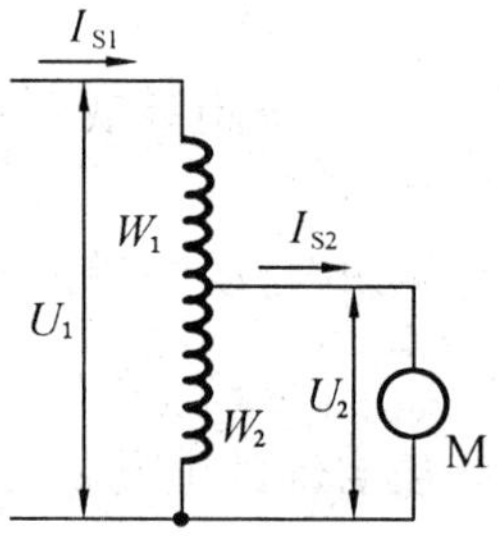

图 2.1.3.4 自耦变压器两侧电流关系

自耦变压器降压启动的降压幅度可以在给定的抽头上选择，使用比较灵活。船舶大容量的异步电动机多采用这种启动方法。自耦变压器启动使用的时间很短，是按短时工作时间制造的。不适于频繁启动的机械。自耦变压器的体积大、价格也比较贵。

(4)软启动

上述的降压启动方法都是用降低的固定电压值来启动电动机，当转速上升到一定值后，转换到全电压上运行。星/三角降压启动只有一个降压值可以选用。自耦变压器降压启动也只有固定的 2～3 个降压值可以选用。从降压转换到全压时的电压相位切换，还可能出现二次电流冲击问题。

软启动是用可控电力电子器件(如晶闸管)串联在电动机的主电路中，通过控制电路控制晶闸管的导通角的大小，使启动电流按设定的要求变化，从而获得最佳的启动效果。主电路如图 2.1.3.5 所示。

启动方式有：控制启动电压逐步上升的“斜坡电压”方法和保持启动电流恒定的“恒流”方法，以及结合使用 2 种方法的“斜坡恒流”方法。可以根据被拖动负载的特性确定。

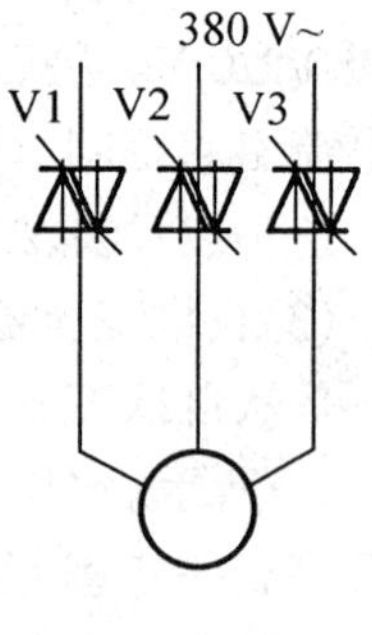

图 2.1.3.5 软启动主电路原理图

2)异步电动机的制动

异步电动机的制动状态有两种：

●从某一转速稳定运行的状态，下降到转速为零的停止状态；

●在重力作用下降时，电动机的制动转距与负载转距平衡，使负载保持匀速下降状态。

制动不仅是使运转着的电动机机械停止，还有限制位能性负载的转速的作用。

电动机拖动负载运转是把电能转换为机械能。非位能性负载，例如风机或水泵，电动机在稳定运行的状态切断电源，负载的机械能(惯性)在转速下降的过程，消耗殆尽后电动机停转。从稳定运转到转速为零的停止状态的制动过程，是机械能消耗的过程，时间的长短与负载本身的性质有关。例如水泵断电后很快停转，因为机械能很快被水的阻力消耗掉，而风机断电后，转速下降越低阻转距越小，要经过很长时间才能完全停止。

非位能性负载的转距对电动机来说是制动的。大多数电动辅机切断电源后需要多长时间停止是无关紧要的，无须采取其他制动措施。

有的机械例如电动舵机，拖动舵叶到需要的角度需要立即停转，除了切断电源，还需要采取其他立即停转的制动措施。

位能性负载例如电动锚机、电动机起货机，落锚、落货时在重力作用下的机械能，产生驱动转距，使转速在一定范围内无限制地增加，锚、货物会像自由落体一样下降，这时不能切断电源，需要让驱动转距使电动机进入发电机状态，把重力产生的机械能转换成电能，回馈给电网的其他负载消耗，电动机产生制动转距，限制电动机转速(负载下降速度)在一定范围内。电动机断电停止后，负载的重力作用还要下降，拖动电动机旋转，需要采取机械制动即机械刹车，禁止电动机转动。

机械的制动过程是负载机械能消耗的过程。

制动方法有：机械和电气。

机械制动方法一般有闸瓦式电磁制动器和圆盘式电磁制动器。

闸瓦式即抱刹车装置，它是与电动机制造无关的外附机构，结构如图2.1.3.6所示。电动机轴上的制动轮在两片摩擦瓦间旋转，制动器电磁线圈不通电，在弹簧力的作用下，收紧支架，摩擦瓦抱紧制动轮，电动机转轴被制动。电磁线圈通电，衔铁压紧弹簧，支架松开，摩擦瓦离开制动轮，电动机轴可以旋转。

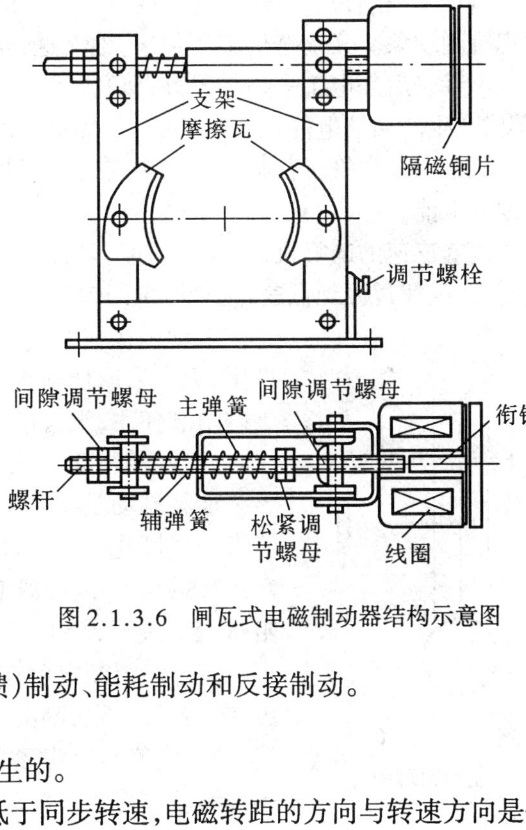

图 2.1.3.6　闸瓦式电磁制动器结构示意图

圆盘式电磁制动器结构如图2.1.3.7所示。它是与电动机制造成一体的内附机构。紧固在电动机轴上的动片随电动机轴旋转，电磁线圈不通电时，弹簧顶开定片，摩擦片压紧动片，使电动机轴制动，通电时，弹簧压紧，松开定片，电动机轴可以自由转动。

机械制动时电动机转动的动能在摩擦瓦、片发热中被消耗。

电气制动方法有：回馈(或称再生、反馈)制动、能耗制动和反接制动。

(1)回馈制动

回馈制动是电动机接在电网上才能产生的。

异步电动机在电动机运行状态，转速低于同步转速，电磁转距的方向与转速方向是一致的。有两种情况转速会高于同步转速，一种是位能负载在重力的作用下，负载转距的方向与电磁转距一致；另一种是从高速转到低速运行。

异步电动机的转速高于同步转速，转子切割旋转磁场的方向与电动机运行状态的相反，产生的电磁转距方向也相反，电磁转距的方向与转速方向相反，进入发电机运行状态。机械能转换成电能。如果转换的电能被消耗，则会阻止转速上升，转换的与消耗的电能在一定的平衡状态下，电动机的转速也就稳定在一定值上。

回馈的电能需要有对象（用户）来消耗才能制动。这个对象是接在电网上运行的各个用户。如果用户功率太小不能全部消耗，也不能制动。

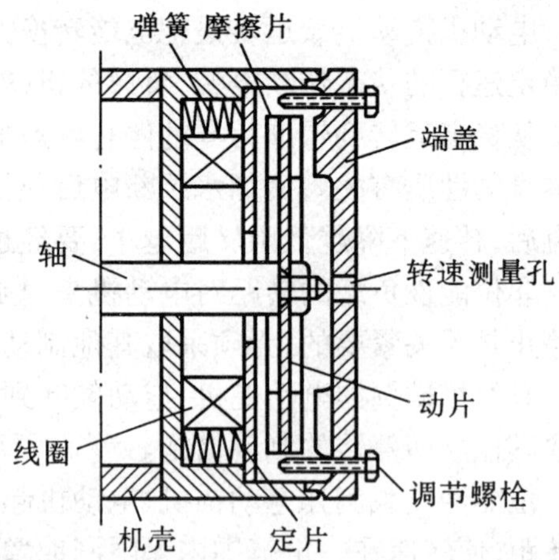

图 2.1.3.7　圆盘式电磁制动器结构示意图

有个案例可以作为经验借鉴。某船试航后靠在码头上。船体装配工人检查锚链，需要使用电动锚机。为此，开 1 台发电机组向锚机供电，电工只开了机舱的部分照明，没有用其他设备。装配工操作落锚，电动机刚向落锚方向运转就产生发电机断路器跳闸。每次操作都跳闸，开始以为操作不当，换人来操作都一样。估计电动机有短路或接地故障，检查试验 2 天毫无结果。后来请电气主管工程师来，看了同样的现象后，他没有作任何解释，说太热把机舱风机启动起来，又开了些负载，再叫操作锚机，结果不跳闸了。下午又上船动锚机，又出现跳闸现象。又请这位工程师来，他又这样搞一下，又不跳闸了。问他是什么原因，他也不作解释。后来电工去请教另外一位技术人员，他分析后说，因为只有一点照明，负载太小，落锚产生的回馈电能没有足够的用户消耗，回馈到发电机，使发电机的逆功率保护动作跳闸。原来这位主管工程师采取的措施是多开些负载，使电网上有足够的负载运行，接受锚机回馈的电能。

双速或三速的起货机，操作从高速回到低速运行，原来高速状态的转速高于低速档的同步转速，从高速过渡到低速，也会产生回馈制动。

电动机接在电网上运行，转速超过同步转速，回馈制动就必然产生，无须采取任何电路措施。机械能转换成的电能回馈给电网上的负载使用，没有浪费掉。

(2)能耗制动

能耗制动是在异步电动机与电网断开的情况下进行的。定子绕组一切断电源，立即在任意 2 相绕组上通入直流电流。如图 2.1.3.8所示。接触器 K1 断开，K2 立即吸合，直流电源经限流电阻 R 接入定子绕组。

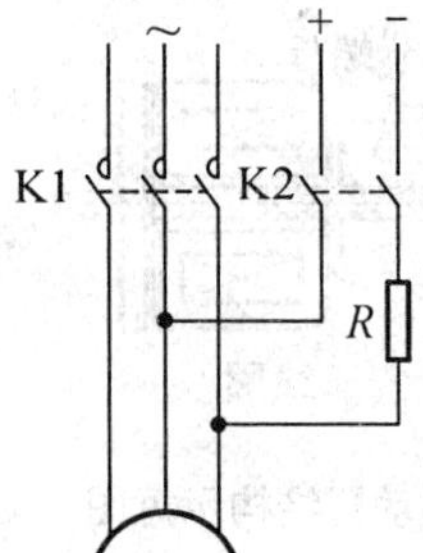

图 2.1.3.8　能耗制动原理图

定子绕组断电后，转子在（储存的机械能）惯性的作用下继续旋转，转子绕组切割由直流电产生的恒定磁场，产生感应电势和电流，转子电流与恒定磁场产生与转速方向相反的转距，阻止旋转，起到制动的作用。电动机停转，转子电流消失，制动作用也消失。

控制电路会及时断开(K2)直流电源。

在制动过程中,电动机把储存的机械能转换为电能,在转子绕组的电阻上以发热的形式消耗掉。因此称为能耗制动。

这种制动方法在船舶辅机中很少采用,在早期的交流电动舵机上采用过。

(3)反接制动

反接制动是用突然改变电源相序,使旋转着的异步电动机尽快停止的制动方法。

改变电源相序,定子的旋转磁场反转,但在惯性的作用下电动机仍保持原来转向,转子的电流反向,产生反转的制动转距。

控制电路措施是在电动机从正转过渡到反转,经过停转的状态时,立即切断电源。

反接制动的过程中,机械能转换的电能和电源提供的电能都消耗在转子绕组的发热上,能量损耗很大。

这种制动方法在船舶辅机中很少采用。在主机盘车机的使用中,为了使柴油机的曲拐在某一位置迅速停止,经常会出现这种操作。

2.1.4 异步电动机的调速

笼式异步电动机的缺点是调速困难。大多数船舶(机舱)辅机都只能采用由电动机固定的转速运行。有些工作机械例如锚机、绞缆机和起货机等必须使用不同的转速运行。

异步电动机的转速由频率、极对数和转差率决定。改变频率和极对数是改变同步转速的调速方法。改变电源电压是改变转差率的调速方法。

需要不同转速的辅机一般是采用改变极对数的调速方法。

改变绕组的连接方法可以改变极对数。原理如图 2.1.4.1 所示,图(a)是 A 相 2 个绕组串联,产生 2 对极(4 极);图(b)是 2 个绕组反串联,产生 1 对极(2 极);图(c)是 2 个绕组并联,产生 1 对极(2 极)。三相绕组的接法一样,图中以一相绕组为例。

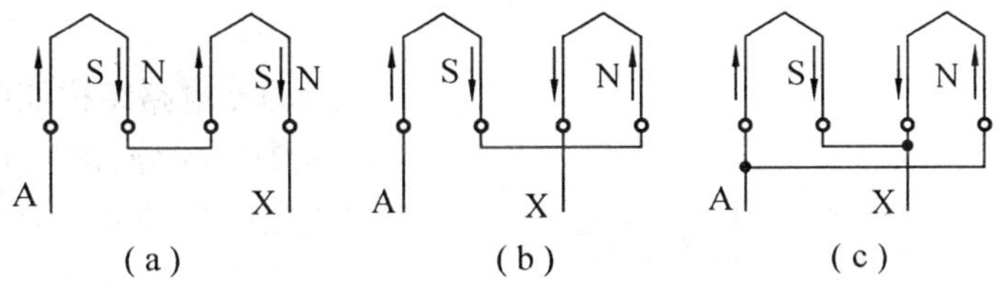

图 2.1.4.1 改变极对数原理图

(a)2 对极接法(串联);(b)1 对极接法(反串);(c)1 对极接法(并联)

2 对极异步电动机 50 Hz 的同步转速为 1 500 r/min,改变为 1 对极,为 3 000 r/min。改变绕组的连接方法,极对数是成倍改变的。调速是级跳的,调速的级数是很少的。常用的 3 速电动机,对应的极数为 4 极、8 极和 16 极。4 极为单独的绕组,8 极和 16 极合用 1 组绕组,用改变绕组的连接来改变极数。

随着电力电子器件的发展,变频调速技术在现代船舶上已广泛采用。

异步电动机的电源频率改变,旋转磁场的同步转速改变,转子的异步转速也随之改变。频率上升转速上升;频率下降转速下降。平滑地调节频率就可以实现平滑地调节转速。

异步电动机是带感性的负载,频率改变将引起感抗的变化。频率上升感抗增加,电流减小;下降则电流增加。

从电动机的额定频率向下降低频率,可以使转速下降。但频率降低会使电流增加,磁通增加,铁心饱和。因此降低频率应相应降低电压。

降低频率向低于电动机额定转速方向调速,需要保持电压与频率之比为常数。这样可以保持电流和磁通基本不变。这种调速属于近似的恒转距调速方式。

升高频率向高于电动机额定转速方向调速,由于电源电压不允许升高,频率升高,电流减小、磁通减少。这种调速属于近似的恒功率调速方式。

变频调速的原理框图如图 2.1.4.2 所示。电源经可控整流装置变换成直流,再经可控逆变装置变换成所需要转速的频率,输出到电动机。控制电路按所设定的转速控制可控整流装置和可控逆变装置。

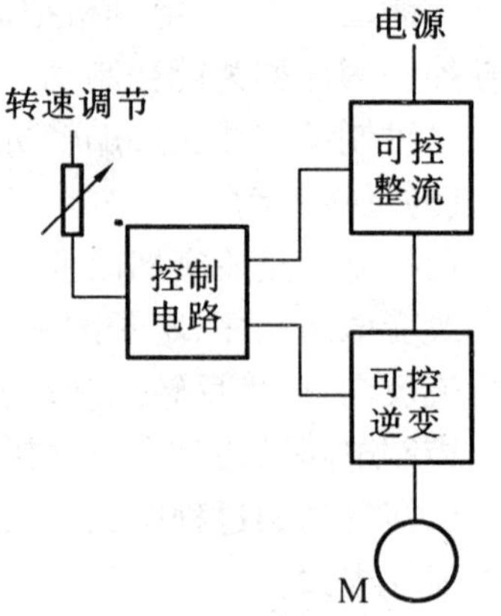

图 2.1.4.2　变频调速原理框图

2.2　磁力启动器

控制电动机(直接启动)运转最简单的方法是用一个开关,手动合上开关,接通电源,电动机运转;开关断开,关断电源,电动机停止。

船舶电动辅机一般需要具有运行保护、遥控或自动控制,开关电动机是采用接触器。

国际电工委员会(IEC)采用这样的定义,即“开关电动机用的主触头的力由电磁铁产生的(如接触器)启动器称为磁力启动器或电磁启动器”(以下称启动器)。

一台启动器是某一个系统中的一个环节,整体上可以看成是一个处理装置,即把输入量处理成输出量。

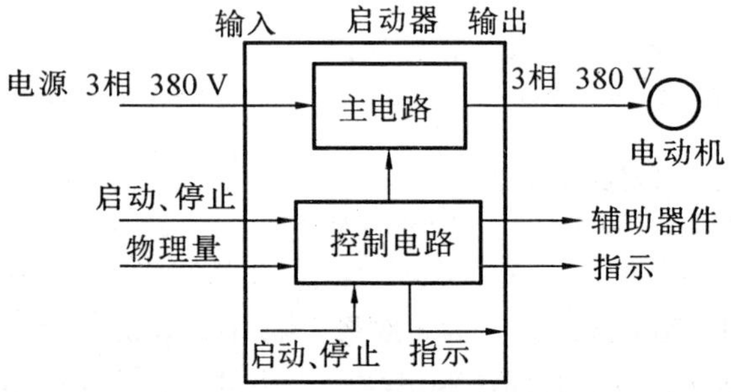

图 2.2.1.1　启动器电路框图

启动器电路结构如图 2.2.1.1 所示。它包括 2 个部分,即实现电动机开关控制的主电路和控制该开关的辅助控制电路。

主电路输入 3 相 380 V(或 440 V),通过开关器件控制(处理),输出 3 相 380 V(或 440 V)或启动过程降低电压,控制电动机运转。

控制电路输入有启动器本身面板上的启动、停止信号,外部的遥控启动、停止信号和被控对象的物理量等。输入信号通过逻辑组合(处理),输出控制主电路(开关)、面板指示、外部指示和辅助控制器件等。

2.2.1　主电路

1.主电路的形式

目前大多数采用的形式是:进线电缆→断路器→接触器→热继电器→出线电缆→电动机。以下主要讨论采用这种形式。

把进线电缆和出线电缆纳入主电路是因为它们在保护协调所考虑的范围内。

就启动器来说是3元件形式,即断路器→接触器→热继电器。断路器用作电源开关和短路保护;接触器用作遥控或自动启动、停止控制;热继电器用作过载保护。

由于电动机供电电源容量的限制,有的可以直接启动,有的需要降压启动。船舶电动机常用的启动方法有如图2.2.1.2所示的几种。国际电工委员会对这几种启动方法的定义是:

●A 型

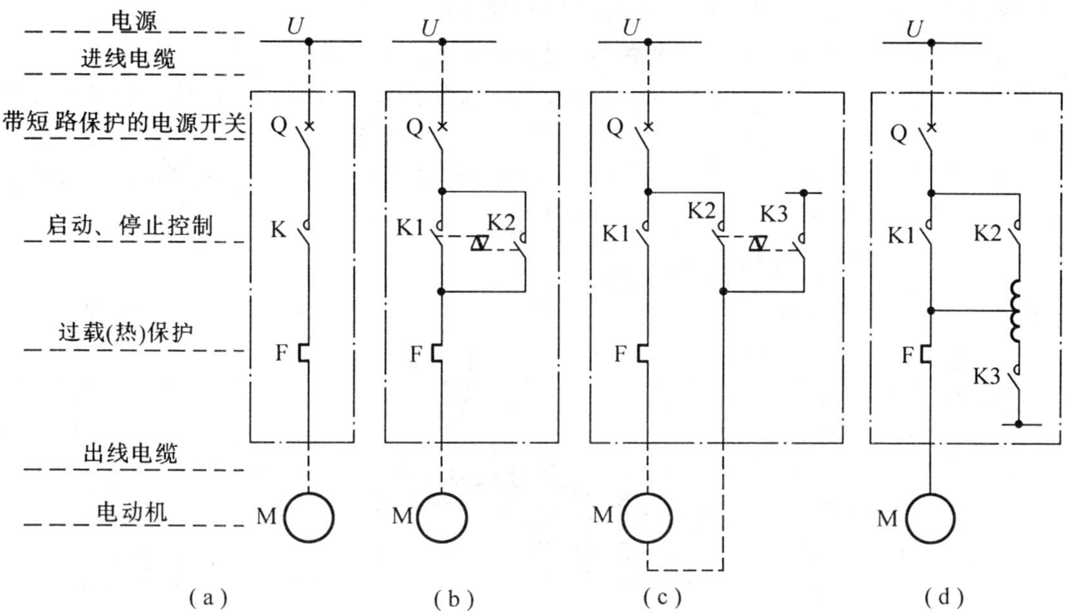

图 2.2.1.2　电动机启动器的主电路形式

(a)A 型,直接启动;(b)B 型,可逆启动;(c)C 型,星/三角形启动;(d)D 型,自耦变压器启动

直接启动器　是将线路电压直接加到电动机接线端子上去的启动器。

●B 型

可逆启动器　在电动机运转的情况下用反接定子接线方法使其反转的启动器。

●C 型

星/三角形启动器(Y/△)　在启动位置将定子绕组接成星形,而在稳定运转位置将定子绕组接成三角形的一种三相感应电动机启动器。

●D 型

自耦减压启动器　是从自耦变压器上抽出一个或几个被降低的电压来启动感应电动机的启动器。

启动型式的确定与电动机的容量、供电系统的容量、电能品质的瞬态指标和设备的机械特性有关。由系统设计确定。例如某船的系统设计确定,50 kW 以下直接启动、50 ~ 100 kW 用星/三角形启动、100 kW 以上用自耦变压器启动。

启动器内的主电路有 3 个串联的器件：断路器 Q、接触器 K 和热继电器 F。启动器制造厂根据电动机的容量和保护要求选定。

断路器一般采用塑壳断路器，作为电源的进线开关，并具有短路保护的功能。

启动器或被拖动的机械进行检修，或禁止该设备运行，可以关断电源。断路器出线后面的电路发生短路，保护动作切断电源。

接触器是开、关电动机的器件。选用的接触器能承受由于启动和加速电动机至正常转速以及操作过载所造成的热应力。

热继电器是电动机过载保护的器件。

2.断路器

断路器能可靠地分断发生（短路）故障的电路，主电路中的接触器不具有这种性能。在此，断路器除了作电源开关外，主要起短路保护的作用。

启动器用的断路器是 3 极塑壳断路器，用手柄或接长手柄操作。

塑壳断路器可以同时具有电磁和热保护，即具有短路和过载保护。过载（热）保护也可以作为（与热继电器同样性质的）电动机过载保护，但大多数启动器都以断路器作为短路保护，以热继电器作为过载保护。这里有一个保护的配合问题，弄清楚这个问题可以帮助我们分析试车中出现的故障，更换器件就不会搞错。

图 2.2.1.3 是电动机保护器件配合的示意图。横坐标是电流 I，纵坐标是时间 t。

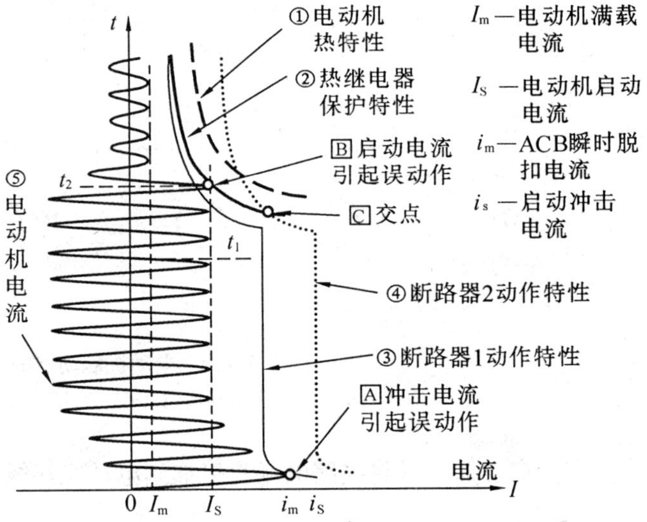

图 2.2.1.3　电动机保护的配合

特性①是电动机的热特性。热特性是 I^2t，即电动机电流产生的热与电流平方和时间成正比。特性表示了随着电流的增加电动机能承受的时间大大缩短。特性的左侧是能够承受的范围；右侧则不能承受。

特性②是热继电器的保护动作特性。热特性也是 I^2t。特性上每一点电流对应一个时间，表示当电流达到特性上的某一点时，持续时间达到对应的时间时，热继电器动作。它在特性①的左侧，在电动机热特性能承受的范围内。用它的动作来切断电路，就可以保护电动机。

特性③是断路器 1 的保护特性。

特性④是比特性③电流大的断路器 2 的保护特性。

特性③和特性④与电动机保护的配合情况需要先讨论电动机的启动过程。启动过程如图中⑤所示。从电动机启动电流的变化看出，启动时产生电流冲击 i_s，然后进入启动电流 I_s，启动结束进入稳定运行，这里用满载电流 I_m 表示。

启动冲击电流发生在电动机启动时，另外在 Y－△转换时和反接制动时也会发生。产生启动冲击电流的原因是，异步电动机是感性负载，启动时功率因数低。启动冲击电流由低功率因数所产生的瞬时直流分量与启动电流相叠加而成，电动机直接启动，启动电流的功率因数为0.3左右时，冲击电流的峰值是启动电流的2倍左右。如果启动电流是额定电流的6倍，则启动冲击电流的峰值是额定电流有效值的12倍。

再来看特性③的断路器保护特性。它的过载保护特性在电动机热特性①的左侧，可以对电动机过载进行保护。但是启动冲击电流可能超过断路器的瞬时脱扣电流 i_m，如图A点所示，启动时开关跳闸。因此需要用特性④的断路器，它的保护特性比特性③的电流大。短路保护的瞬时脱扣电流可以避免启动冲击电流引起的动作(跳闸)，但热保护特性在电动机热特性的右侧，无保护作用，因此需要用热继电器保护。热继电器的特性与断路器的保护特性有一个交点C，C点前的电流由热继电器保护，之后的由断路器保护。

塑壳断路器有配电保护型和电动机保护型。配电保护型的瞬时脱扣电流在10倍额定电流以下，电动机保护型的在12倍以上。一般都用电动机保护型。

3.接触器

按控制接触器方法分类有电磁接触器、气动接触器和电气－气动接触器。

电磁接触器是"由电磁铁产生力使其主触头闭合或断开的一种接触器"。

气动接触器是"由压缩空气装置产生力使其主触头闭合或断开的一种接触器"。

船舶电气设备使用的都是电磁接触器。使用电磁接触器的启动器称为磁力启动器。现在也使用半导体(无触点)接触器，用大功率电子开关器件(如晶闸管)来开关电路。半导体接触器在软启动器中使用。

按灭弧介质分类有空气接触器、真空接触器和油浸接触器。

这里讨论的接触器都是指空气电磁接触器。

接触器是电磁线圈来控制主触头通、断动作的。主触头控制的主电路电压与线圈的控制电压不一定是一样的，例如主触头是开、关380 V，而线圈的控制电压可以是380 V，也可以是220 V，或者其他电压。交流接触器线圈的电压一般是交流电压，个别也有用直流的。我们在更换接触器时应注意线圈上所标的电压值。

接触器是用来开、关电动机的器件。正常使用流过的电流是被控制电动机的额定电流，不会大于接触器的额定电流。但启动时有大于电动机额定电流很多倍的电流流过，操作机械过载时电流也会超过额定值。

接触器是开、关电流的器件，它不同于供电开关(断路器)，它是可以遥控、自动控制进行频繁地开、关操作的器件。接触器的额定电流是在既定的控制对象(无感负载或有感负载)和操作条件(频繁或不频繁)下确定的。为了指导我们使用，制造标准用"使用类别"来区分这些条件，如表2.2.1.1所示。不同的使用类别有不同的额定电流和使用寿命。

表2.2.1.1　接触器的使用类别(交流)

使用类别(交流)	典型用途
AC－1	无感或微感负载，如电阻炉。
AC－2	滑环电动机：启动、反接制动与反向。
AC－3	鼠笼式电动机：启动、运转中断开电动机。
AC－4	鼠笼式电动机：启动、反接制动、反向、微(点动)。

船上一般都是鼠笼式电动机,使用类别是 AC-3 和 AC-4。接触器标称的额定电流,制造厂一般是按 AC-3 提供的。

使用类别为 AC-2、AC-3 和 AC-4 的接触器,能够承受相当于 AC-3 类最大额定工作电流 $I_{emax(AC3)}$ 的 8 倍($8\times I_{emax(AC3)}$ 即)电流,时间 10 s。电动机直接启动的启动电流为额定电流的 5~7 倍,时间在 10 s 之内,这类接触器可以承受。

控制的电动机是有“反接制动”、“运转时反向”和“点动”方式的操作,则是按照 AC-4 的定额选用。

“反接制动”和“运转时反向”是指在运转条件下反接电动机定子接线,使电动机迅速停止或反转。“点动” 是指在短时间内一次或多次接通电动机,以获得被驱动机械的微小位移。例如电动起货机、锚机、盘车机等。

目前用得较多的船用接触器有引进生产的 LC□-D 系列交流接触器。

LC□—D 系列接触器型号的含义如下:

LC□ - D □□□□

- LC□:1—单只接触器;2—2 只机械连锁接触器;3—3 只星/三角启动接触器
- 第一个□□:额定工作电流
- 第三个□:3—3 极 + 1 常开;9—3 极 + 1 常闭
- 第四个□:线圈电压数值代号,如 M - 220 V,Q - 380 V

LC 系列接触器的外形图如图 2.2.1.4所示。有 3 副主触头(3P)。提供的辅触头,25 A 以下只能带 1 常开(1NO)或 1 常闭(1NC),25 A 以上可带 1 常开(1NO)和 1 常闭(1NC)。实际需要更多的辅触头,是用 LA1-D 系列辅助触头组从顶部插入。有 2 副 1 组和 4 副 1 组,常开、常闭的组合可以选择。辅助触头组随主触头动作。

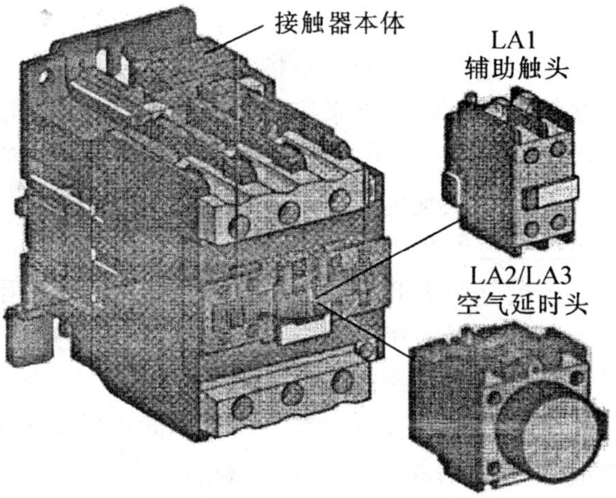

图 2.2.1.4　LC 系列接触器和附件外形图

需要延时控制的触头,可以在插辅助触头的位置插入带辅助的“空气延时头”。插入接触器的外形如图 2.2.1.5(a)所示。延时头的结构如图(b)所示,工作原理如图(c)所示。接触器动作带动延时头动作,由于气囊的阻尼作用,使带动的触头动作或释放延时。为保持进入气囊的空气洁净,空气通过过滤器滤尘片过滤进入空气道,再进入气囊空气室。充气或排气所需的时间是触头动作或释放的延时时间。调节整定旋钮改变空气室吸入的路程,气量随着变化,使延时发生变化。

空气延时头有 2 种形式:LA2-DT 接通延时型和 LA2-DR 断开延时型。触头表示如图 2.2.1.6 所示。

在接触器上附加空气延时头可以方便地获得延时输出触头。使控制电路简化。后面讨论星/三角形启动控制电路会用到。

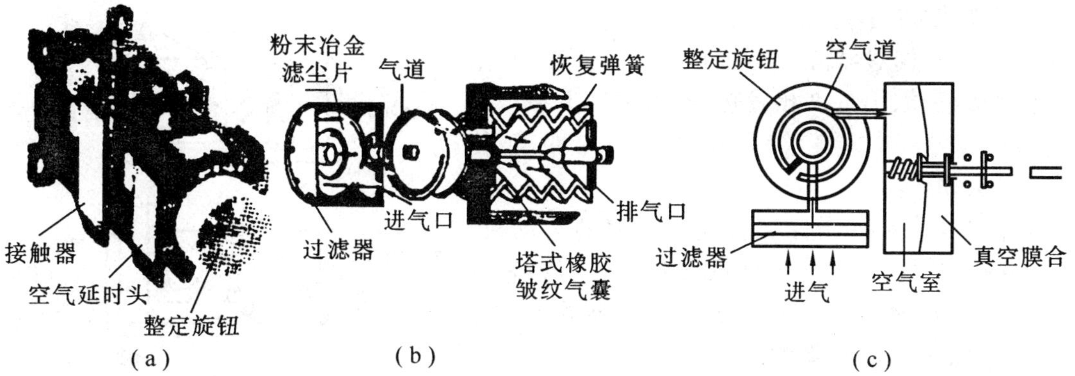

图 2.2.1.5 LC 系列接触器附加空气延时头外形和原理图

(a)外形图;(b)延时头结构图;(c)延时头工作原理图

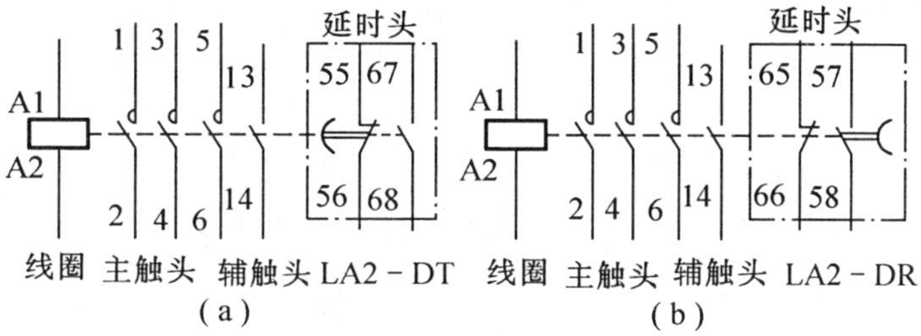

图 2.2.1.6 延时头触头图

(a)接通延时;(b)断开延时

4.热继电器

热继电器常见的形式有双金属片式和热敏电阻式。一般使用的是双金属片式。它由两种膨胀系数不同的金属组成,受热时产生弯曲,推动杠杆使触头动作输出信号。

热继电器的动作特性是与电动机的热特性相适应的,典型的特性如表 2.2.1.2 所示。

表 2.2.1.2 热继电器的动作特性

整定电流倍数	动作时间	起始状态
1.05	2 h 不动作	冷态开始
1.2	<2 h	热态开始
1.5	<2 min	热态开始
6.0	>5 s	冷态开始

热继电器是按照通电导体发热的原理动作的,对周围环境的温度是敏感的,为消除温度对动作值的影响,热继电器都具有温度补偿措施。补偿范围在 -25 ~ +50 ℃。

热继电器也有带断相保护的。发生断相时动作,工作原理如图 2.2.1.7 所示。3 片双金属片分别流过 3 相电流,图示为剖面,电流穿入、穿出纸面。过载动作输出触头的摆动杠杆固定在上、下顶板上。正常电流流过双金属片,不发热变形。3 相平衡过载,3 片双金属片同时发热变形，推动上、下顶板向左移动并带动摆动杠杆移动 $a2$ 距离，使输出触头动作。发生断相时，断相的一相双金属片，没有电流不发热变形，阻止下顶板移动，另外 2 相发热变形，推动上顶板移动，使摆动杠杆向左偏移动，提前移动 $a2$ 距离，使输出触头动作。

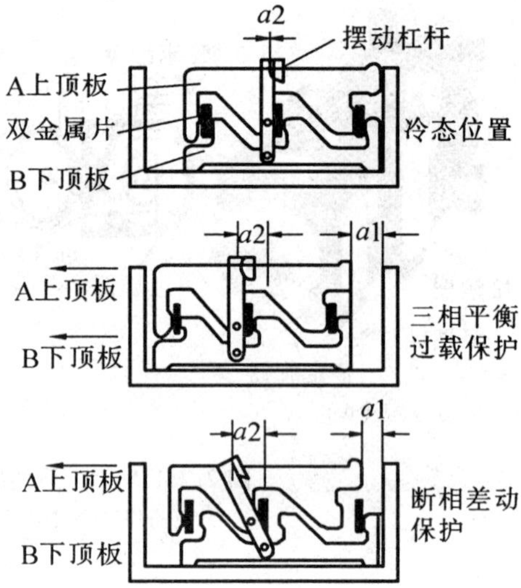

图 2.2.1.7　差动式热继电器工作原理

热继电器主要是保护长期工作制的电动机。一般是按电动机的额定电流(0.95 ~ 1.05 倍)来选用热继电器，为配合不同电流，热继电器的整定电流在一定范围内是可调的。

对频繁点动或正、反转的电动机，例如盘车机，热继电器在使用中会因持续大电流而误动作。这类机械可以在频繁操作时取消作过载保护用的热继电器，保留短路保护，也有仍保留热继电器作过载保护的。使用中操作如果不频繁，误动作的情况也很少发生。

转动惯量 GD^2 大的机械，如具有鼓风机特性的机械的通风机等，启动时间较长，容易引起热继电器动作，如图 2.2.1.3 中的[B]点所示。启动电流持续到 t_1，热继电器不会动作，如果持续到 t_2，即与热继电器特性交[B]点，热继电器动作。“CCS 规范”有这样的规定：“当电动机的过载保护电器的时间—电流特性与电动机的启动周期不相适应时，则在电动机加速过程中，可允许过载保护短暂的失效，但短路保护仍应保持有效。”采用标准的热继电器，需要在启动时用接触器短路热继电器的热组件，使其“短暂失效”。

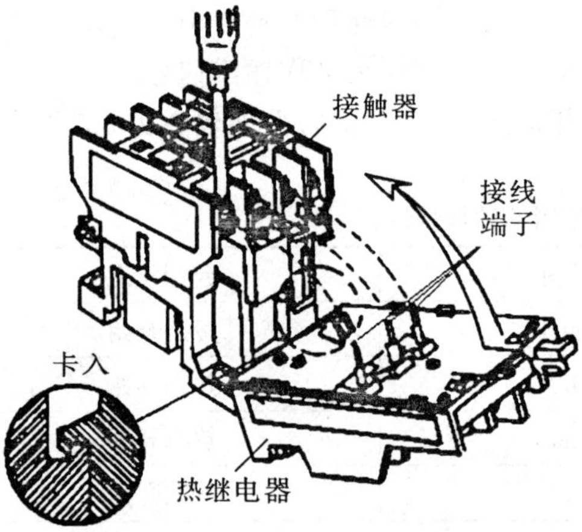

图 2.2.1.8　热继电器安装方式

有的厂商例如日本富士电机，生产 3 种形式的热继电器：标准型、长延时动作型和快动作型。在通风机启动器中采用长延时动作型的热继电器，这样就不必采取其他电路措施，看图纸时要注意。

采用施乃德或天水二一三机床电器厂引进生产的 LC1、LC2、LC3 接触器，可以直接配用与其配套的热继电器 LR2 和 LR3 型，可以直接从接触器下面插入接线端子安装，如图 2.2.1.8 所示。

2.2.2　控制电路的基本形式

启动器的主要功能是用接触器的接通、断开来控制电动机的运行。

控制电路的主要功能是根据各种指令信号(包括保护动作信号)来控制接触器的接通、断开。控制电路包括控制电源、接触器控制电路、中间继电器(以下称中继)控制电路和指示电路。

1.控制电源

需要提供控制电源的器件有：

●主电路的接触器；

●指示灯；

●控制继电器；

●被拖动机械的辅助器件；

●电动机空间加热器等。

控制电源有如图 2.2.2.1 所示的几种提供方法。

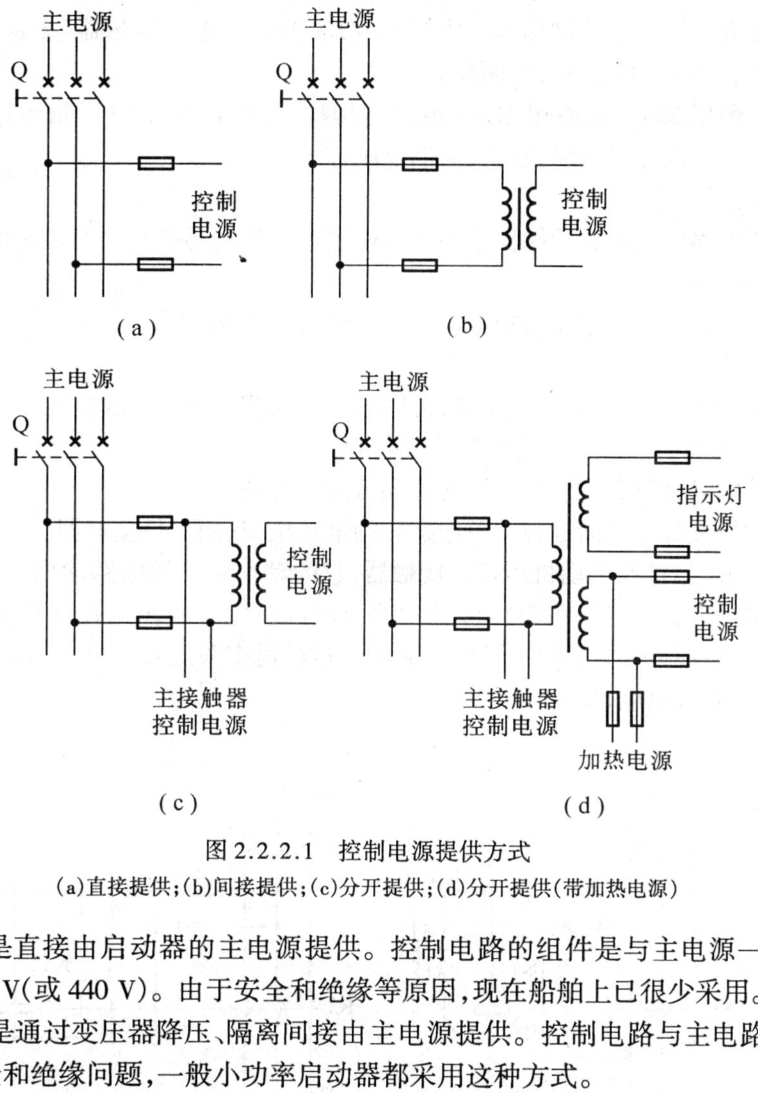

图 2.2.2.1　控制电源提供方式

(a)直接提供；(b)间接提供；(c)分开提供；(d)分开提供(带加热电源)

(1)图(a)是直接由启动器的主电源提供。控制电路的组件是与主电源一样的电压等级，一般是 380 V(或 440 V)。由于安全和绝缘等原因，现在船舶上已很少采用。

(2)图(b)是通过变压器降压、隔离间接由主电源提供。控制电路与主电路经变压器隔离，解决了安全和绝缘问题，一般小功率启动器都采用这种方式。

(3)图(c)是主接触器由主电源直接提供、控制电路由变压器降压、隔离提供的分开提供方式。

采用分开提供控制电源的方式主要是解决接触器的吸动功率问题。接触器吸动功率远大于吸持功率。接触器线圈在衔铁未吸合时，因磁路未闭合，磁阻大、电感小，电流大，吸动功率大；衔铁吸合后，磁路闭合，磁阻小、电感大，电流小，吸持功率小。例如：CJ20 - 160 的吸动功率为 855 VA，吸持功率只需要 85 VA；LC1 - D80 的吸动功率 200 VA，吸持功率 20 VA；

3TF54 的吸动功率 1 430 VA,吸持功率 84 VA。由此看出,吸动功率比吸持功率几乎大 10 倍。如果用变压器,需要有吸动功率的容量,不单是体积大,而且浪费。直接由主电源提供可以不占用控制变压器的功率。与安全有关的指令信号电路在中继控制电路中,需用变压器隔离供电。

(4)图(d)是供电动机空间加热器电源和指示灯电源的分开提供方式。

现在稍大容量的电动机都设有烘潮加热器,电压一般是 220 V。合理的系统设计是用外部的照明电源(220 V)接入作加热电源。有的系统设计要求各启动器自己提供加热电源。单相加热器电压与主电源(线)电压不符,需要由变压器提供。通常是采用控制和加热合用一只变压器的方法。加热器的功率一般在 50 ~ 100 W。考虑到加热器(短路)故障不影响控制电路的工作,加热电源都另设熔断器。

指示灯一般用 220 V 也有用 110 V 的,目前国内大都采用 220 V。指示灯一般是直接采用控制电路电压。国外也有单独用安全低电压(例如 24 V)供电。

2. 接触器控制电路

阅读控制电路首先要看接触器电路直接由主电源供电还是与中继控制电路一起由变压器降压、隔离供电。

下面讨论的是接触器电路与中继电路分开供电的电路。

1)直接启动

电动机是否允许直接启动,是系统设计根据电网(发电机)的容量决定。一般小于电网功率 10%的小电动机都采用直接启动。

直接启动的启动器有控制单向运转的和可逆运转的。

一般机舱机械都是单向运转。单向运转的电动机,只用 1 只接触器。

主接触器 K1 是控制电动机运行的接触器,它的动作由中继电路输出的指令 K11 控制。中继电路通过操作和控制的逻辑组合,使 K11 吸合或释放,发出启动或停止指令,控制 K1 的接通和断开,从而控制电动机的运转。大功率接触器多采用直接供电,如图 2.2.2.2(a)所示,小功率采用间接供电,如图(b)所示。

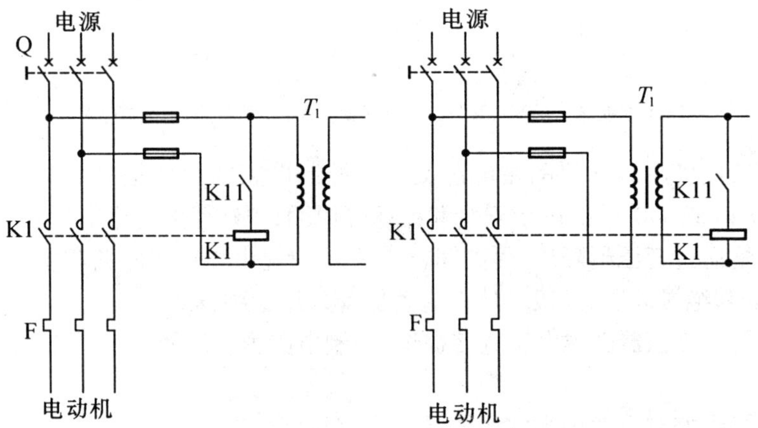

图 2.2.2.2 单向运转,直接启动接触器电路

(a)接触器直接供电;(b)接触器间接供电

机舱的(主机)盘车机和可逆运转通风机,电动机需要用 2 只接触器,分别由控制电路,的(正转)K11 和(逆转)K12 控制,电路如图 2.2.2.3(a)所示。

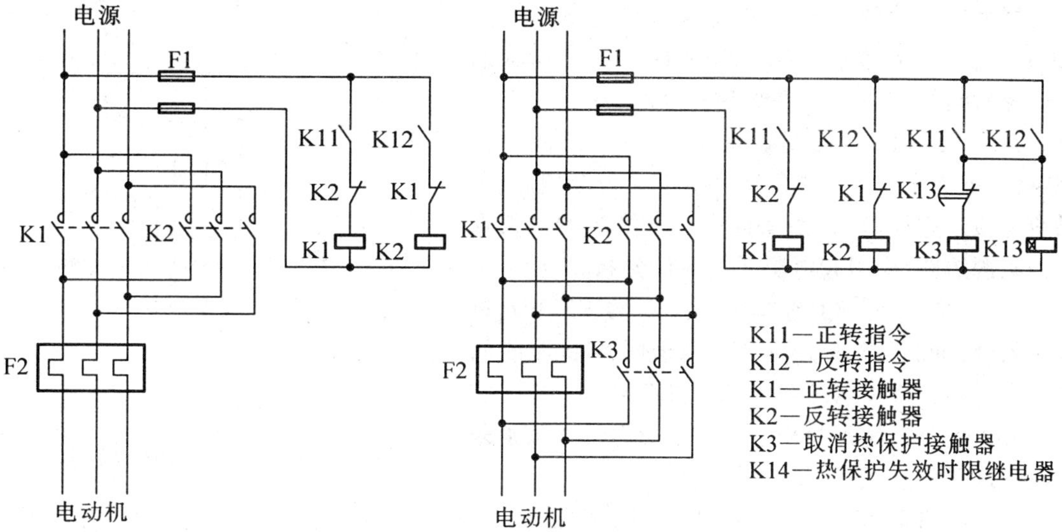

(a) (b)

图 2.2.2.3 正、反转直接启动控制电路

(a)正、反转直接启动控制;(b)带热保护启动短暂失效的正、反转直接启动控制

经常处于正、反转操作的电动机,例如盘车机,频繁启动会引起热继电器保护动作。通风机启动过程长也会引起热继电器保护动作。有的盘车机启动器干脆取消热继电器保护,也可以设 1 只短路开关,频繁操作时短路热继电器,长时间运行则接入热保护,但现在较少采用。较常用的方法是增加 1 只重载启动继电器,如图 2.2.2.3(b)中 K3,启动时与主接触器 K1、K2 同时动作,短路热继电器,延时一段时间(5 ~ 10s)后,被时间继电器 K13 断开,恢复热继电器的保护作用。

2)星/三角形(Y/△)启动

电源电压为 380 V(或 440 V)作 Y/△启动的电动机必须是标 Y/△、660/380 V(或 760/440 V)规格的电动机。

有这样的案例,有位刚参加工作的技术人员以为电动机都可以作 Y/△启动,因此在未查看规格的情况下就把一台电动机接入 Y/△启动,结果出现 Y 启动时正常、△接入时跳开关,查找原因后才发现电动机是标 Y/△、380/220 V。

Y/△启动的主电路如图 2.2.2.4 所示。启动时接触器 K1、K3 接通,电动机接成星形,流过 K3 的电流是(△接法)全压启动电流的 1/3,且是短时工作,因此一般是按 $I_n/3$ 选用。正常运行时接触器 K1、K2 接通,电动机接成△形,流过接触器的是相电流,是线电流的 $1/\sqrt{3}$,这 2 只接触器和热继电器 F 是按 $I_n/\sqrt{3}$选用。例如 75 kW、135 A 的电动机,相电流为 $135/\sqrt{3} = 79$ A,是选用 80 A 的接触器。

有过这样的情况,有位电工在码头试验 Y/△启动的空压机,启动时热继电器动作切断电路,检查发现电动机的额定电流是 135 A,而热继电器是 80 A。就向主管技术员反映,要求更换。当得知是按相电流选用,没有用错,再去检查,才找出是卸载阀不工作的原因。

Y/△启动,接触器的动作要按照这样的逻辑关系,即 Y 接触器动作后才允许主接触器动作,经过设定的延时,Y 接触器释放后才允许△接触器动作。

启动时主接触器 K1 和 Y 启动接触器 K3 动作,K3 是用来短接电动机三相绕组的中点,完成降压启动任务后断开。△运行接触器 K2 吸合执行全压运行。其间 K3 是带着启动电流断开,触头之间会出现电弧,电弧未熄灭说明触头还未完全分断电路,如果在电弧未熄灭时 K2 触头闭合,K3 触头的电弧通路使电源短路,会引起电源开关保护分断。

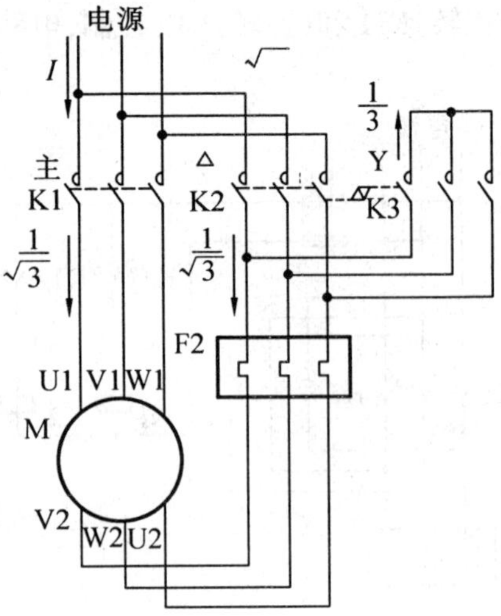

图 2.2.2.4 Y/△启动的主电路

Y 启动接触器 K3 与△运行接触器 K2 不允许同时闭合,而且 K2 必须在 K3 完全脱落后才能吸合。为了防止 Y 启动(K3 吸合)过渡到△运行(K3 释放、K2 吸合),不产生电弧短路,K2 和 K3 除了采取电气连锁外,一般还要加机械连锁。

Y 启动到△运行需要一定的启动时间,这段时间用延时继电器获得。是否能在电弧熄灭后进行 Y/△转换,与所使用的接触器的灭弧性能有关。为了保证转换时不发生短路,一般在△接触器 K2 和 Y 接触器 K3 之间加机械连锁。

前面提到的 LC1 – D 型接触器,上面可以插入一个"空气延时头"的辅助触头组 LA2 – DT,可以无须另设延时继电器,电路简化到最低限度,如图 2.2.2.5 所示。看电路图时会发

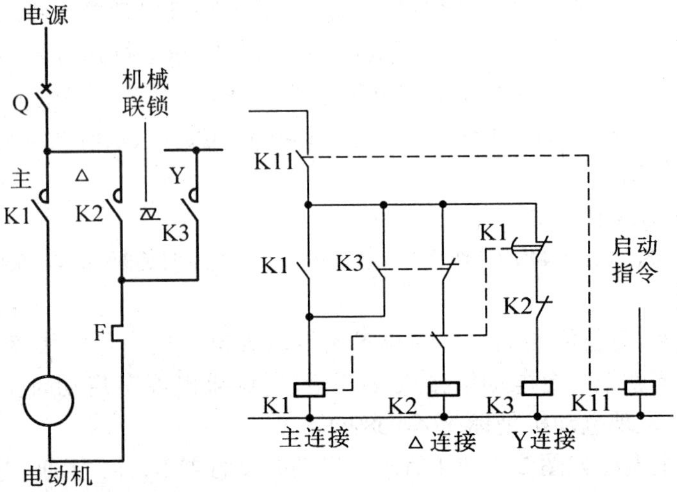

图 2.2.2.5 带延时触头的接触器控制的 Y/△启动电路

现,继电器 K1 的线圈上没有延时符号,而输出的触点上有,就是 K1 插入的延时辅触点。启动时来自控制电路来的启动信号 K11,通过 K1 和 K2 常闭触头使 Y 接触器 K3 先动作,输出接通主接触器 K1,K1 动作自保,电动机进入 Y 接法启动状态;K3 的常闭触头禁止△接触器 K2 动作。插入在 K1 上的延时触头经设定时间后动作断开,使 K3 释放,K3 的常闭触头使△

接触器 K2 动作,电动机进入△接法,全压正常运行。

一般接触器无附加延时触头组,需要另加延时继电器。电路如图 2.2.2.6(a)所示。一般延时继电器的工作电压,电子式的在 220 V 以下,气囊式的有 380 V(440 V)。延时继电器的线圈 K12 有设在主(接触器)电路的也有设在控制(中继)电路的,由线圈的电压决定。是 380 V(440 V)是设在主接触器电路,是 220 V 则设在控制电路。控制电路来的启动信号 K11 经延时继电器 K12 常闭使 Y 接触器 K3 先动作,K3 输出使 K1 动作并自保,电动机进入 Y 接法启动状态。经设定的启动时间,K12 动作,断开 K3、接通△接触器 K2,电动机进入△接法,

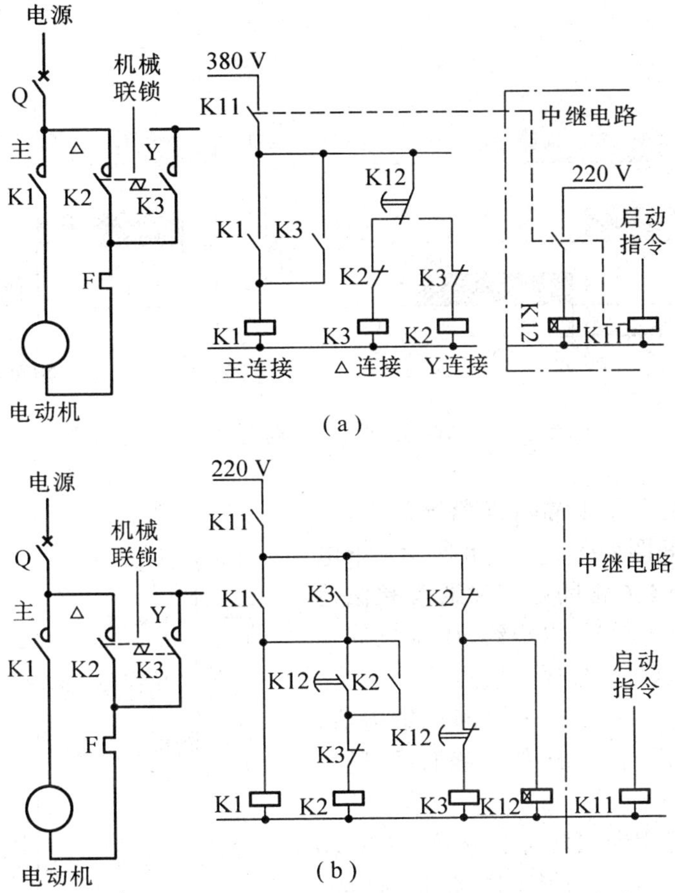

图 2.2.2.6　Y/△启动的接触器控制电路

(a)用延时继电器控制的 Y/△启动电路(1);

(b)用延时继电器控制的 Y/△启动电路(2)

全压正常运行。我们还会接触到如图 3.2.2.6(b)所示的电路。制造厂的设计考虑到不使延时继电器长期通电,完成启动转换后即退出。Y 接触器 K3 和延时继电器 K12 受 K2 常闭控制,K2 动作进入全压正常运行,断开延时继电器 K12。考虑到 K12 的释放会断开 K2,K2 需要自保。而 K12 的释放输出常闭又会接通 K3,因此 K3 也纳入与 K12 同时受 K2 常闭断开。

前面提到,Y 接触器是带负载电流断开,接触器触头断开到电弧熄灭需要一定的时间。一般延时继电器只能提供降压启动时间,不提供电弧熄灭时间,如果 Y 接触器和△接触器

之间没有机械连锁，必然会产生电弧短路。

为此，元件厂提供了一种专门用于 Y/△启动的延时继电器。例如西门子公司的 7PU 系列带模拟量设定的固态时间继电器、富士公司的 ST3PY 电子式时间继电器等。

7PU60 20Y/△时间继电器输出 2 副常开触点(有公用点)；7PU62 20Y/△时间继电器输出 2 副常开触点(独立)，动作时间图如图 2.2.2.7 所示。端子 17、18 是一副瞬动吸合、延时断开的触点，17(27)、28 是一副延时吸合触点。继电器端子 A1、A2 通电，17、18 触点瞬动吸合(输出 Y 接法运行)，经设定的时间 t 释放(断开 Y 接法)，再经约 50 ms 的间隔时间，17(27)、28 触点吸合(输出△接法运行)。

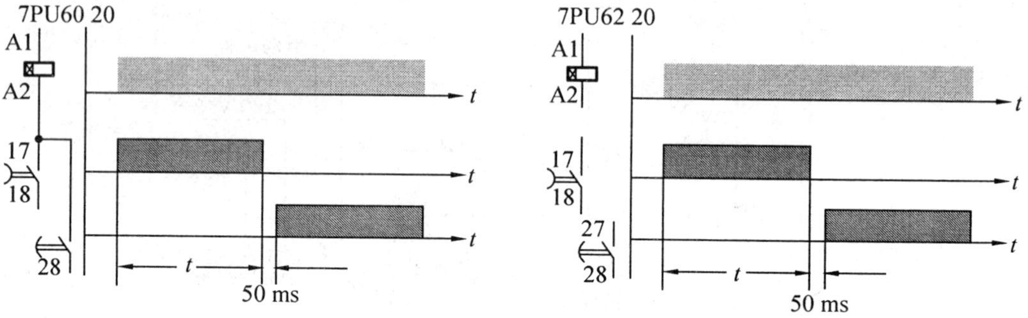

图 2.2.2.7　7PU 系列 Y/△延时继电器动作时间图

ST3PY 时间继电器 1 常闭、1 常开触点(有公用点)，动作时间图如图 2.2.2.8 所示。继电器 2、8 通电，端子 4、6 常闭触点接通 Y 接法运行，经设定的时间 t 断开，再经约 50 ms 的间隔时间，4、5 常开触点吸合接通△接法运行。

由此看出，这种专用的 Y/△时间继电器，为 Y/△的转换提供约 50 ms 的间隔时间，避免电弧短路。

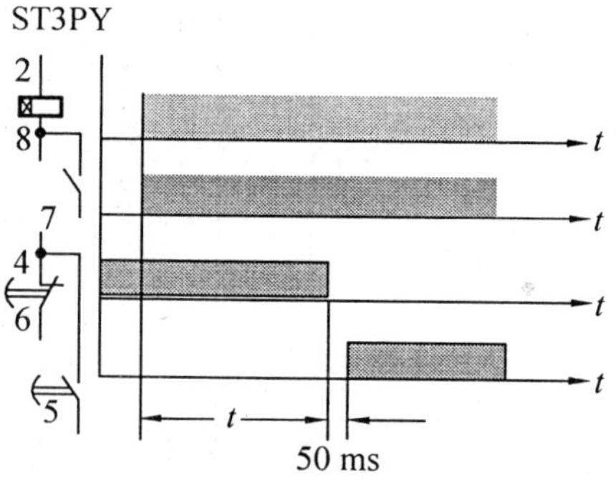

图 2.2.2.8　ST3PY Y/△延时继电器动作时间图

图 2.2.2.9 是用专用延时继电器 7PU60 20 的 Y/△启动电路。启动信号 K11 动作，延时继电器 K12 通电，触点 17、18 瞬动闭合，接通 Y 接触器 K3 动作，K3 辅触头接通主接触器 K1 动作自保，电动机按 Y 接法运行。经设定的时间 t，瞬动触点 17、18 断开，K3 释放，再经 50 ms，延时触点 27、28 闭合，接通△接触器 K2 动作，电动机进入△接法运行。

3)自耦变压器降压启动

这种启动方式在启动时，通过自耦变压器抽头降压使电动机启动。抽头电压是额定的 $1/a$，则启动电流也下降 $1/a$，而变压器初级的电流则下降 $1/a^2$。减小了启动电流对电网的冲击影响。

图 2.2.2.10 是自耦变压器降压启动的主电路。可以看出，启动时应先接通变压器的中点接触器 K3，然后接通变压器接触器 K2，这时变压器的抽头电压向电动机供电，电动机进

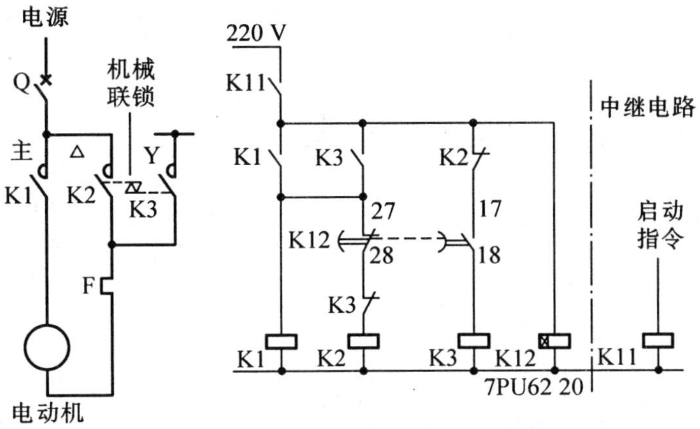

图 2.2.2.9　用专用延时继电器的 Y/△启动控制电路

入降压启动状态。通过一段设定时间，电动机在降压的情况下运转，加速到接近额定转速，然后断开中点接触器 K3 和变压器接触器 K2，接通主接触器 K1，电动机换级进入全压运行状态，启动结束。

电动机降压启动过程所需的时间很短，从经济性考虑，自耦变压器是设计成短时工作制的。如果在设定的时间内不能换级转换到全压运行，变压器就有可能因过热而损坏。实际使用中已多次发生过因延时继电器（拒动）故障，损坏变压器的案例。为此，较完善的电路设计设定一段启动时限，如果在这段时限内不能换级，则自动切断启动指令，发出报警。

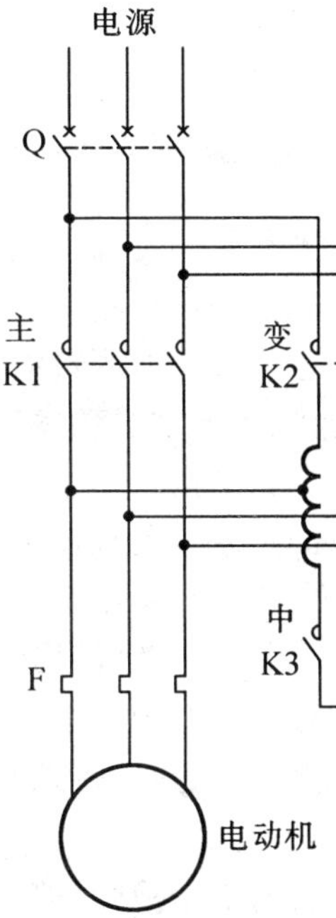

图 2.2.2.10　自耦变压器降压启动的主电路

典型的自耦变压器降压启动的接触器电路如图 2.2.2.11 所示。延时继电器 K4 提供降压启动的时间，K6 限制（监视）启动的时间。由控制电路发来的启动指令 K11 使中点接触器 K3 动作，同时使 K4、K6 通电工作。K4 的瞬动触头输出，在 K3 动作条件下，使变压器接触器 K2 动作（并自保），电动机进入降压启动状态。在设定的换级时间（$t_4 = 5 \sim 10$ s，可整定），K4 延时动作输出，带动换级中继 K5，K5 输出：常闭断开中点接触器 K3；常开接通全压接触器 K1 的电路。K1 在 K5 动作和 K3 断开的条件下动作（并自保）。这时电动机转换到全压运行状态，K1 动作，断开自耦变压器的接触器控制电路。

如果在设定的启动时限（$t_6 = 10 \sim 15$ s，可整定）不能换级，则 K6 延时动作，输出接通启动失败报警继电器 K7（K7 动作自保），K7 动作切断启动指令 K11，同时发出报警。值班人员应答按按钮 S1，使报警复位。

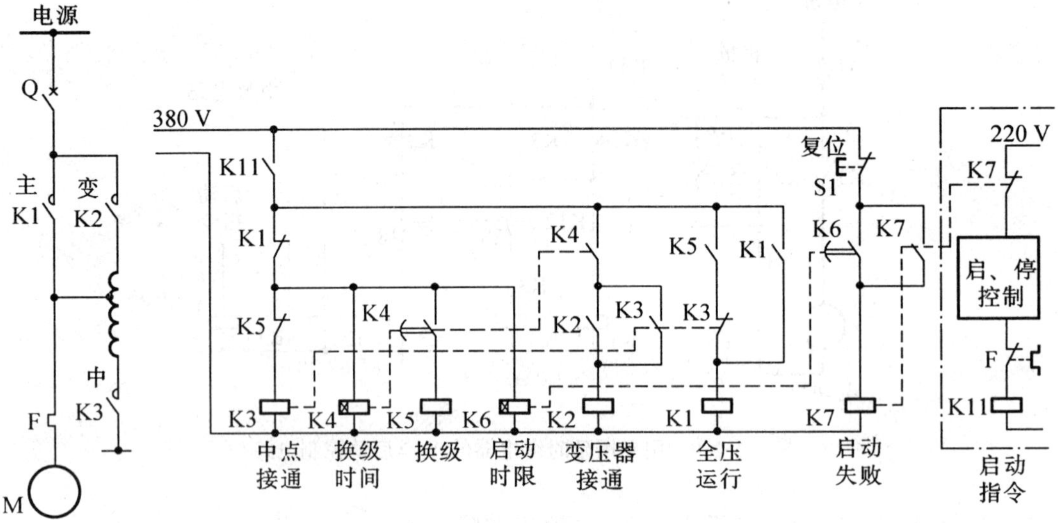

图 2.2.2.11　自耦变压器降压启动电路

2.2.3　中间继电器控制电路

1.基本电路

前面示例接触器电路的启动、停止由中间继电器 K11 触头的闭合和断开决定。K11 的动作由各种输入条件的逻辑组合决定。

前面提到,当电动机功率较小时(例如 7.5 kW),接触器线圈的功率不大,K11 可以用接触器直接控制电动机。

中继 K11 最基本的控制是:热继电器 F 和装在面板上的启动(S1)、停止(S2)按钮 3 个组件。3 个组件与 K11 构成串联电路,3 个组件都接通,K11 动作。按钮在外力操作时动作,外力取消复位,因此在常开的启动按钮上需要并联自保触头 K11。

另外面板上还要设置运行指示灯,有的还要设置故障(过载)指示和故障报警输出。

串联电路上的组件,排列在任一位置上都是等效的。同样的控制功能,各家厂家采用的电路形式有所不同。

控制电源有 2 个极(或称 2 根线),过去电路图绘在左右两侧,现在一般都在上下。控制触点的通、断可以只控制 1 极,也可以 2 极都控制。

先看热继电器 F 的位置。图 2.2.3.1(a)是置于上极,图(b)是置于下极。置于上极是比较常用的方式,电路中的受电组件(继电器、指示灯)都以下极为公共点。这种方式符合控制电路的"单极控制"原则,即所有控制都在电源的一极上进行。从电路的合理性看,可以避免"潜在通路";从工艺上看,所有受电组件的一端只要放一根连接线。所谓"潜在通路"是指未被"电路设计"觉察的通路。在 2 极上都控制,就有可能产生。在某种输入条件下,通过潜在通路会引起误动作。

热继电器 F 一般输出一副转换触头,常闭断开中继电路,常开接通故障指示灯 H12。如果需要向值班处所发出报警,则需用报警继电器扩展输出,如图 2.2.3.1(a)和(c)中虚线连接的 K21 所示。

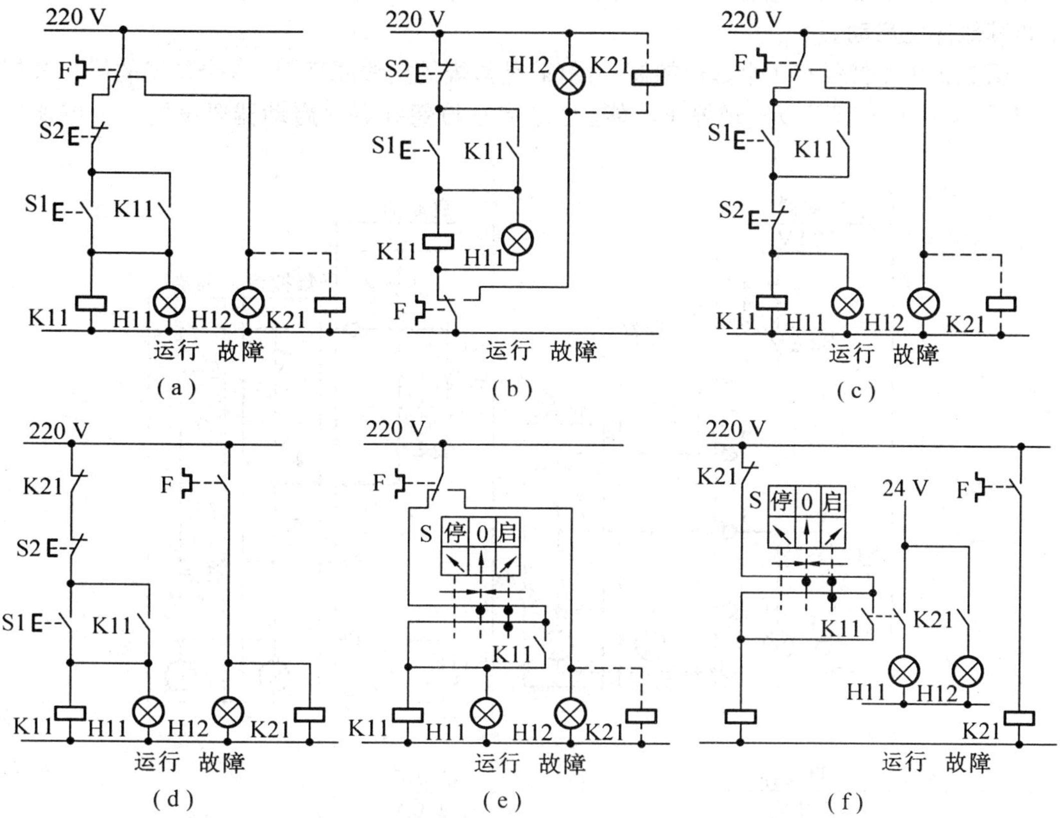

图 2.2.3.1　中继基本控制电路

(a)热继电器置上端；(b)热继电器置下端；(c)停止按钮在下端；

(d)热继电器通过中继控制；(e)转换开关控制启、停；(f)指示灯用低压

图 2.2.3.1(d)是通过报警继电器 K21 来切断中继电路。

再看 2 只按钮的位置。图 2.2.3.1(a)停止按钮 S2 在上面，启动按钮 S1 在下面与继电器 K11 相连。图(c)停止按钮 S2 在下面。启动按钮 S1 总是并联自保触头，在下面与继电器 K11 相连，继电器线圈和触头的联接是一根短接线。较多是采用图 2.2.3.1(a)。

运行指示灯 H11 一般是并联在中继 K11 上。需要注意的是，这种连接一般是在同一箱体内。如果运行指示通过电缆延伸到其他设备(例如集控台、遥控按钮盒等)，则另设熔断器，防止外部指示灯电路短路使整个控制电源中断，停止运行。

在启动器上也有用“自复位”转换开关来控制，如图 2.2.3.1(e)所示。

考虑到安全，指示灯也有用低压(如 24 V)供电，如图 2.2.3.1(f)所示。

2.遥控按钮的接法

一般启动器都设在电动机附近，启动器上的按钮作为就地控制，集控台或其他部位的按钮作为遥控。

现在大多数启动器以组合的形式构成组合启动器，安装在主配电板或其他离电动机较远的地方。电动机旁设一按钮盒作为就地控制，其他部位则作为遥控。

遥控和就地控制有时容易混淆，看图应注意所指的部位。下面讨论以控制对象即电动机作为主体。在电动机旁操作称为“机旁”控制或“就地”控制，其他部位称为“遥控”。组合

启动器的“就地”控制按钮盒，一般在停止按钮上加锁定结构。机械出现故障或检修，锁定后禁止其他部位启动。

图 2.2.3.2 表示有 3 个部位控制。图(a)是常规的接线原理图。3 个位置的停止按钮串联，在任何情况下都可以实现停止功能。3 个启动按钮并联。启动器要设置 5 个供遥控按

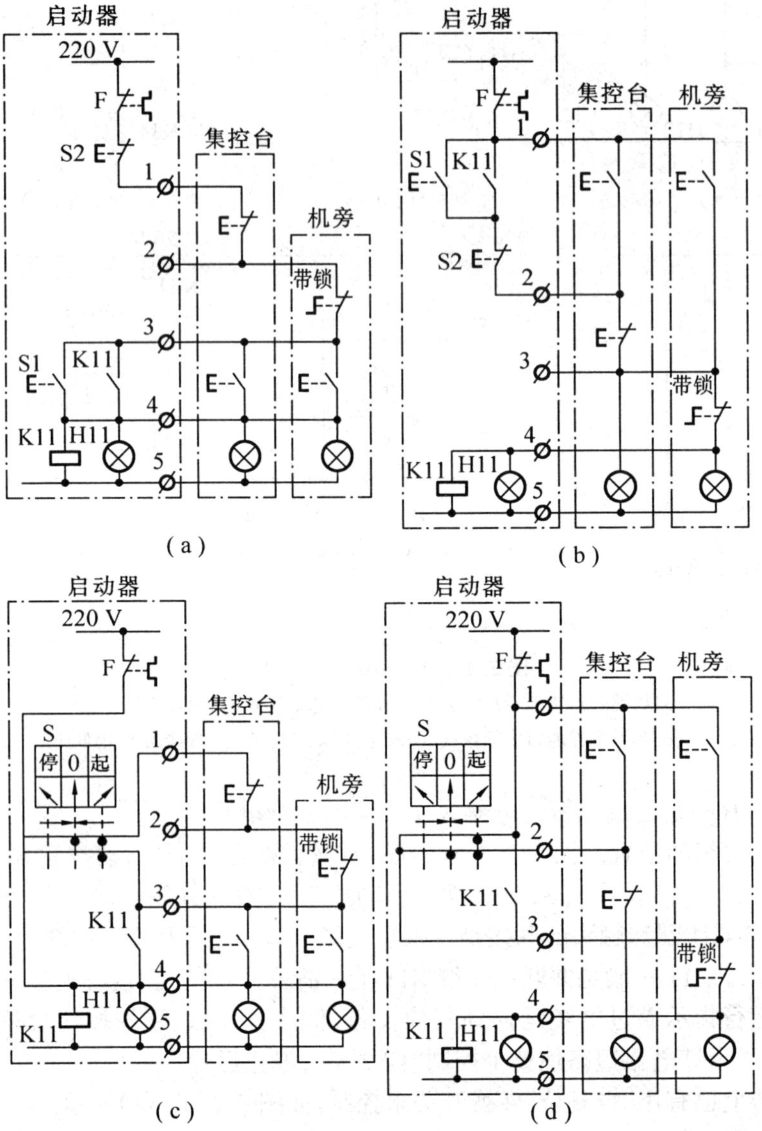

图 2.2.3.2　遥控电路的形式

(a)常规电路；(b)特殊电路；(c)常规电路；(d)特殊电路

钮盒接线的端子。遥控按钮盒有两种出线，一种出 5 个端子，如图中集控台控制；一种出 4 个端子，如图中机旁按钮盒。图(b)是特殊的接线原理图。只有最后一个按钮盒的停止按钮可以锁定，按钮盒的出线都是一样的。这种电路的不合理处在于，后面的启动按钮会解除前面的停止按钮的作用。例如，集控台按下启动按钮时，启动器的停止按钮 S2 不起作用；机旁

按钮盒按下启动按钮时，启动器和集控台的停止按钮 S2 不起作用。但所有的按钮操作都是短暂的，这种“不合理”一般是不会出现的。因此有的验船部门和船东也认可这种接线，出口船上经常会见到这种电路。这种特殊的连接给我们一种启示，如果 2 个遥控部位的按钮都是放 3 芯电缆，又无法更换电缆，就可以改成这种连接。当然这需要得到技术部门的认可，并修改图纸。

启动器上也有采用自复位转换开关操作的，电路如图 2.2.3.2(c)、(d)所示。

前面提到，考虑周到的设计，有防止遥控部位指示灯电路短路的措施。如图 2.2.3.3(a)所示，在遥控部位指示灯的回路中接入熔断器 F1。

图 2.2.3.3(b)所示是指示灯采用独立的 24 V 供电。

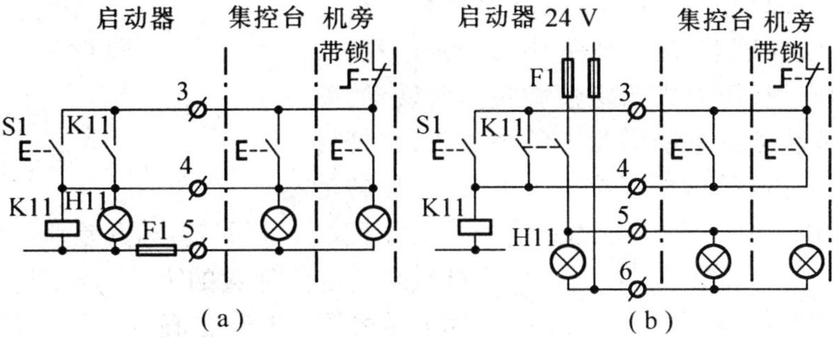

图 2.2.3.3　遥控指示灯电路的短路保护措施

(a)用控制电路电源；(b)用低压电源

2.2.4　具有辅助功能的控制电路

1.物理量控制

启动器控制的电动机，它驱动的机械有泵、风机、提升机等。有的机械所控制的对象，它的物理量需要工作在一定的范围内。启动器要根据机械对象的物理量变化，自动控制电动机的运行，保持对象的物理量在一定的范围内。例如锅炉给水泵，要保持锅炉水位在一定的范围内；空压机要保持空气瓶的压力在一定的范围内；日用淡水泵要保持淡水压力柜的压力在一定的范围内等。

对象的运行范围是用上限和下限两个值来确定，这两个值需要在机械对象上设置测量器件。例如压力开关、水位开关和温度开关等。

压力、水位和温度等这些物理量都是非电量。测量器件的输入是连续变化的非电量，例如压力；而输出是阶跃的两个状态，即开关触点的断开或闭合。具有这种特点的器件称为“双位控制器件”。

双位控制器件的输入 – 输出关系如图 2.2.4.1 所示。图(a)表示输入量在给定值以下，输出开关闭合；以上则断开。输出在输入的一个给定值上切换是理想的工作状态。实际上的工作状态如图(b)所示，上限动作值和下限返回值不是同一个给定值，而是有差值存在。输入量上升到上限动作值，输出从闭合切换到断开，输入下降到下限返回值，输出从断开切换到闭合。

双位控制是用双位控制器件在设定的限值上输出开关信号给启动器，自动控制电动机启动运转和停止。上限和下限之间的差值是必需的，只要允许，差值越大电动机的起、停次数越少。

靠物理量自动控制运行的电动机械还应保留手动操作。

1)双位差值控制

利用双位控制器件上限和下限的差值，用同一个测量器件开关触头的通、断两个状态自动控制电动机运行，这种控制称为双位差值控制。

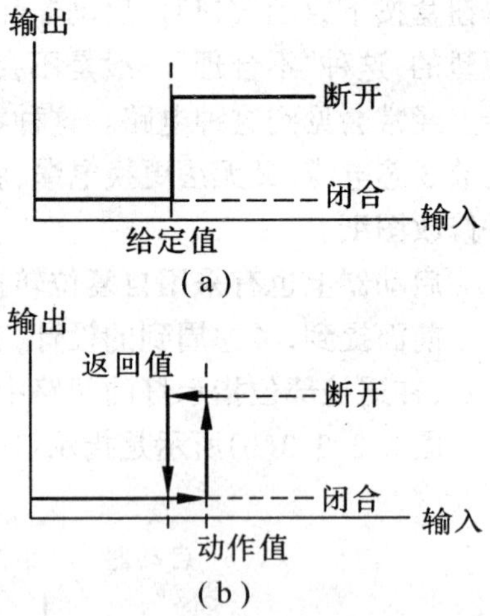

图 2.2.4.1　双位控制器件的输入－输出关系

利用上、下限之间的差值控制，控制器件的差值必需是可整定的。具有这种特性的器件如 YT 系列压力继电器。它的原理结构如图 2.2.4.2 所示。压力从引压管进入波纹管盒，波纹管的中心杆顶起杠杆，杠杆以刀口为支点，压力大于定值弹簧力时转动，弹簧拉伸，杠杆转动碰到差动弹簧上的小顶头，杠杆转动需要克服 2 个弹簧的力，随着压力上升，杠杆转动通过拨片带动开关切换，输出压力高信号。压力下降，杠杆回转，离开差动弹簧的小顶头，杠杆只受到定值弹簧的力，因此下降带动开关切换回的压力低于上升的值。上升和下降带动开关切换的压力就产生差值。

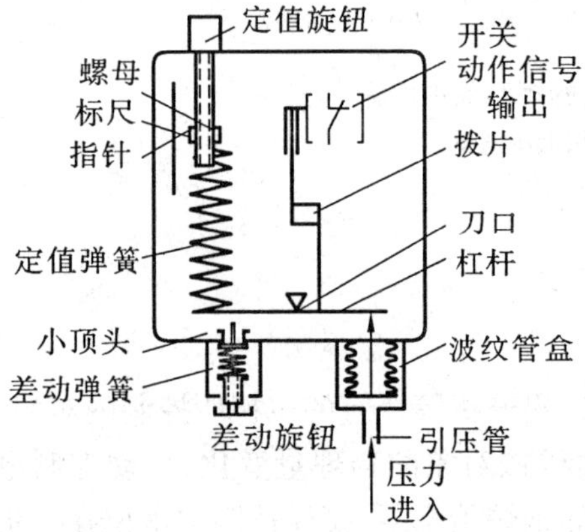

图 2.2.4.2　差值压力开关结构示意图

这种差值可整定的控制器件有 2 个整定钮：整定高限值的定值旋钮和整定低限值(对应高值)的差动旋钮。高限值整定后，调节差动弹簧可以改变 2 个切换值的差，得到低限值。这种压力继电器常用于日用(卫生)海水和谈水泵对压力水柜的供水。

双位差值控制是最简单的开关量控制。开关在下限接通，电动机运转；上限断开，电动机停止。常用的差值控制电路如图 2.2.4.3 所示，S3 是手、自动选择开关，B 是压力(继电器)开关。选择开关 S3 置于自动位置，K11 受压力开关 B 的控制。压力在下限，开关接通，K11 动作，电动机运行；控制对象的压力渐升，压力升至上限，开关断开，K11 释放，电动机停止运行。

2)双位双值控制

双位控制器件的上限和下限的差值总是存在的。如果这个差值不能调节，上限和下限需要分别用两个测量器件。上限和下限分别用两个测量器件开关触头自动控制电动机的运行，这种控制称为双位双值控制。

具有这种特性的压力开关如图 2.2.4.4 所示。输入压力分别用 2 个平衡弹簧进行测量，压力使弹簧压缩移动，通过各自的杠杆，带动各自的微动开关。调节给定螺帽，改变弹簧的压力，从而改变微动开关的切换值。一个测量器件调节开关上限值切换；另一个调节开关下限值切换，两个限值的开关切换输出，控制电动机运行。

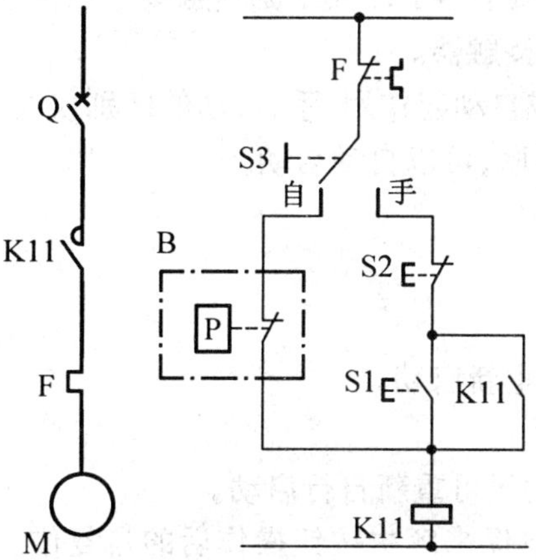

图 2.2.4.3　差值控制电路

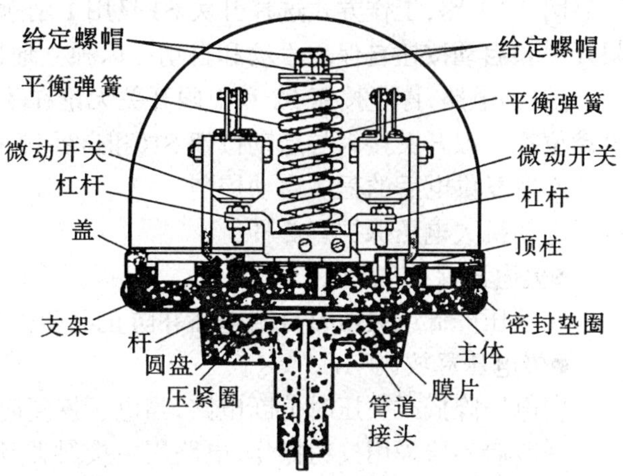

图 2.2.4.4　双值压力开关结构图

双值压力开关构成常见的几种控制电路如图 2.2.4.5 所示。与差值开关不同的是，每个测量开关只有 1 个整定值，例如下限只整定压力下降到开关切换闭合的压力值，压力上升到什么值断开则无关紧要；上限只整定压力上升到开关切换断开的压力值，压力下降到什么值闭合也无关紧要。控制电路需要考虑，压力下降至下限开关闭合，接通电动机运转，压力回升，压力上升离开下限值后，下限触头可能在未达到高限值的某个值断开，如不采取措施，相当于差值控制，电动机就会停止。这个措施是引入自保触头，记忆下限值的启动。电路的特点是，选择自动工作方式，把下限开关接入与自保触头并联。电动机运行时解除低限值的作用。

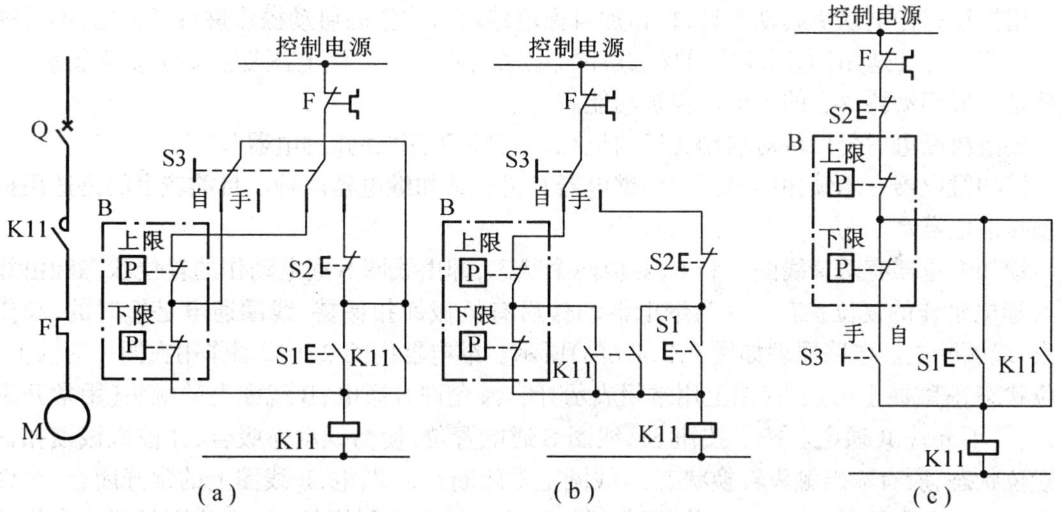

图 2.2.4.5　双位双值控制电路

图 2.2.4.5(a)电路，工作方式选择开关 S3 有 2 副触头，1 副转换手动按钮控制和压力开关置自动控制；1 副在自动位置把下限开关接入与自保触头并联。由于下限开关与启动按

钮 S1 合用自保触头，在自动位置启动按钮 S1 仍可以操作启动。

图(b)电路，工作方式选择开关 S3 只用 1 副触头，接触器 K11 用 2 副辅触头分别提供下限开关和启动按钮自保。手动和自动可以独立地控制接触器。

图(c)电路，停止按钮 S2 和上限开关无论在手动或自动起作用，手、自动的区别仅在于，自动位把下限开关接入与启动按钮 S1(和自保触头)并联，可以自动启动。

2.恢复供电后的程序启动控制

电动机欠电压保护有 2 种：

●欠电压保护(UVP)

在电压降低或失压时分断电路并防止电动机自动重新启动。

●欠电压释放(UVR)

在电压降低或失压时分断电路，当电压恢复时电动机可重新自行启动。

一般启动器采用按钮操作，电路用主接触器动作自保来解决按钮操作后的自复位。电路被分断后，自保解除，必需重新手动启动，不会自动重新启动。都具有欠电压保护功能。

要求欠电压释放(UVR)功能的启动器，电压恢复时可以重新自动启动。但需要按设定的顺序逐个启动，以避免同时启动对电网产生冲击。

为主机服务的重要辅机都纳入欠电压释放功能。

考虑到一些处于自动控制的机械，例如空压机、卫生泵等，当恢复供电时，在物理量下限的控制下，可能会同时无约束地参与自动启动。

因此，为主机服务的和具有物理量自动控制的机械都被纳入欠电压释放功能。

纳入欠电压释放的辅机，一般都是设置 2 台，互为备用。但只有原来投入运行的辅机，在恢复供电后才需要自动启动。

需要解决 2 个问题：启动记忆和程序启动。

1)启动记忆

用按钮操作电动机启动运行，按钮加自保电路就对按钮的启动操作进行了记忆，不过这只对电路有电才适用，电路断电自保被解除，记忆也就失去。供电恢复需要手动重新启动，这就是一般驱动器具有的欠电压保护功能。

要解决断电后仍保持对启动运行的记忆，一般是采用“锁扣继电器”。

锁扣继电器有磁锁扣(或磁保持)继电器和机械锁扣继电器两种。目前较多的是选用机械锁扣继电器。

锁扣继电器有两个线圈 S 和 R，对应两个状态，即由线圈 S 通电动作的置位状态和由线圈 R 通电动作的复位状态。因为继电器动作后有机械锁扣保持，线圈通电是短时的，动作结束、线圈断电。电路原理如图 2.2.4.6(a)所示。继电器内的 2 个线圈作用在同一衔铁上。复位状态，S 线圈上的触头(图上用常闭表示)闭合，允许 S 通电；R 线圈上的触头(用常开表示)断开不允许 R 通电。按下按钮 S1，线圈 S 通电置位，使衔铁动作吸合，并被机械锁扣保持置位状态，所有输出触头转换状态，S 线圈上常闭断开，S 断电，R 线圈上的常开闭合，允许 R 通电。按下按钮 S2，R 通电，衔铁解扣复位使输出触头返回原状。2 个线圈只标 1 个代号(如图中 K21)。复位状态为继电器不动作状态，置位状态为继电器动作状态。我们接触的电路一般不表示内部连接的触头，2 个线圈用连锁记号连接表示，如图 2.2.4.6(b)所示，也有如图 2.2.4.6(c)的表示。

由此看出，控制电动机启动运行是“置位”操作，停止是“复位”操作。与一般控制不同的

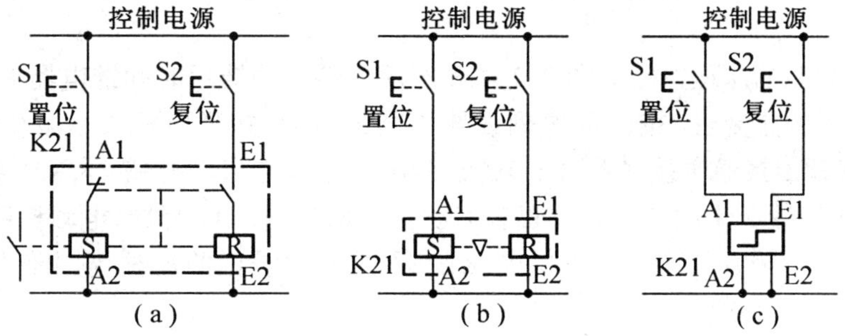

图 2.2.4.6　锁扣继电器电路

是,这种电路的停止需用按钮常开触点操作。

前面提到,就地按钮盒的停止按钮一般要求可以锁定,以避免检修时其他部位启动电动机。另外,热继电器保护动作,在未复位前也应禁止启动。我们可能会遇到不能满足这种要求的控制电路,在现场需要对电路进行改进。

某船厂建造出口船有过这样的案例:进口启动器采用如图 2.2.4.7(a)的电路。码头试验提交,在启动器和机旁按钮盒上启动、停止操作都正常,以为提交可结束。船东看见按钮盒上停止按钮有锁,提出试验停止锁定功能。为此将带锁停止按钮 S4 锁定,试验启动按钮 S1 和 S3 是否被闭锁。按任一个按钮,按下时电动机仍启动运转,松开按钮,电动机停。停止的锁定不能满足要求。如果热继电器 F 动作也同样不能满足要求。

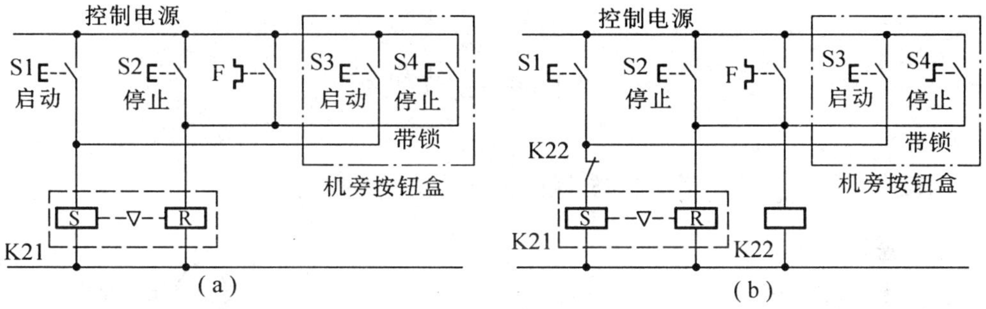

图 2.2.4.7　停止运行的锁定电路

(a)无停止锁定;(b)有停止锁定

从电路看出,电动机运行时热继电器 F 动作或按停止按钮可以使锁扣继电器 K21 复位,但不能阻止启动信号对锁扣继电器的置位。必须引入锁定中继 K22,在停止操作和停止锁定时断开置位电路,禁止置位操作,如图 2.2.4.7(b)所示。上述案例的电路按此修改。

2)程序启动

电网断电前运行着的电动机械,恢复供电后所有参与自动启动的机械,应按程序和时间间隔逐一启动(以下称程序启动)。早期的程序启动是利用启动器原有的遥控启动控制,集中用一个多回路时间继电器,逐一向各启动器发出启动指令。这种控制方法对启动器的控制电路没有特殊的要求。但是,只要接入自动启动控制,不管电网断电前是否在运行,恢复供电后都会被自动启动。

现在是在各参与自动启动的各启动器中,采取2个措施:加启动记忆功能和启动时间控制。

具有这种功能的原理电路如图2.2.4.8所示。各启动器用时间继电器K12监视电源。根据各机械设备的重要性、按时间序列设置不同的延时,接通电源或恢复供电后,继电器K12延时动作,输出接通主接触器(K11)的控制电路。操作启动按钮S1,K21被置位(记忆)动作,输出使接触器K11动作,电动机启动运行,电网失电,K11释放,电动机停止,这时K21的输出触头仍保持闭合状态。恢复供电,K12通电,经过设定的延时,输出使接触器K11动作,电动机自动启动运行。

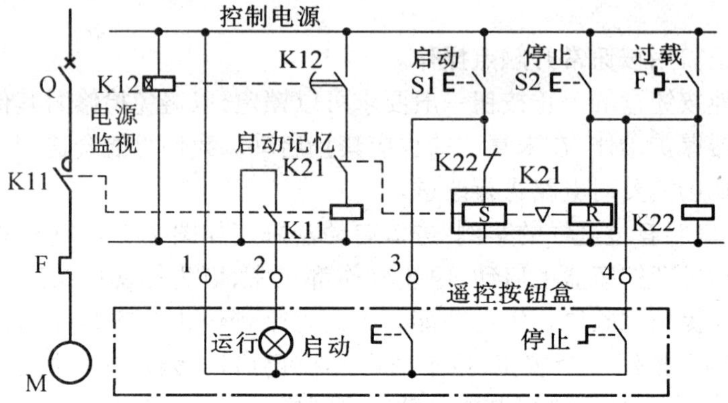

图2.2.4.8　带程序启动的启动器原理电路

2.3　泵、风机类电动机械的控制

电动机启动器较多是用于机舱泵、风机类电动机械的控制。

2.3.1　日用水泵

1.日用水系统简介

日常生活用的谈水和海水是通过压力水柜提供使用的。日用水系统如图2.3.1.1所示,电动机带动水泵运转,将水从进口处吸入,通过止回阀排入压力水柜。随着水柜水位升高,水柜上部的空气被压缩,水位越高产生的压力越高,在压力的作用下,水被送到船的各个部位。水柜内压力的大小反映了水位的高低。压力开关测量出水柜的压力,向启动器提供信号,压力设定上限,即高水位,输出使电动机停止;压力设定下限,即低水位,输出启动电动机。

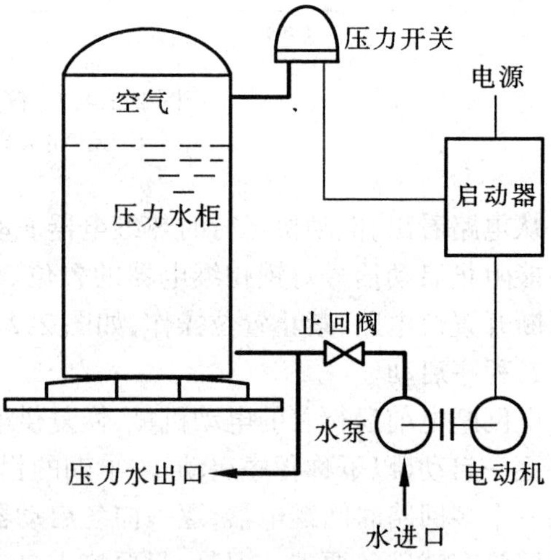

图2.3.1.1　日用水系统图

2.原理电路

日用水泵电动机的容量相对电网是很小的,电动机是采用直接启动的方式。

典型电路如图 2.3.1.2 所示。断路器 Q 为电源开关,作短路保护;接触器 K11 控制电动机 M 的运行;热继电器 F1 作过载保护。

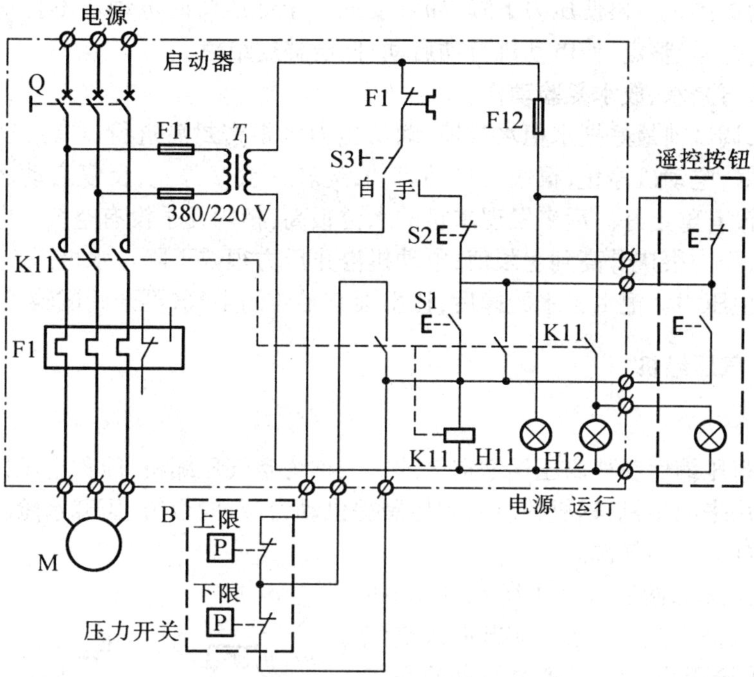

图 2.3.1.2 日用水泵启动器原理图

控制电路通过变压器 T_1 提供 220 V 电源。面板上设手、自动选择开关 S3,启动按钮 S1,停止按钮 S2,电源指示灯 H11 和运行指示灯 H12。为了避免指示灯电路短路故障影响控制电路工作,通过熔断器 F12 供电。机旁设遥控按钮盒,盒上设启动、停止按钮和运行指示灯。采用双值压力开关自动控制压力水柜压力。

选择开关 S3 置自动位,接入压力开关 B 控制电动机运行;置手动位,接入面板按钮和遥控按钮操作。

接触器 K11 输出 3 副常开辅触头,提供压力开关下限开关自保、启动按钮信号自保和运行指示灯。

3.调试

调试应与轮机人员相互配合进行。S3 置手动位置,启动电动机运转,确认电动机的转向。轮机人员操作阀门,水泵向水柜泵水,确认压力建立、上升,正常运行后可进行压力开关数值整定,按轮机提出的高、低压数据整定。例如高压 0.3 MP、低压 0.2 MP。高压整定用泵运行泵水使压力上升,低压按轮机操作,例如把水柜水放回水舱使压力下降。

调试前,压力一般都在高压值以下,上限开关触点闭合。S3 置自动位置,如果电动机启动运行说明下限开关触点也闭合;如果不自动启动说明下限开关触点断开,可以短接触点接线端子使电动机启动。

上限整定，在电动机运行的情况下观察压力表读数，如果压力未达到高压值，电动机停止，说明整定值低，向升高整定值方向(拧紧)整定，再短接低压触点端子使电动机再启动。当压力接近等于高压值时，向降低整定值方向(拧松)整定，使电动机停止。高压整定结束。

下限整定，轮机操作使压力下降。如果压力未达到低压值，电动机启动，说明整定值高，应向降低整定值方向(拧松)整定。为了确定低压值，应使电动机停止，可以把 S3 置手动，按停止按钮，电动机停止。再使压力下降，如果接近等于低压值时电动机不自动启动，应向升高整定值方向(拧紧)整定，使电动机自动启动，低压整定结束。

整定结束，再泵水、放水复验动作。

需要注意，调试前最好把水柜水放掉，确认压力水柜密封后进行。有过这样的案例：上限高压值整定好，电动机停止，很快又自动启动，运转一会又停止，反复启动、停止。轮机认为是压力开关没有整定好。后来发现水柜的水位很高，柜内几乎没有空气。电动机运行，因为水不能压缩，压力很快升高到上限值；电动机停止压力很快下降。水柜压力是靠水位上升使空气压缩产生压力。把水柜水放掉后，让里面有足够的空气，再开始试验。

2.3.2 空气压缩机

1.工作简介

把空气进行压缩而获得高压压缩空气的机械称为空气压缩机，简称空压机。

压缩空气用来向主机、辅机的启动和控制提供动力源；向汽笛、压载水舱测量、压力水箱充气和排污设施等提供气源。

压缩空气系统如图 2.3.2.1 所示，电动机驱动空压机吸入空气进行压缩，排出进入空气瓶储存，并输出给用户。空气瓶中储存的空气增加，压力升高至上限设定值，压力开关输出信号给启动器，停止电动机运行。随着压缩空气使用，空气瓶压力下降至下限设定值，压力开关输出信号启动电动机。启动时需要动作电磁阀卸载后才能正常启动。

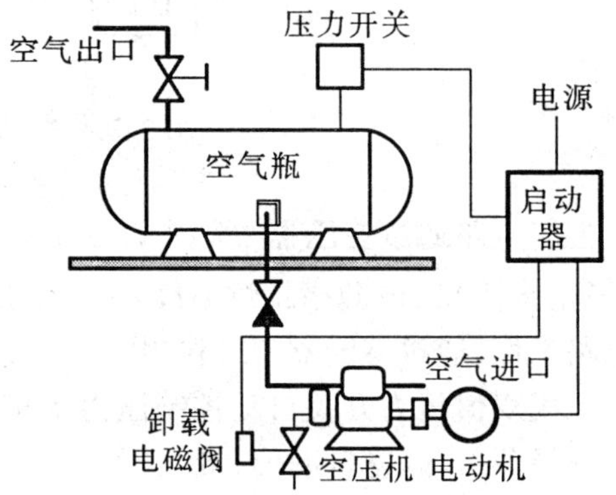

图 2.3.2.1 压缩空气系统图

机械系统与电动机启动器控制电路有关的操作有：

●卸载

受交流鼠笼电动机启动转距的限制，空压机在启动运转过程中如果进行空气压缩工作，将无法启动。必须让电动机在空载的状态下启动，待启动结束达到正常转速后，才能进行正常压气工作。为此在空压机的压缩空气出口处设有卸载阀，启动时打开卸载阀泄气，待启动运转后关断卸载阀，进行正常压气工作。处于自动控制的空压机，卸载阀用电磁线圈控制。

卸载电磁阀一般是制作成断电泄气。电动机停止，卸载电磁阀断电，把出口管道中的高压空气排出到大气中去，为下一次启动作好准备。空压机通过止回阀进入空气瓶，电磁阀断电排气，瓶中的压缩空气不会返回。为了使启动时气缸中的空气不因被压缩而形成负载，启动时电磁阀延时一段时间通电，启动运转后通电，停止卸载。

●疏水

空气在压缩的过程中会产生水汽和油雾凝聚，在气缸出口处装有疏水器，盛接凝聚的油水，每隔一段时间打开疏水器下面的阀，泄放。疏水器在气缸出口处，卸载电磁阀也在出口处，疏水阀也可以卸载。疏水阀用电磁线圈控制，每次电动机停止，电磁阀断电泄气、泄油水。对大容量的空压机，单靠每次停机泄油水可能不能满足要求，需要在运行中每隔一段时间泄油水。

看电路图要注意，卸载电磁阀的控制一般是启动延时接通，用通电延时继电器控制。需要定期疏水的，是用振荡继电器，重复接通、断开。

●冷却水

活塞在气缸中往复运动，产生大量热，需要水冷却。有的空压机自带水泵供水，有的需要外部水泵供水。用外部水泵供水的空压机，电动机启动需要提供供水（压力）信号。

●滑油

空压机各运动部件工作需要润滑。用外部油泵提供滑油的空压机，需要提供滑油压力正常的信号，如果供油有故障，滑油压力低，应停机报警。

空压机启动器的典型电路如图 2.3.2.2 所示。电动机采用 Y/△降压启动。主（接触器）电路和中继控制电路都由变压器 T_1 降压、隔离供电。Y/△启动切换由 Y/△启动时间继电器 K4 控制。电源接通，启动指令 K11 接通 K4 工作，K4 输出瞬动触点（端子 17、18）接通 Y 接法的中点接触器 K3，K3 输出接通主接触器 K1，K1 动作自保，电动机按 Y 接法启动。经设定的启动时间（如 3 s）K4 延时触点（端子 27、28）接通、瞬动触点断开，K3 释放，输出常闭接通△接法接触器 K2，电动机进入△接法全压运行。

运行方式选择开关 S3 置手动位，用面板上的按钮进行操作；置自动位，用空气瓶上的压力差开关 B1 控制空气瓶内的压力，压力达到上限，开关断开，K11 释放，电动机停；压力低到下限，开关接通，K11 动作，电动机启动运行。

卸载电磁阀的工作状态是，通电，阀不通；断电，阀通、卸载。启动时，卸载电磁阀不通电，气缸空气向大气排出，电动机处于空载启动状态，经过 K12 设定的启动时限（例如 5 s），K12 动作输出使中继 K13 动作，K13 输出接通卸载电磁阀，关断向大气排气卸载，空压机进入正常的压气工作。

空压机的滑油由机带滑油泵提供。电动机正常运转才能保证压力正常，因此在启动时需要阻塞滑油低压报警和保护（停机）。滑油低压信号用卸载时间 K12 设定的启动时限来阻塞。启动时滑油压力开关信号被 K13 断开，设定的启动时间到，K13 动作，滑油低压信号被接入。在正常运行的情况下发生滑油低压，K14 动作自保，切断控制电路，电动机停。K14 可向值班处所发出报警。故障解除后，用 S4 复位。

前面提到，具有物理量自动控制的机械都有可能纳入欠电压释放功能，即恢复供电后能自动按程序启动。用按钮操作需要对操作进行记忆，才能自动按程序启动。用物理量控制的机械，手动操作只是应急或检修用，手动启动不需要对启动进行记忆。自动控制由空气瓶的压力决定，也不需要记忆。只要用监视电源的延时继电器，按设定程序启动时间动作，接入压力继电器即可。图中 K15 在电源接通后，延时动作接入压力开关 B1，就实现恢复供电后的程序启动。

2.3.3 离心水泵

离心泵是利用叶轮在泵壳中做等速回转，使处于叶轮中的液体随叶轮一起转动，产生离心力，飞离叶轮，从而达到吸排液体的一种泵。

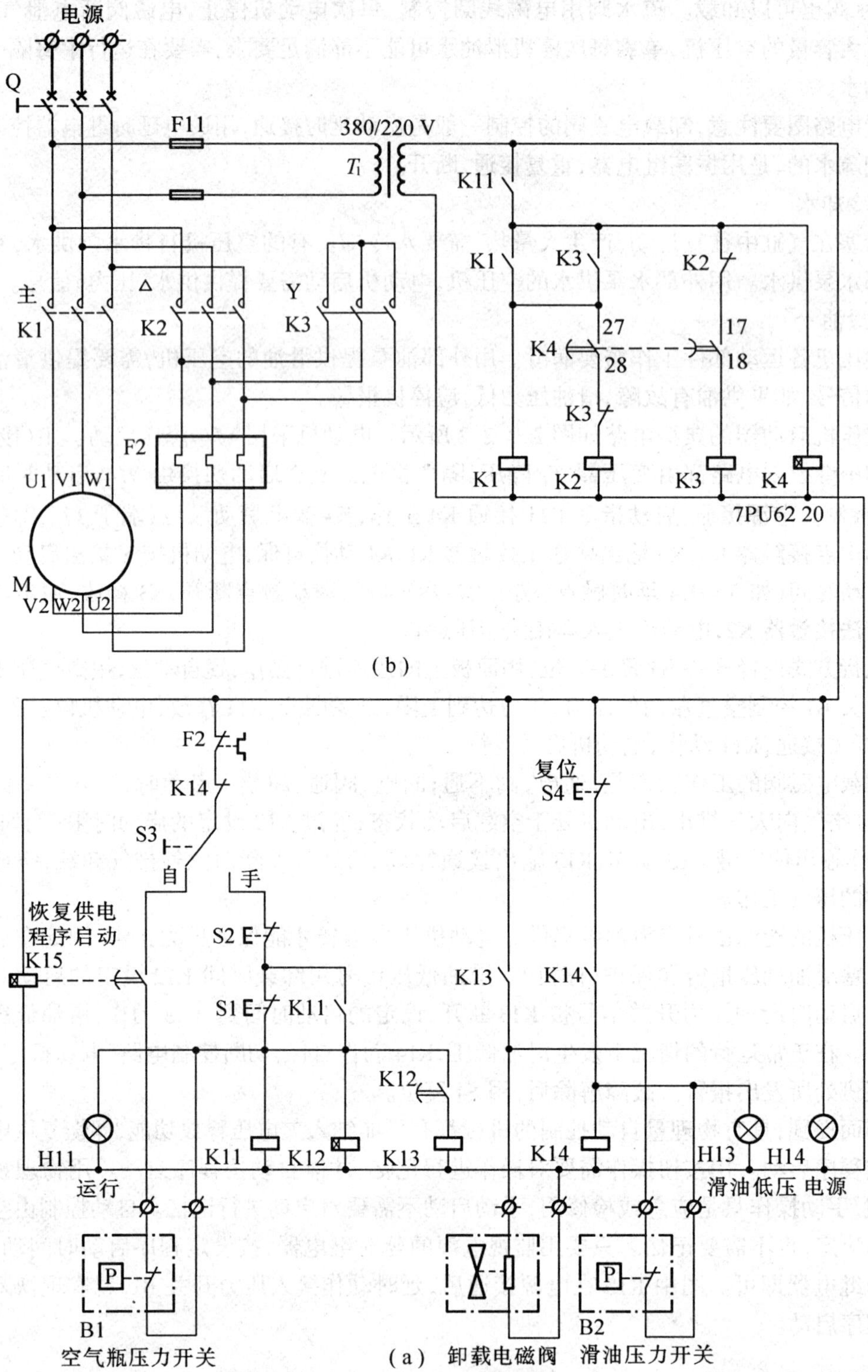

图 2.3.2.2　空压机启动器电路图

(a)控制电路；(b)主电路

通常泵的安装位置高于吸口液面，为了防止在泵内无水的情况下“干”运转，运转前要向泵内注水即“引水”，待泵充水后才能运转。如果需要遥控或自动启动运行，泵上附加一个抽气器。启动时先接通抽气器上的电磁阀，用压缩空气抽去水管中的空气，水源的水被大气压入泵内，这时才可启动泵。待泵出口有水压后，关断电磁阀，抽气器停止工作。

配合这种机械的启动器如图 2.3.3.1 所示。离心泵上设有辅助的抽气器，抽气器上装有控制压缩空气的电磁阀，阀受泵出口压力开关触点控制。操作面板上的启动按钮 S1 或遥控按钮盒上的启动按钮 S3 使 K13 动作，输出接通辅助装置电磁阀工作，同时接通时间继电器 K12，在 K12 设定的预备工作时间内，水源的水被大气压入泵内，K12 动作输出接通主接触器 K11 动作并自保，电动机运转，泵正常泵水。出口压力继电器动作，断开电磁阀，泵正常运行。

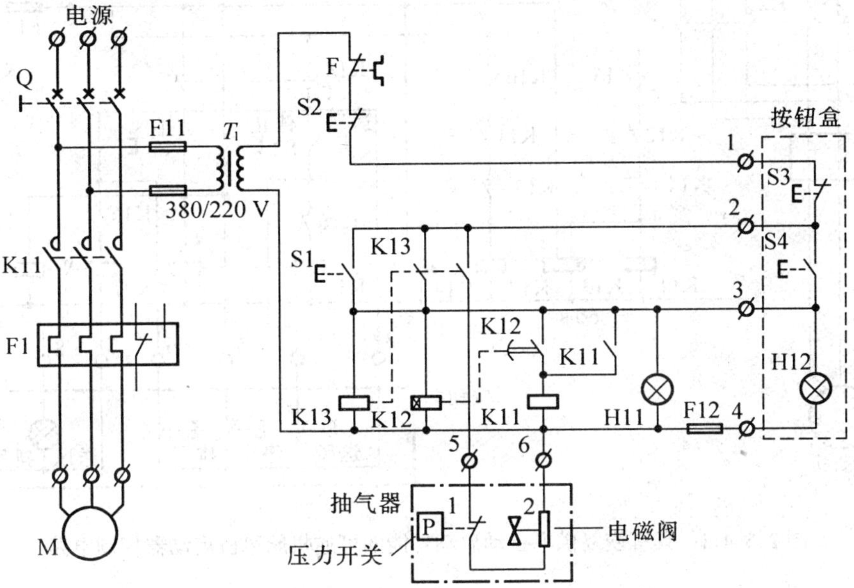

图 2.3.3.1　离心水泵启动器电路图

2.3.4　机舱风机

机舱通风机有“送风”和“抽风”两种；也有兼有“送风”和“抽风”两种功能的。单一功能的风机，电动机只作单向运行，兼有两种功能的，需要可逆向运行。

机舱风机通常也作为保证机舱工作环境的重要设备纳入恢复供电后的程序启动。

发生火灾，风机是助燃的设备，必须纳入“应急切断”控制。

图 2.3.4.1 是具有恢复供电自动启动功能的可逆机舱风机启动器控制电路。

1. 可逆控制

机舱风机都是由手动操作启动、停止。可逆控制的启动器，面板上设“送风”、“抽风”和“停止”按钮。

为了防止立即反向操作引起对电网的冲击和引起损伤机械，正常情况下电动机的正、反转启动操作，最好是在电动机停转时操作反转。机舱风机与启动器相隔较远，操作者无法知晓是否停转，考虑到操作上的随意性(例如在送风运行时按停止按钮后立即操作抽风)，电路上采取“限时反转”的措施，即从一种转向运行操作到另一种转向，限定一段足够风机停转的时间，反向操作才有效。

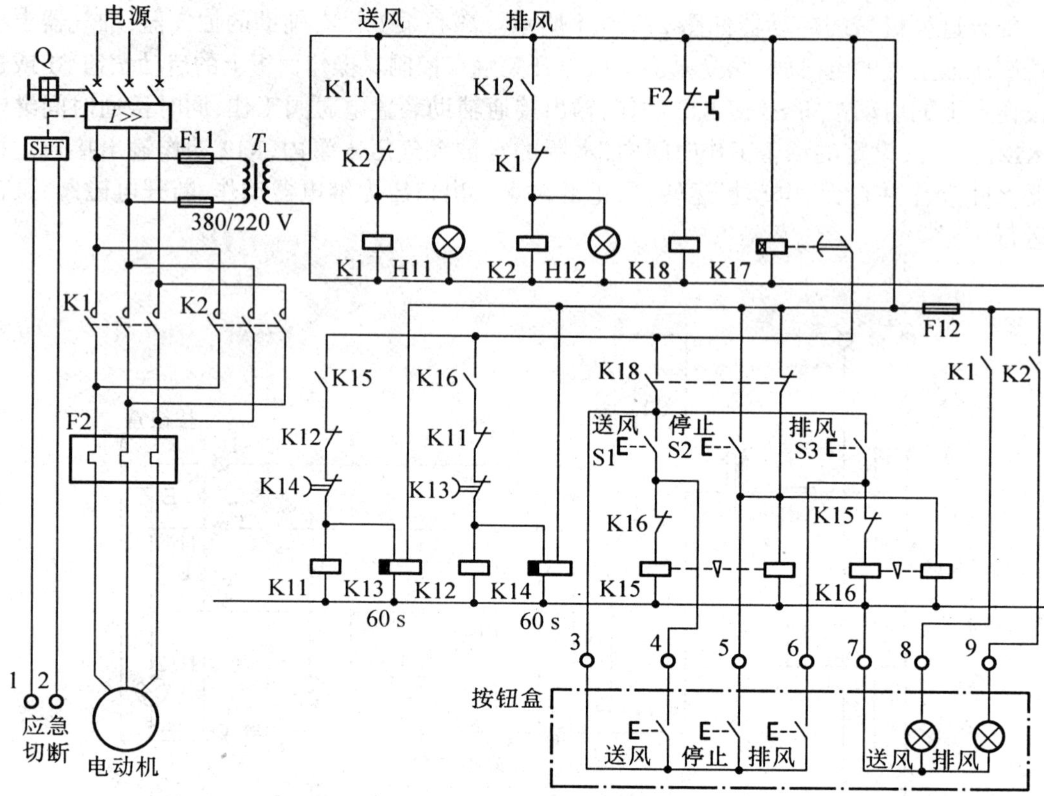

图 2.3.4.1 具有恢复供电自动启动功能的可逆机舱风机启动器控制电路

图 2.3.4.1 中送风运行接触器 K1、排风运行接触器 K2 相互连锁，分别受中继 K11、K12 控制。

可逆限时控制如图 2.3.4.2 所示，限时控制由断电延时继电器 K13、K14 执行，这种继电器有 3 个端子，2 个电源端子和 1 个控制端子。控制端子通电，输出常闭触点瞬时动作断开；断电，输出常闭触点经设定的时间闭合。用断电延时闭合的特性接通另一侧运行信号电路，达到限时反向的目的。例如，送风指令 K15 动作(常开闭合)，接通 K11 和 K13 动作，K11 输出接通送风接触器 K1，电动机运转；K13 瞬动常闭输出，断开排风信号中继的电路。如果操作停止，K15 断开，立即操作排风，K16 常开闭合，由

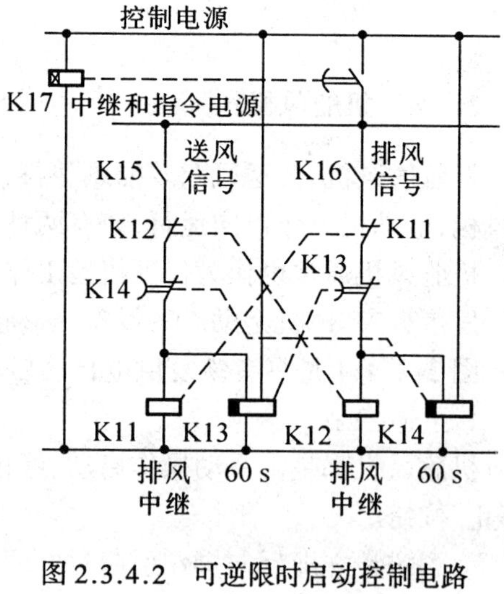

图 2.3.4.2 可逆限时启动控制电路

于 K13 的常闭触点需延时设定的时间例如 60s 闭合，因此排风信号中继 K12 需经 60s 才能动作输出。

2.恢复供电后的程序启动

可逆运行的电动机械纳入程序启动，恢复供电后应按断电前的运转方向自动启动运转。恢复供电后的程序启动要解决启动的时间安排和运行的记忆。

程序启动是参与启动的各台电动机，根据其对航行的重要性，按一定的时间间隔，逐一安排启动的顺序。例如 4 号机舱风机启动顺序为第 7 位，启动时间间隔为 3 s，则恢复供电后的 3×6 = 18 s 启动，如图 2.3.4.3 所示。程序启动时间继电器 K17 监视电源，恢复供电后 K17 通电，经设定的时间（例如 18 s）动作，输出接通中继和指令控制电路的电源，控制电路输出动作接触器，电动机启动。实现按时间顺序启动。

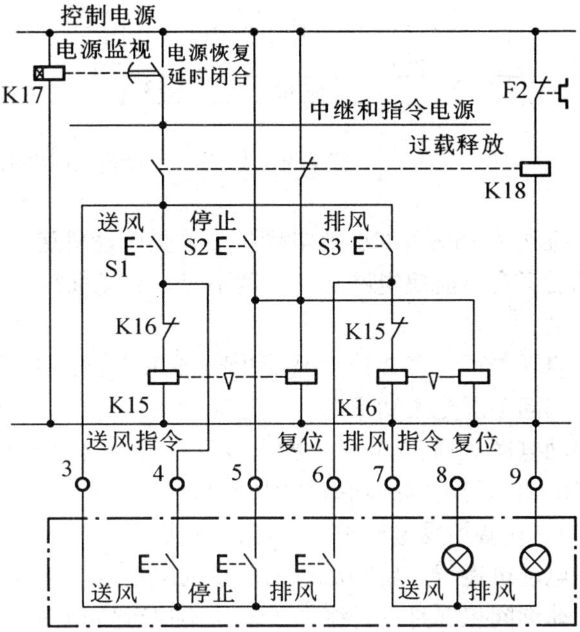

图 2.3.4.3　恢复供电后程序启动控制电路

断电前，风机有可能送风、也可能在排风，因此两种运行状态都需要记忆。对按钮指令的记忆由锁扣继电器执行。K15 记忆送风按钮 S1 的指令；K16 记忆排风按钮 S3 的指令。记忆动作相互连锁。记忆动作由停止按钮 S2 和过载热继电器 F2 动作 K18 释放进行复位。K18 释放输出断开按钮的置位电源，禁止启动操作。

电机从一种转向改变到另一种转向必须通过停止按钮操作。停止按钮操作时 2 只锁扣继电器复位，允许向反方向操作。例如，原来送风运行，K15 置位，停止按钮操作时 K15 复位，K11 和 K13 断电，再反向排风操作，K16 置位记忆，操作者可以离开，等到 K13 断电延时结束，K12 动作，电动机反向运行。

也有用一只断电延时继电器来实现反向限时启动的启动器。如控制电路如图 2.3.4.4 所示。任一正、反转信号（记忆）中继例如 K15 动作，对应的启动指令中继 K11 动作，电动机按指令例如送风方向运转。K11 动作后接通断电延时继电器 K13 工作，K13 输出常闭触点瞬时断开，K11 的动作因自保被保持。在这种情况下操作排风，中继 K15 释放，K11 的动作被解除，K13 断电；中继 K16 动作，而 K12 需等到 K13 延时闭合后才能动作。

机舱风机需要纳入应急切断控制，图 2.3.4.1 中电源开关 Q 的分励脱扣线圈 SHT，供外部控制应急切断用。

2.3.5　具有重载启动询问的控制电路

重载即大功率电动机，是指功率大于电网发电机一定比例的电动机。一般取大于电网

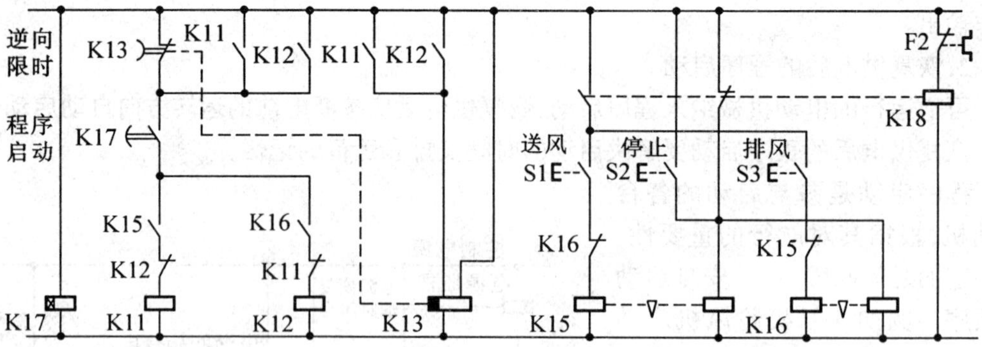

图 2.3.4.4　用一只断电延时继电器的可逆限时电路

发电机功率 15% ~ 20% 的电动机。这类电动机启动，会对电网产生很大的冲击，电压骤降，启动后又有可能使电网功率裕度不足。启动前需要向电站询问，电网功率裕度如何，是否允许启动。

启动器可设置 2 种工况：询问工况和非询问工况。

询问工况是大功率电动机启动的正常工况。操作者按下启动按钮，启动器不是马上动作启动电动机，而是先向主配电板发出请求启动的询问信号，电站接到信号后对所要启动电动机的功率与电网的功率裕度(即剩余功率)进行比较，裕度足够，则发回允许启动信号；不足，则启动备用发电机组并网运行，然后发回允许启动信号。启动器接到允许启动信号后即启动电动机运行。启动后取消启动询问信号。

非询问工况是一种旁通工况。不执行启动询问功能。在这种情况下，操作人员以电话联系的方式，征得电站值班人员的同意，可以直接启动电动机。

为此，在启动器面板上有一只启动方式选择开关，设 2 个位置："正常"和"旁通"。

启动器与主配电板的接口是：

●启动器向电站发出重载启动询问信号(启动后取消)；

●主配电板向启动器发出允许启动信号。

另外，启动询问信号发出后，如果经一段时间(例如 3 分钟)无允许启动信号返回或启动电路本身不工作，则自动取消启动和启动询问。

在启动询问期间，启动器和遥控部位设置的"启动询问"指示显示，启动后解除。

典型的重载启动询问启动器电路如图 2.3.5.1 所示。电动机采用自耦变压器启动。

1.启动询问电路

启动询问控制电路如图 2.3.5.1(a)所示。面板上运行选择开关 S3 置"正常"位，启动操作需经询问才能启动；置"旁通"位，可以直接操作启动。

1)启动询问

运行选择开关 S3 置"正常"位，启动按钮 S1 指令使启动询问中继 K12 动作、自保，向主配电板发出启动询问信号，经功率管理系统对电网剩余功率和启动询问电动机的功率进行计算比较，如果有足够的功率储备，则发回允许启动信号；如果不够则启动备用机组投入并联运行后，发回允许启动信号。允许启动信号使启动指令继电器 K11 动作、自保，向接触器电路发出启动指令，同时解除启动询问信号。

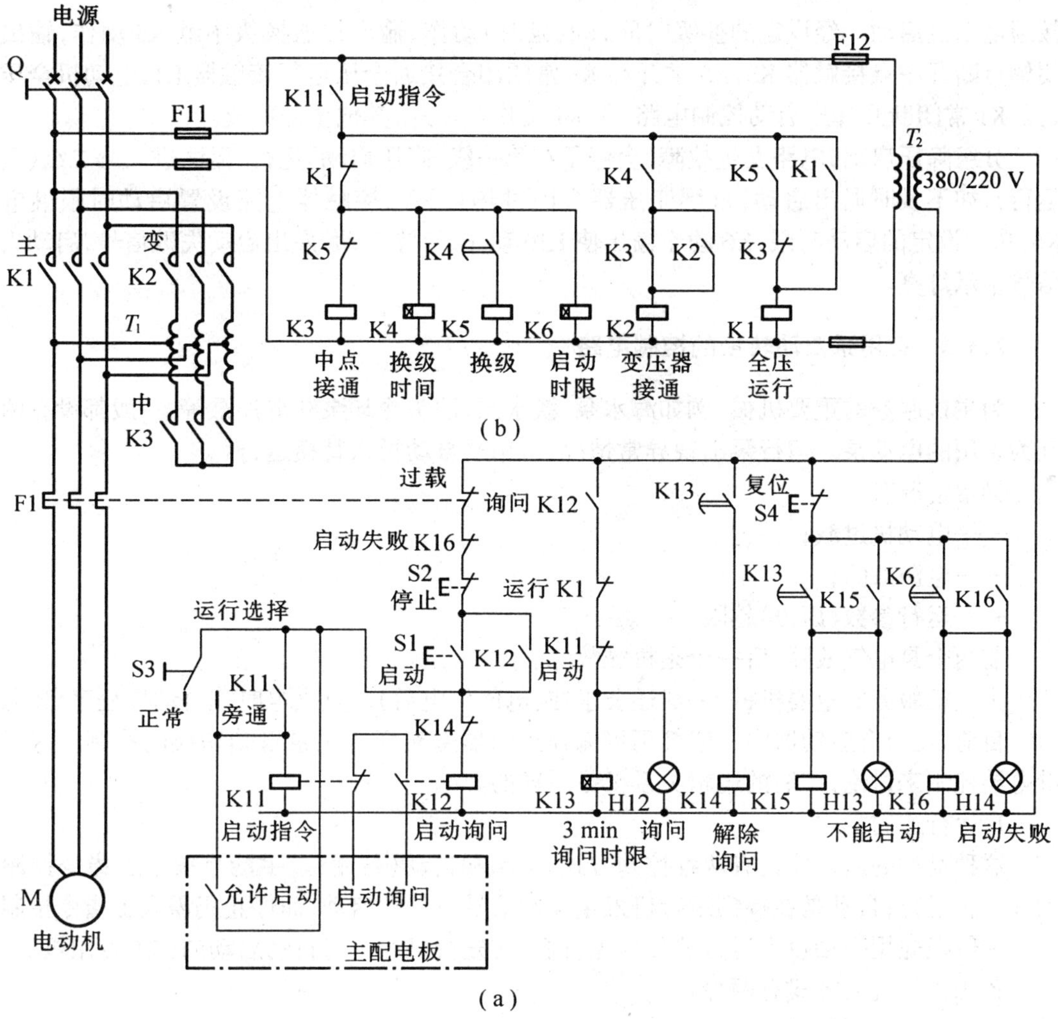

图 2.3.5.1 重载启动询问启动器电路

(a)询问控制电路;(b)接触器电路

2)询问时限

电站的功率管理系统和备用发动机组处于正常的情况下,经过一段时间总会发回允许启动的信号。如果不正常,例如功率管理系统未投入运行;或应备用的机组未处于备用状态,则没有信号返回。“询问时限”电路是在设定的时间内接收不到信号,撤销启动询问。

K12 动作进行启动询问,同时接通询问时限继电器 K13,并点亮“启动询问”指示灯 H12。接到允许启动信号,K11 动作发出启动指令,或接触器 K1 动作,全压运行,解除 K13。如果询问时间结束(例如 3 min),没有接到允许启动信号,则 K13 动作,输出通过 K14 断开启动询问继电器 K12,退出询问,同时接通 K15 动作、自保,点亮“不能启动”指示灯。

开关 S3 置于“旁通”,启动时 K11 和 K12 同时动作,不经询问而直接启动。

2.接触器电路

如图 2.3.5.1(b)所示。启动指令 K11 接通变压器中点接触器 K3、换级时间继电器 K4

和启动时限时间继电器 K6,K3、K4 动作输出接通自耦变压器 T_1 电源,变压器抽头降压输出接通电动机启动。经设定的换级时间,K4(延时)动作,输出接通换级中继 K5 动作,输出常闭触点断开中点接触器 K3,K5 常开和 K3 常闭闭合接通全压运行接触器 K1,电动机全压运行。K1 常闭断开降压启动控制电路,除 K1 动作自保外,其他全部释放。

分级降压启动,电路发生故障,会停留在第一级(降压启动)运行,无法进入第二级(全压运行),如不及时退出启动,自耦变压器会因过热烧坏。接触器电路设置启动时限继电器 K6,超过设定的启动时限,K6 动作输出使 K16 动作,解除启动,发出启动失败信号,启动失败信号指示灯亮。

2.3.6　备用泵自动转换的控制电路

为主机服务的重要机械,例如海水泵、淡水泵、油头冷却泵和滑油泵等,一般都设有两台互为备用的电动泵。运行泵出现异常情况,备用泵自动投入替换运行。

异常情况有:

——电动机过载;

——电源故障;

——运行参数(压力)越限。

前两个是电气故障,后一个是机械故障。

为主机服务的重要机械,一般还要求在(电网失电后)恢复供电时能自动按程序启动。

目前,在组合启动器中一般都用可编程控制器来实现备用泵自动切换的控制。这里用继电器控制来讨论,控制的逻辑关系都是一样的。

1.运行控制方式

这种类型的启动器具有两种控制方式:手动和自动(备用)。手动是按人工指令控制启动和停止运行;自动是在接到运行机发生异常信号时自动启动,而停止仍需人工指令控制。

一般把先用手动投入运行的称为先行机,在先行机异常时自动启动的称为备用机。

备用机设置的方式有两种:

——手动设置备用;

——自动建立备用。

“手动设置备用”的操作一般有两种配置方式:

——设 1 只公用的运行方式选择开关,设 3 个位置:“1 号用 2 号备”、“手动”和“2 号用 1 号备”。先行机的启动、停止用按钮操作,先行机故障时自动启动备用机;

——各设 1 只运行方式选择开关,设 2 个位置:“手动(先行)”和“自动(备用)”,运行时,先行机置手动、备用机置自动,先行机的启动、停止用按钮操作,先行机故障时自动启动备用机。

“自动建立备用”一般是各设 1 只运行方式选择开关。它有两种运行方式的电路:

——先行机置手动、备用机置自动,先行机的启动和停止用按钮操作,先行机启动时备用机自动建立备用状态,故障时自动启动备用机,手动停止先行机时备用机的备用状态备被撤消;

——两台机都置自动,先手动启动运行的为先行机,另一台机自动建立备用状态,故障时自动启动备用机,故障机的故障被清除后,自动建立备用状态,转为备用机,手动停止运行机时备用机的备用状态备被撤消。

启动器已建立起备用状态，是指启动器能够接受先行机发生异常时发来的启动信号启动的状态。这种提法的意思是，启动器的运行方式开关置于“自动(备用)”位时，并不一定建立起备用状态。手动设置备用和自动建立备用的区别就是，开关置自动位时，如果是手动设置备用，则已建立起备用状态；如果是自动建立备用，则在先行机运行时才建立备用状态。

2.运行流程

图 2.3.6.1 所示为手动设置备用机的运行流程图。可以看出，备用机置“自动”即备用状态，就作好接受先行机故障信号的准备，与先行机是否投入运行无关。先行机发出启动备用机信号就需要引入运行条件。

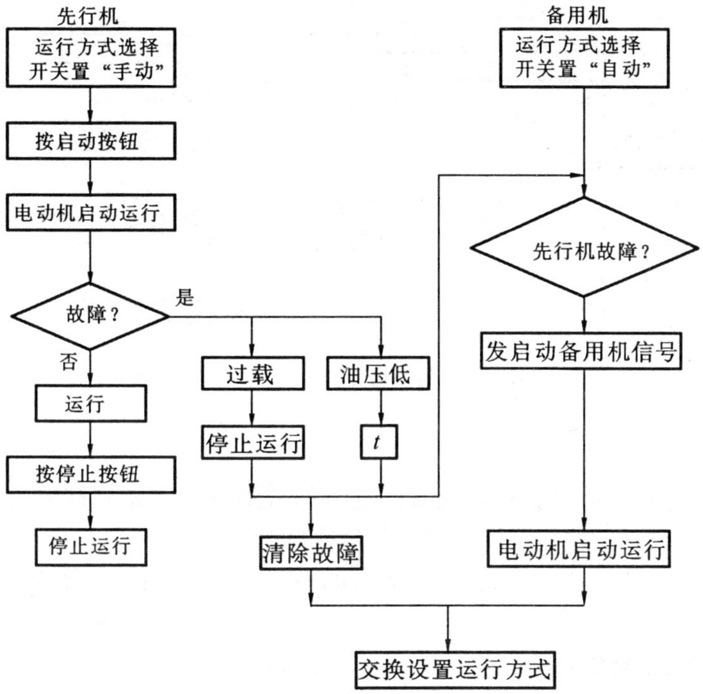

图 2.3.6.1　手动设置备用机的运行流程图

过载是用热继电器动作直接作为启动备用机信号。

机械故障例如油压低是作为启动备用机信号。但机不运行时压力也没有，需要引入运行条件，即在机运行的情况下出现油低压才发启动备用机信号。

油压无是油压低的极端情况，油压低可能还有压力，在这种设置的电路中，出现油压低一般不停止运行，而是只启动备用机。油压低可以通过报警系统发出信号或启动器发出备用启动信号，通知值班人员处理。

图 2.3.6.2 所示为自动建立备用状态的运行流程图。

运行时一台机设置手动、一台机设置自动(备用)。尽管一台机设置自动，但是并不处于备用状态，不接受启动备用机信号。而是在设置手动的机按启动按钮运行时，备用机才自动建立备用状态。

在这种情况下，一般是把电源故障和电动机过载合并成主接触器释放的信号，作为启动

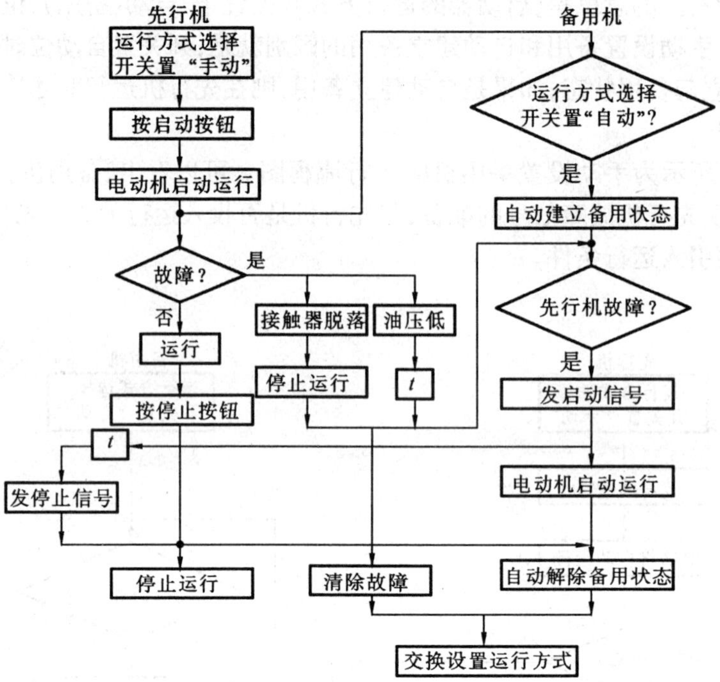

图 2.3.6.2　备用机自动建立备用状态的流程图

备用机的信号。

出现油压低故障，发启动备用机信号。运行的故障机并不是立即停止而是经过一段时间 t 才停止。这段时间 t 就是提供两机并联运行的时间。

备用机的备用状态是自动建立的，先行机如果人为停止运行，备用机的备用状态则同时被解除。

上述两种功能流程图要求操作者预先设置先行机(手动)和备用机(自动)，在故障的情况下启动备用机运行，故障清除后，需要交换设置运行方式。

图 2.3.6.3 所示的流程表示，在具有自动建立备用状态功能的流程中，两台启动器的运行方式开关都置"自动"位时，可以实现互为备用的功能。即手动启动一台机运行，成为先行机，另一台机则自动建立备用状态，成为备用机；先行机发生故障，备用机自动启动运行，解除备用状态，转为先行状态；故障机的故障清除后，自动建立备用状态，转为备用机。图中是以 1 号机为先行机。

3. 备用状态的建立

图 2.3.6.4(a)表示手动设置备用的控制方式原理。备用机的运行方式开关 S3 置于自动，先行机出现异常运行，接通备用机的 K11 启动运行。

图(b)表示自动建立备用的控制方式原理。先行机运行的情况下备用机才建立备用状态，先行机运行备用状态继电器 K1 动作、自保，建立备用状态。这时先行机出现异常运行才接通备用机的 K11 启动运行。

手动设置备用的控制方式的电路比较简单。但对某些异常运行无法处理。例如，运行中启动器的电源开关跳闸，接触器脱落，与不运行时接触器不动作是一样的，无法区别。

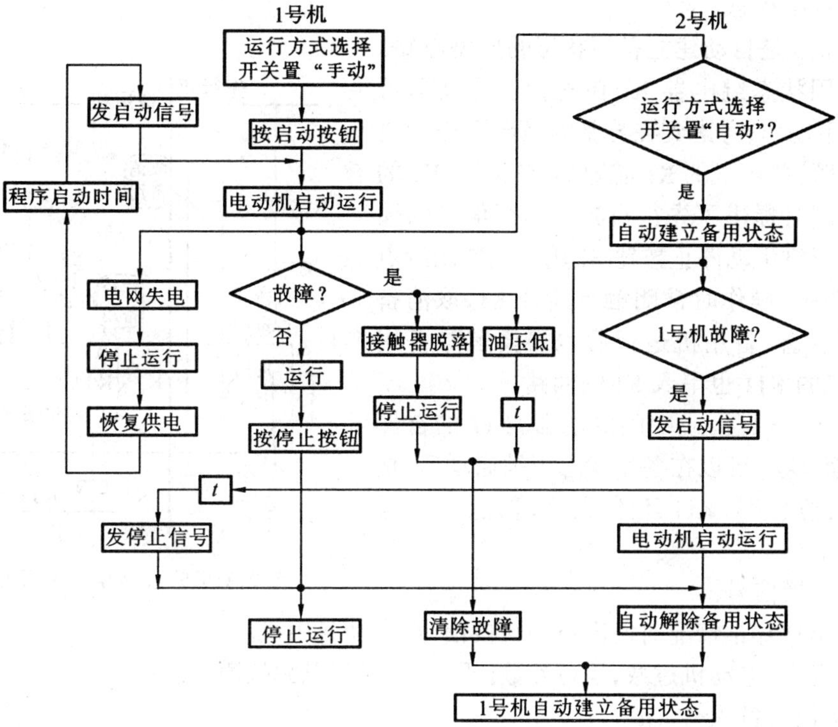

图 2.3.6.3　带恢复供电自动启动和自动交换备用设置的流程图

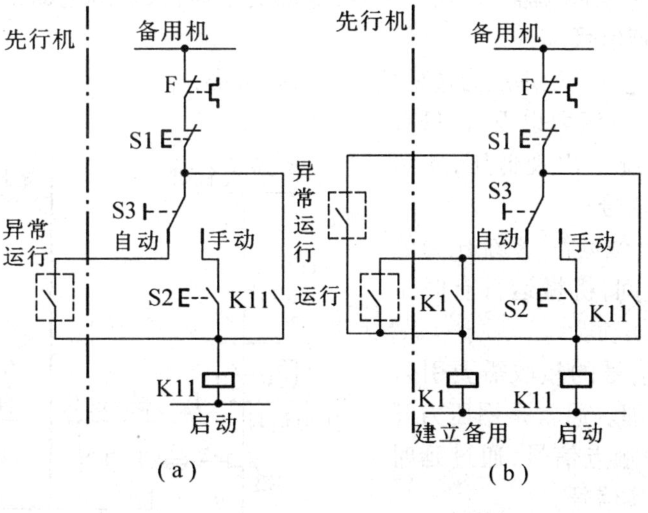

图 2.3.6.4　备用状态建立的方式原理示意图

(a)手动设置备用;(b)自动建立备用

自动建立备用的控制方式是考虑到有先行机运行,备用机才能建立备用,在这种情况下接触器脱落,作为异常运行启动备用机。因此采用这种控制方式更合理些。

备用机在先行机运行的情况下自动建立备用状态,需要考虑手动停止先行机和备用机启动后取消备用状态。

图 2.3.6.5 是自动建立备用状态的典型电路。备用机的备用状态继电器 K1 在先行机启动运行 K11 的作用下动作,考虑到在异常的情况下先行机的 K11 会脱落,备用机的 K1 需记忆(自保)。K1 的记忆(触点)同时提供了先行机异常运行信号的输入通道。先行机手动停止按钮 S1 用一副常闭触点串入 K1 回路中,操作时常闭触点断开 K1,取消备用机的备用状态,备用机运行后也需要解除备用状态,备用机的 K11 也串入 K1 的回路。

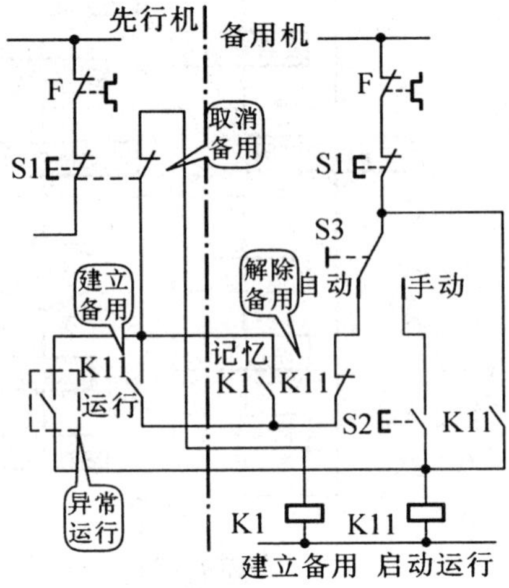

图 2.3.6.5 自动建立备用电路

启动运行接触器(或中间继电器)K11 的自保接在 S3 前面,这样可以在备用状态下被启动后,把 S3 转到手动位置时,K11 不会脱落,仍然保持运行。

4. 自动转换信号

先行机出现异常情况时发出自动转换信号,启动备用机。

异常情况有:电动机过载;运行参数(压力)越限和电源故障。

(1)手动设置备用

手动设置备用的启动器,它与准备先行的机是否投入运行没有关系。而先行机不投入运行时主接触器是处于释放状态。电源故障也是引起主接触器释放,电动机过载保护动作也是切断电路使接触器释放,因此,主接触器的脱落就不能用作自动转换信号。

电动机过载是用热继电器动作输出信号,电动机不运行,热继电器不会动作,可以作为自动转换的异常运行信号。

运行参数越限一般是处理压力过低信号。需要考虑:

●先行机不运行时压力也没有,只有在先行机运行的情况下出现低压,才需要发出启动备用机信号;

●水泵或油泵机械运行,系统压力的建立需要一定的时间,机械运行有时也会出现短暂的压力摆动。

因此,对压力信号的接收需要引入运行信号和延时处理。通常是用压力开关在低限值发出的触点信号,通过延时处理再发出自动转换信号。

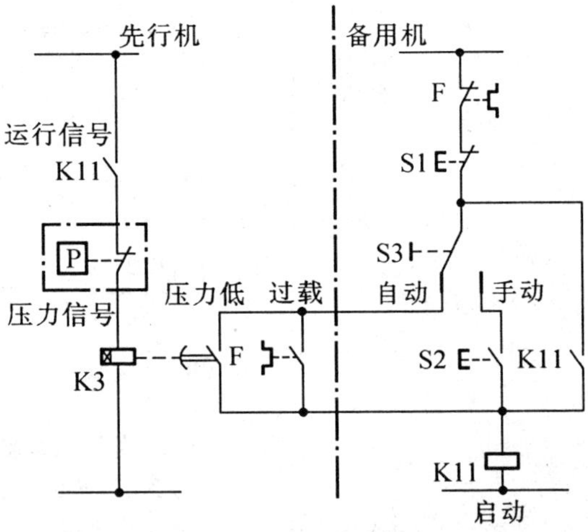

图 2.3.6.6 手动设置备用的自动转换信号

手动设置备用的自动转换信号如图 3.3.6.6 所示。有 2 个自动转换信号,先行机过载和先行机运行时出现压力低信号,启动备用机。这 2 个信号都是用常开触点,先行机不运行,触点不闭合,不会引起备用机启动。

(2)自动设置备用

自动设置备用状态的启动器中，准备先行的机投入运行，备用机才能建立备用状态，电动机过载和电源故障可以合并，用接触器的释放作为自动转换信号，启动备用机。

同样，压力信号就可以直接使用，不必引入运行条件。

自动建立备用的自动转换信号如图3.3.6.7所示。先行机不运行时，备用机不处于备用状态，不运行信号(K11常闭)不会使备用机启动。先行机启动运行，K11动作，使备用机备用状态继电器K1动作(自保)建立备用。在这种情况下，先行机发生电动机过载或电源故障使K11脱落，先行机K11常闭使备用机K11动作，启动运行。备用机启动后解除备用设置。

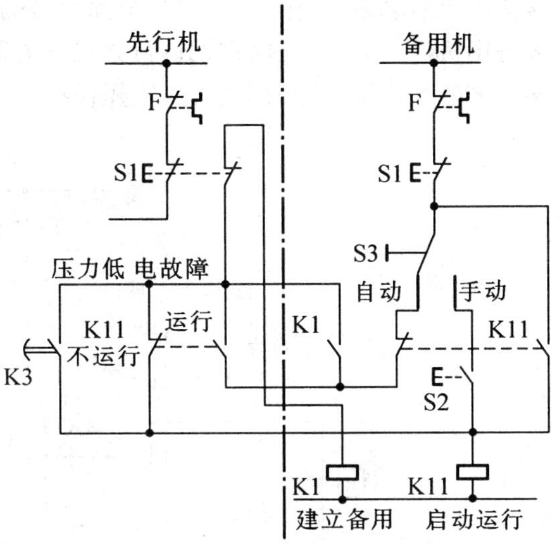

图2.3.6.7 自动建立备用的自动转换信号

(3)压力信号

处理机械运行参数较多的是压力参数。

压力信号一般是用触点(开关)信号。在备用泵自动转换的系统中，一般是监视压力低信号，在出现压力低时启动备用泵。触点传感信号有两种：压力高接通、压力低断开和压力高断开、压力低接通。两种信号都有使用。考虑到是监视压力低信号，因此一般是用压力高断开、压力低接通信号。

前面提到，对压力信号的接收需要延时处理，这样，压力开关的触点信号就不能直接使用，需要通过一个延时继电器接收，延时一段时间后再输出提供使用。

两台互为备用的泵是在同一管路系统工作，维持同样的运行参数。压力信号是取自同一个测量点。在测量点有设两个压力开关，分别供两台启动器使用，也有设一个压力开关，两台公用。

公用一个压力开关，延时继电器的工作电源，需要能自动转换到由运行机提供。如果固定由某一台启动器提供，当这一台启动器断电，例如电源开关断开则无法工作。

图2.3.6.8所示是延时继电器电源自动转换电路。延时继电器K2的电源由电源转换继电器K1选择提供。K1接在1号启动器的控制电源上，1号有电K1吸合，由1号供电；1号失电K1释放，由2号供电。考虑到延时继电器K2的输出触点数量有限，可以通过中继K3扩展输出。

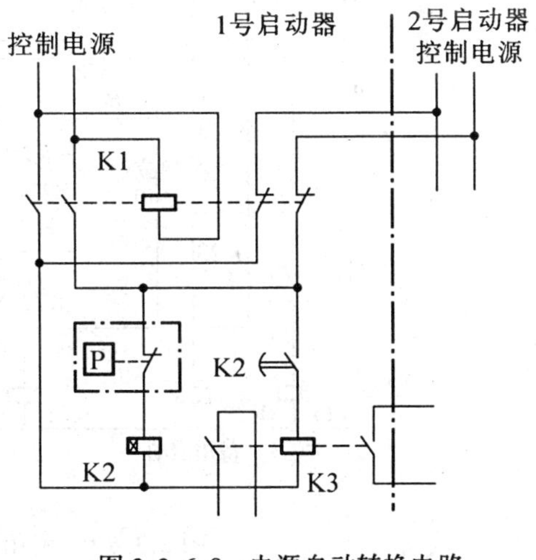

图2.3.6.8 电源自动转换电路

5.典型电路

根据上面讨论的各个功能电路可以组成如图 2.3.6.9 所示的典型控制电路。电路的功能是：

- ●先行机在手动的位置启动运行，备用机在自动位置自动建立备用状态；
- ●先行机因故接触器脱落或机械系统出现低压，备用机自动启动；
- ●备用机启动运行，停止先行机，解除自身的备用状态；
- ●备用机运行时，人工操作把运行方式开关置于手动，转为先行机运行；
- ●原来的先行机清除故障后，人工操作把运行方式开关置于自动，转为备用机。

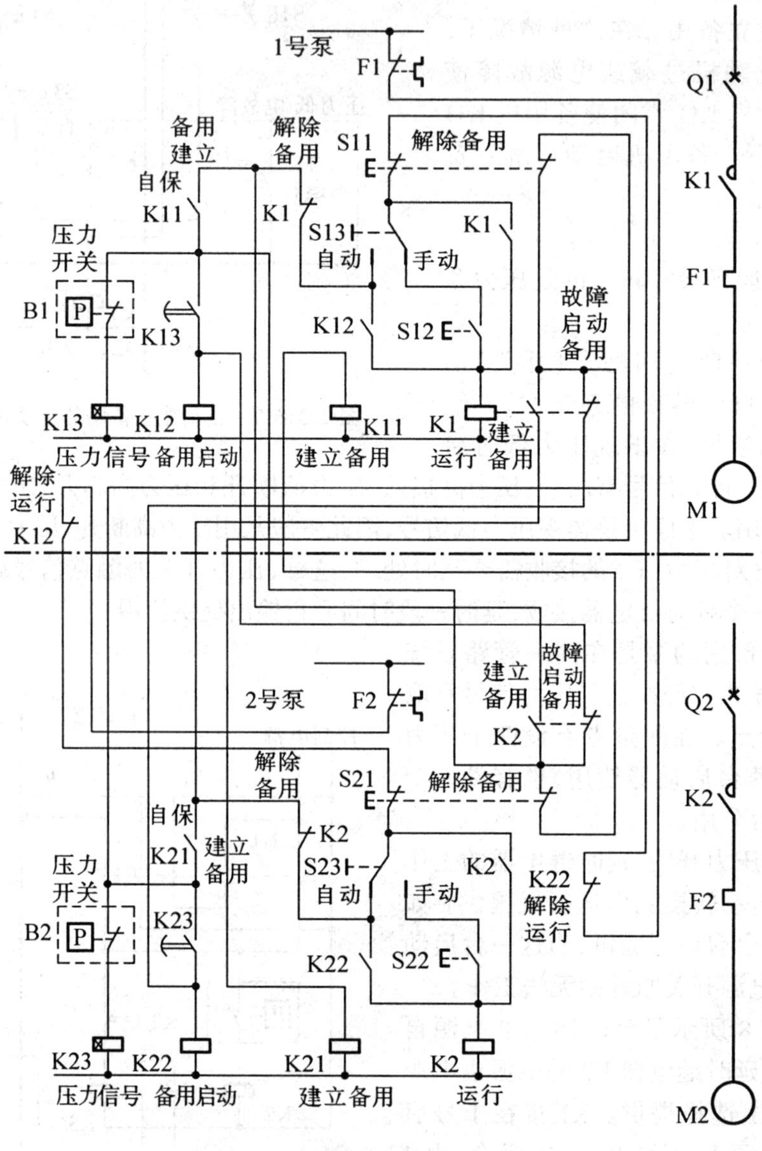

图 2.3.6.9　备用泵自动转换控制电路

原理图中 K1 和 K2 是各台启动器的主接触器。

机械系统设置2只压力开关，各启动器独立使用。压力低信号通过延时继电器(K13、K23)输出。

假设1号泵运行选择开关S13置手动，2号泵S23置自动。1号操作S12启动，接触器K1动作，泵投入作先行机运行。K1常开辅触点接通建立备用继电器K21，K21动作、自保，2号泵备用状态建立。

2号泵压力开关B2接入工作，由于“压力信号”继电器K23延时动作，“备用启动”继电器K22不会立即动作。1号泵运行建立压力，B2动作，常闭触点断开K23，K22不会动作。如果1号机产生机械故障，压力下降或无，B2触点闭合，接通K23，经设定的时间(例如4s)确认，K23动作，输出接通“备用启动”继电器K22，K22动作输出接通接触器K2，2号泵启动运行。K22的常闭输出解除1号泵运行。

如果1号泵运行时因电源故障或过载，使接触器K1脱落，K1的常闭辅触点接通“备用启动”继电器K22，输出动作K2，2号泵投入运行。

这种启动器电路不具有恢复供电后的程序启动的功能。无论先行机是什么故障引起备用机启动，只要备用机启动，先行机就自动停止。

图中上下2台启动器的电路完全一样。

6.具有恢复供电后程序启动的备用泵自动转换电路

为主机服务的重要机械(泵)一般都设置2套，互为备用。这类电动机启动器需要具有如下的功能：

——恢复供电后程序启动；

——备用泵自动转换的功能；

——在处理压力低故障时，希望备用机启动运行后有一段2机并联时间，然后再停止先行机。

1)恢复供电后的程序启动

电路实现：原来运行的再启动运行；原来不运行的仍不运行。因此需要对启动操作进行记忆，用继电器的电路一般都是用锁扣继电器记忆。如图2.3.6.10所示，K11是锁扣继电器，按下启动按钮S11(或其他启动信号触点闭合)，K11被置位，启动指令中继K1(或主接触

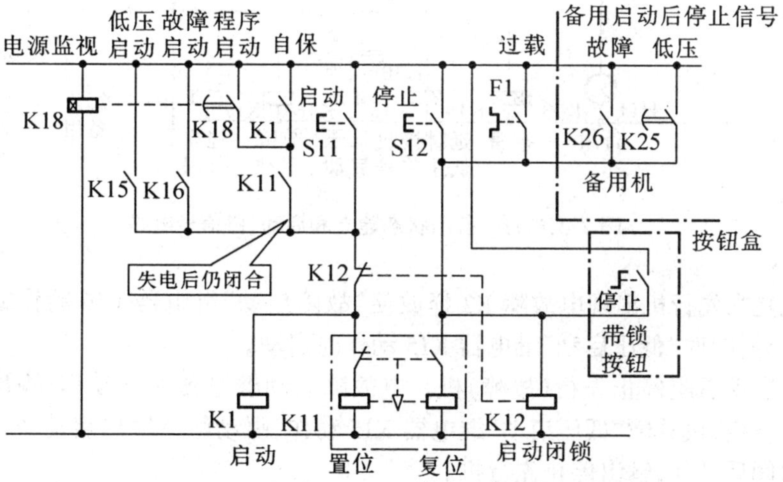

图2.3.6.10 程序启动的启动和停止控制电路

器)同时动作,电动机启动运行。中继 K1 动作通过 K1 和 K11 触点自保。电网失电后,K1 释放,自保被解除,触点 K11 仍保持闭合。恢复供电时,K1 不能立即动作,需要等到电源监视继电器 K18(设定的)延时动作输出,K18 触点闭合(和 K11 闭合),K1 才动作(自保),输出启动电动机运行。

启动按钮 S11 操作使 K11 置位后被机械锁定,电动机的停止需要在复位端通电。停止按钮 S12 信号是脉冲信号,热继电器 F1 输出的过载信号(在未复位前)是固定信号,机旁的带锁停止按钮,也是固定信号,这个固定信号的作用是不允许启动。因此需要加启动闭锁措施,即用 K12 接收固定停止信号,输出闭锁置位端输入信号。

备用机启动后应停止异常运行的先行机,停止运行需要对锁扣继电器进行复位。这里要求备用机因压力低启动时,2 机并联运行一段时间后再停止先行机。

备用机启动后需要输出 2 个停止信号:电故障立即停止;压力低延时停止,如图 2.3.6.10中(备用机)的 K25 和 K26 触点。

2)备用泵自动转换

自动转换电路如图 3.3.6.11 所示。操作选择开关 S13 置“自动”位,自动转换电路接入工作。以 1 号机作备用为例,“建立备用”继电器 K17 是在下列条件动作:

——本机不运行(K1 不动作);

——先行机运行(2 号机 K2 动作);

——先行机无停止操作。

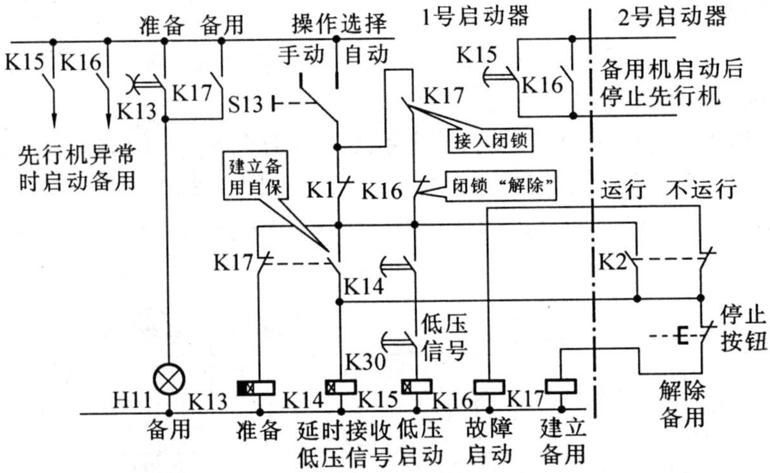

图 2.3.6.11　备用状态建立和启动、停信号电路

备用机是在先行机出现电故障 K2 释放使“故障启动”继电器 K16 动作或机故障(持续压力低 K30 动作)时“低压启动”继电器 K15 动作时启动。

备用机启动后应停止先行(故障)机。电故障启动继电器 K16 动作,输出启动备用机,同时停止先行机;机故障“低压启动”继电器 K15 动作,瞬动触点输出启动备用机,延时一段并联运行时间后动作,输出停止先行机。

3)准备状态

启动器操作选择开关置于自动位,表示机械要投入系统运行。如果不操作(启动),启动器需要对操作人员发出提醒的信号，启动器在既不启动运行又未建立备用状态的情况下，发出启动器处于准备的状态。

如图2.3.6.11所示，选择开关置于自动位，不运行K1不动作，未建立备用状态K17不动作，常闭触点使闪烁继电器K13工作，输出带动“备用”指示灯闪烁，表示处于准备状态。如果启动则K13断电，“备用”指示灯暗；如果另一台启动，则自动建立备用状态，K17动作，“备用”指示灯亮。

4)压力低启动后的并联运行时间

图3.3.6.11的“低压启动”信号继电器K15，接收到K30输出的信号后即发出备用机启动指令。电路功能是在“压力低”启动后，2机需并联运行一段时间才停止先行机。K15采用时间继电器，它的瞬动触点输出启动备用机，延时输出停止先行机。

备用机启动后输出停止先行机的信号是在“备用状态”建立下发出的，而备用机启动后(K1常闭断开)备用状态立即被解除，K15将无法工作。如图2.3.6.11所示，在用来解除备用状态的K1常闭触点上引入闭锁措施，并联K17常开和K16常闭触点，K17在建立备用后动作，闭锁K1。K15瞬时动作输出启动，K1常闭断开，由于K17和K16的闭锁，K15仍通电工作，延时动作输出停止先行机后，K2释放，使K16动作，常闭解除闭锁，备用状态K17被解除。

5)压力低信号的处理

前面提到，对压力低信号的接收需进行延时处理，以提供刚启动时压力建立所需的时间和运行中可能出现的短暂波动。图2.3.6.12表示工作中可能接触到的2种接收方式，图(a)是只要有控制电源，压力信号接收延时继电器K30即工作。图(b)是任意1台机运行，K1或K2动作，K30才工作。考虑到对外提供压力低报警信号，一般采用图(a)的电路。采用这种电路，机不运行没有压力，K30经设定的时间会处于动作输出状态，机一投入运行就会发出因低压启动备用机的信号。因此转换电路需再引入一段“压力建立”时间。图3.3.6.11的K14在建立备用后(K17动作)接入工作，经设定的“压力建立”时间，输出允许“低压启动”信号继电器K15接收K30输出的信号。

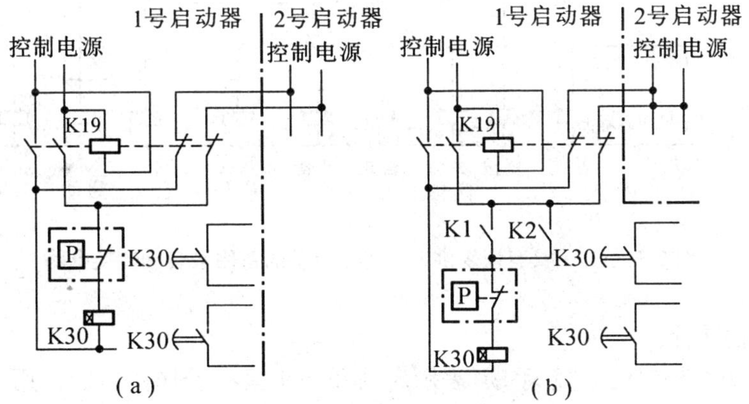

图2.3.6.12 压力信号的接收电路(电源自动转换)

6)典型原理电路

图 2.3.6.13 是按上述原理构成的具有恢复供电后程序启动的备用泵自动转换典型原理电路图。图中表示了两台互为备用启动器之间的接口。

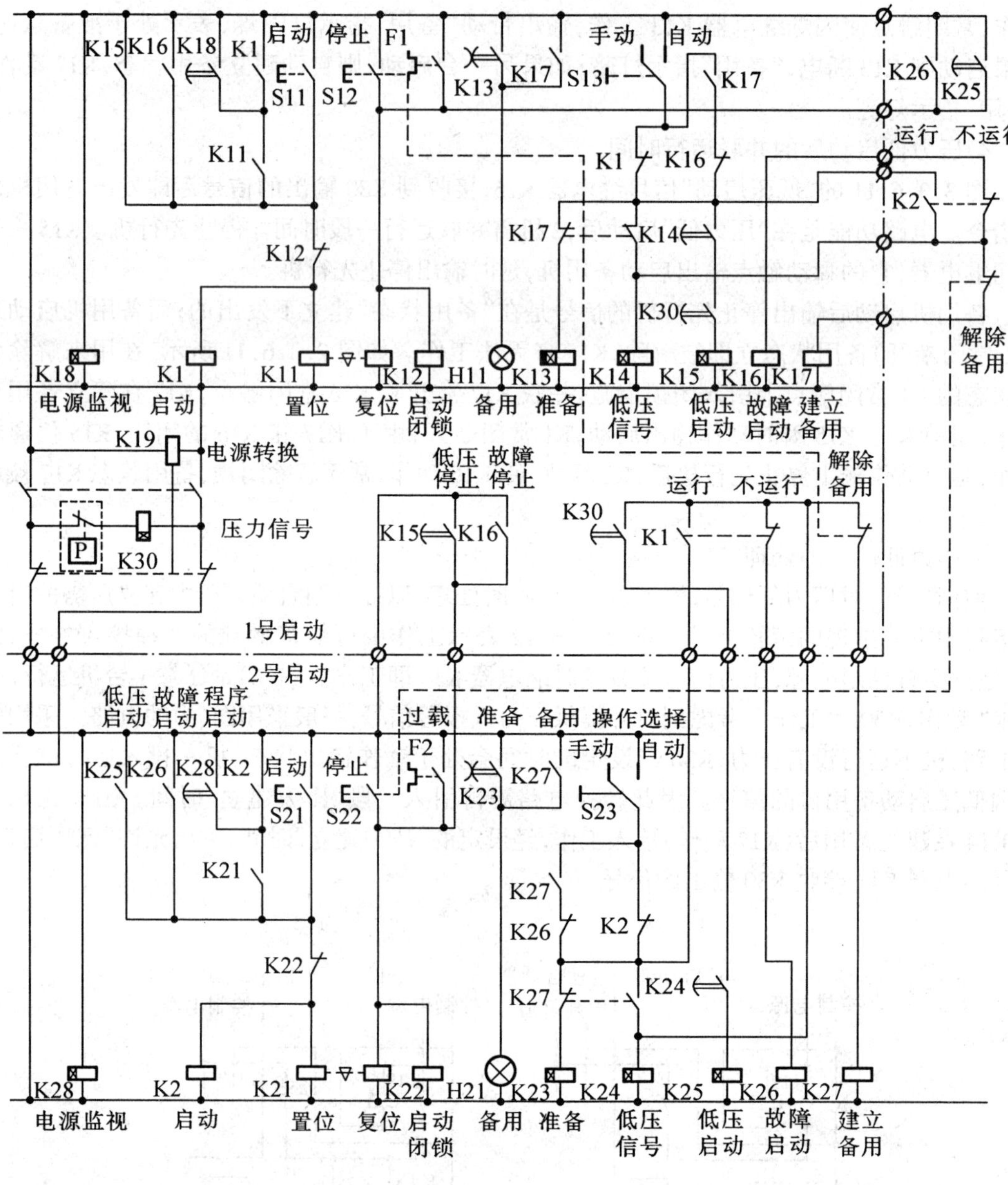

图 2.3.6.13　具有恢复供电后程序启动的备用泵自动转换电路

(1)手、自动选择

操作选择开关 S13(S23)置“手动”表示启动和停止只有操作按钮起作用;备用设置不起作用,置“自动”表示启动和停止按钮仍起作用,备用状态能自动建立,根据备用电路的信号启动和停止。

置“自动”位,表示机械系统需要运行,如果没有操作,闪烁继电器 K13(K23)动作,“备用”灯 H11(H21)闪烁,提醒操作人员注意。例如按 1 号机启动按钮,K1 动作,电动机运行,

K13 断电,“备用”灯 H11 暗;2 号机因此建立备用状态,K26 动作,K23 断电,“备用”灯 H21 亮,表示 2 号机已处于备用状态。

(2)压力信号处理

压力信号继电器 K30 设在 1 号启动器内。工作电源由 2 台启动器通过继电器 K19 选择。K19 由 1 号启动器供电,为主用电源,1 号启动器断电由 2 号启动器供电。

压力接受中继 K30 延时动作输出 1 副常开触点,分别供 2 台启动器用。

启动器接通电源,不按启动按钮电动机不运行,泵没有压力。经设定的时间 K30 动作输出压力低信号。手、自动选择开关置手动,压力低信号不会启动泵;置自动,就会启动泵。这种启动并不是需要的。因此采取 2 个措施:如果不启动,闪烁继电器 K13(K23)工作,备用指示灯 H11(H21)闪烁,提醒操作人员注意;建立备用后再通过 K14(K24)延时,接入压力低信号 K30。只有在 K14(K24)和 K30 的常闭触点都闭合,低压启动中继 K15(K25)才动作。延时继电器 K15(K25)的瞬动触点输出是启动备用机;延时触点输出是并联这段时间后停止先行机。

(3)恢复供电后的程序启动

一般的程序启动是用电源监视继电器延时接通控制电源,控制恢复供电后自动启动的时间。操作人员合上启动器的电源开关,不能立即启动,需要等待延时结束才能启动。上面提到,置自动位置如果不启动,备用指示灯会闪烁,提醒操作人员操作启动。电路中引入启动继电器 K1(K2),输出常开与 K18(K28)常开并联,解除启动操作对电源结束继电器延时输出的依赖。

2.3.7 具有跟随工作的控制电路

成对的机械不一定都是互为备用的设置。

例如 2 台向同一个淡水压力柜供水的淡水泵或 2 台向同一空气瓶供气的空气压缩机。2 台淡水泵的运行可以由操作人员根据使用情况来确定,是用 1 台还是用 2 台工作供水,即用水量大用 2 台,小则用 1 台。同样,用气量小用 1 台空压机,用气量大用 2 台。

淡水泵置于“手动”位一般是作检修用。置于“自动”运行,由各自的(差值)压力开关控制。例如低压(0.13 MPa)启动、高压(0.38 MPa)停止。

2 台泵的压力开关的起、停限值,有 2 种设置方式,即设定相同的限值和设置不同的限值。

2 台泵的压力开关设定相同的限值,是用 1 台还是用 2 台(置于“自动”运行)由操作人员确定。

1 台泵运行时,在一般使用情况下,泵在低压限值启动,压力不会再向下跌。在用水量大时,泵运行后压力可能还要向下跌,为了保持最低压力,需要人工再投入 1 台运行。如果需要自动再投入 1 台运行,2 台泵需要设置不同的限值。

2 台泵设置不同的工作限值,称为跟随工作方式。例如 1 号泵设置,低压(0.15 MPa)启动、高压(0.38 MPa)停止;2 号泵设置,低压(0.13 MPa)启动、高压(0.35 MPa)停止。按照这种设置,在一般使用情况下总是使用 1 号泵(先行)。在用水量大时,泵运行后压力可能还要向下跌,跌至 0.13 MPa,2 号泵也启动(跟随)运行,压力升到 0.35 MPa,2 号泵停止。

2 台泵按照这种固定的设置,1 号泵经常处于运行状态。要交换使用状态,可设置运行状态设置开关。控制电路如图 2.3.7.1 所示。S4 用来交换 2 台压力开关接入的泵号,以此确定先行和跟随。

2台主空压机也有采用这种运行方式。例如1台压力开关设置低压1.8 MPa启动、高压2.8 MPa停止;另1台压力开关设置低压2 MPa启动、高压3 MPa停止。

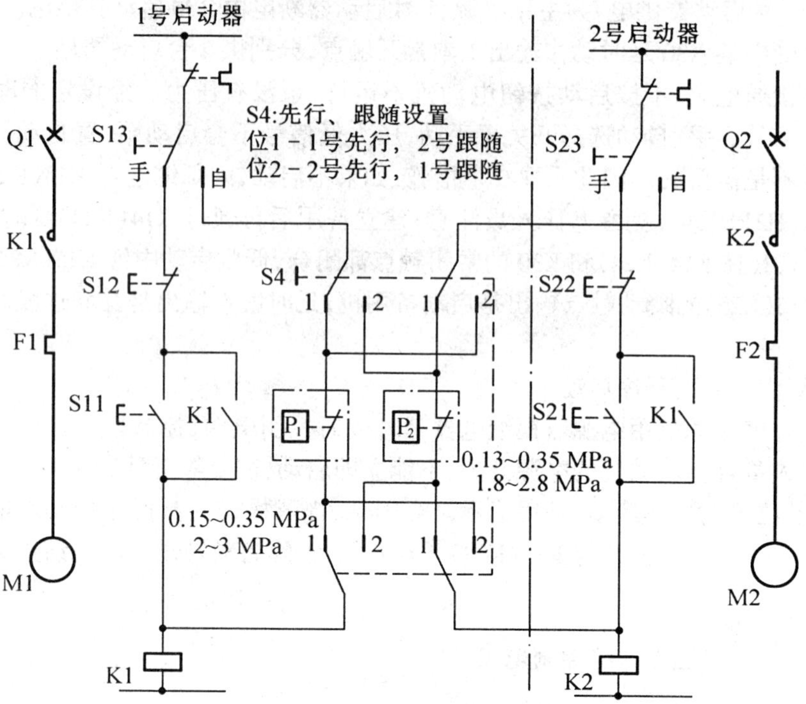

图2.3.7.1　具有跟随工作的控制电路

2.4　冷藏设备

船员食品置于低温舱室冷藏,能在一定时间内保证食品不会腐烂变质。冷藏食品的舱室称为冷藏库。造成和保持冷藏库低温的设备称为制冷装置。

食品储存温度在0～5 ℃左右称为冷藏。主要是对蔬菜、水果的短期保鲜。食品储存温度在－15 ℃左右称为冷冻。主要是对鱼、肉等食品的长期储存。食品不同,冷藏要求的温度不同,需要用不同的冷藏库储存,例如鱼肉库、蔬菜库和乳蛋库等。

冷藏船使用大型的冷藏设备。下面讨论小型的船员伙食冷藏设备。

2.4.1　压缩制冷原理简介

目前船员伙食冷藏主要采用蒸汽压缩制冷(简称压缩制冷)。制冷是利用制冷剂(介质)由液体变为气体的蒸发过程中,需要吸收热量引起的制冷效果。

目前常用的制冷剂有氟里昂R12、R22。由于氟里昂挥发对大气臭氧层有破坏作用,今后会逐步被新的制冷剂替代。

液态氟里昂 R12 在标准大气压下，气化温度为 -29.8 ℃。把液态氟里昂 R12 在节流、降压作用下送入冷藏库的蒸发器的盘管内，由于管内压力突变，液态制冷剂气化，气化过程需要吸收热量，致使冷藏库温度下降，达到制冷的目的。

压缩制冷装置由压缩机、冷凝器、热交换器、膨胀阀和蒸发器 5 个基本部件组成，如图 2.4.1.1 所示。制冷剂通过管路连接在这些部件中往返流动，构成制冷的工作循环。制冷工作循环如下：

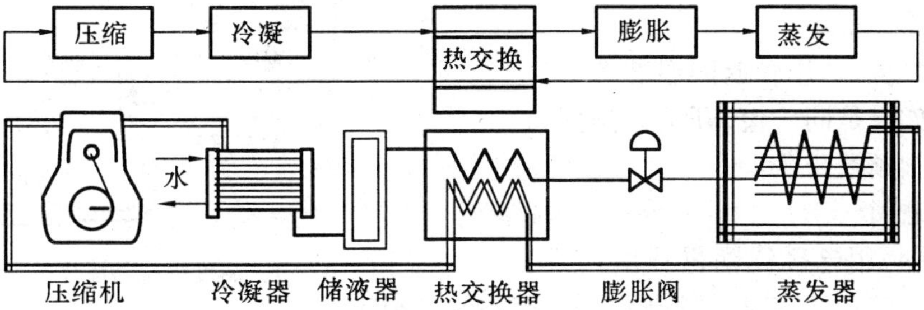

图 2.4.1.1　蒸汽压缩制冷系统组成原理图

●压缩　气态制冷剂（氟里昂）经压缩机压缩，为气态制冷剂向液态转化提供压力能；

●冷凝　压缩后的制冷剂进入冷凝器，管外流动的高温气态制冷剂与管内的冷却水（海水）进行热交换，使气态制冷剂向液态转换获得低温源；

●热交换　气态转换成液态的制冷剂进入储液器储存，再进入热交换器与从蒸发器返回的低温气态制冷剂进一步热交换，降低液态制冷剂的温度；

●膨胀　膨胀阀是一种节流阀，利用小孔的节流、降压作用，加速液态制冷剂向气态转化；

●蒸发　液态制冷剂在冷藏库蒸发器的盘管内气化，吸收热量使库内温度下降；

●压缩　气化后的气态制冷剂由压缩机抽回，经压缩、冷却又成为液态，再次送入冷藏库吸热制冷。

2.4.2　压缩制冷装置的自动控制

制冷的对象是冷藏库温度，目的是保持库内温度在需要的范围内。储存不同食品的冷藏库，需要不同的温度。对制冷系统运行的控制，除了控制各伙食库的温度外，还要控制制冷设备各部件的工作参数在正常范围内。

1.冷藏库的温度控制

液态制冷剂由膨胀阀节流、降压喷入冷藏库的蒸发器盘管内，气化、降温制冷。库内温度下降至需要值，应停止制冷剂输入。库内设置测量温度的温度继电器，温度下降至规定的下限值，发出信号，停止制冷剂输入；温度回升至上限值，发出信号，再输入制冷剂制冷。制冷剂输入、输出由电磁阀控制。电气控制有关的器件是温度继电器和电磁阀。

(1)温度继电器

如图 2.4.2.1 所示，温度继电器的感温包安装在冷藏库内，感温包内装有易挥发的气体，库内温度变化，气体挥发产生的压力随之变化。检测压力与定值弹簧的力通过以刀口为支点的杠杆的移动平衡，温度下降到下限值，定值弹簧的力大于检测压力，杠杆向检测压力侧下移，使开关触点动作，闭合触点被断开，关闭电磁阀。温度上升，检测压力增加，杠杆向上移，在差动弹簧的作用下，开关闭合触点返回接通的温度比断开高，即开关断开和闭合的温度有差值。开关动作温度由定值弹簧决定，由定值螺丝整定；开关返回温度由差动弹簧决定，由差动旋钮整定。

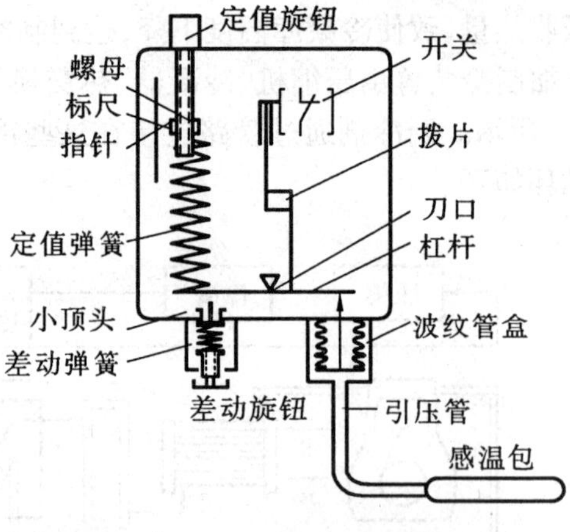

图 2.4.2.1 温度继电器原理示意图

温度继电器动作和返回温度的差值是必需的，如果是同一值，开关会频繁动作，使电磁阀频繁开、闭。

(2)电磁阀

电磁阀是用电磁线圈操作阀门开、关的双位控制阀。安装在膨胀阀之前，控制制冷剂输入冷藏库。电磁阀的结构如图 2.4.2.2 所示。线圈中的衔铁连接阀门芯，线圈不通电时，衔铁受弹簧力向下，关闭阀门；通电时，吸引衔铁向上，开启阀门。

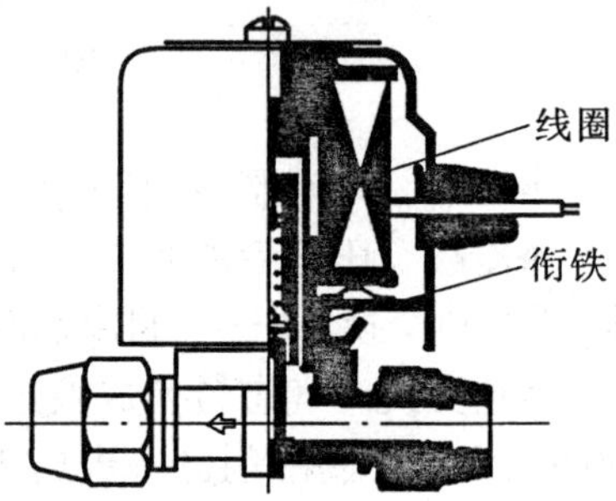

图 2.4.2.2 电磁阀结构图

2.压缩机运行控制

冷藏库的温度上升，温度继电器触点动作返回，接通电磁阀，液态制冷剂喷入库内的蒸发器的盘管内制冷。气化后的气态制冷剂由压缩机抽回，经压缩又成为液态进入储液器。

压缩机在制冷过程中出现下列情况将停止运行：

●冷库温度下降，温度继电器触点动作，断开电磁阀，关断制冷剂。压缩机继续抽取盘内的剩余气体，气体减少到近似真空的低压状态，则应停止压缩机运行；

●压缩机的冷却水中断，压缩后的回气不能变成液态，压力会升高，也应停止压缩机运行；

●采用压力润滑的压缩机，润滑压力小于一定值也应停止压缩机运行。

用高低压继电器监视低压和高压状态，用油压继电器监视润滑压力状态。

(1)高低压继电器

高低压继电器的结构如图 2.4.2.3 所示。在一个壳体内装有 2 个独立的压力检测机构，带动微动开关输出。

低压输入检测压缩机抽取的压力，压力高于设定值上限，压力克服弹簧力，推动微动开关动作，输出允许启动压缩机；低于设定值下限，弹簧力克服压力，松开微动开关返回，输出停止压缩机。

高压输入检测压缩机输出压力，压力低压设定值，微动开关不动作，输出启动压缩机；高于设定值，微动开关动作，输出停止压缩机。整定调节盘改变弹簧的预紧力，可改变压力动作值。

(2)油压继电器

机带油泵吸口从曲拐箱抽取滑油，出口向各润滑部位供油。出口比吸口压力高(有压

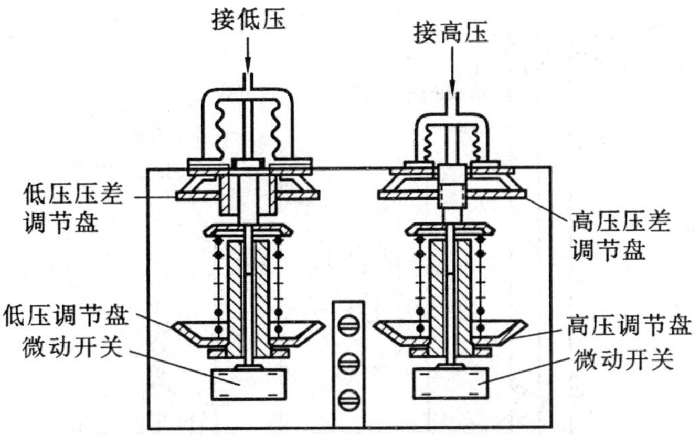

图 2.4.2.3　高低压继电器结构示意图

差)说明润滑正常。油压继电器是检测出口与吸口压力的差值。因为是机带,压缩机运转泵才工作,对压差的检测需要延时到机正常运转。

油压继电器的结构如图 2.4.2.4 所示。吸口的低压和出口的高压输入作用在主弹簧上,压差高于设定值,主弹簧压缩推动角形杠杆,如图中实线所示,推动压差开关动作,开关 K 和 DZ 端接通,允许压缩机运行;压差低,角形杠杆返回,如虚线所示,压差开关 K 和 DZ 端断开、YJ 接通,不允许压缩机运行。压差开关的动作是通过延时开关输出。这是一种早期的延时方法。压差开关动作,接通加热器,加热双金属片,使之弯曲变形,顶动延时开关动作输出。加热器是 220 V,用380 V需串联电阻。

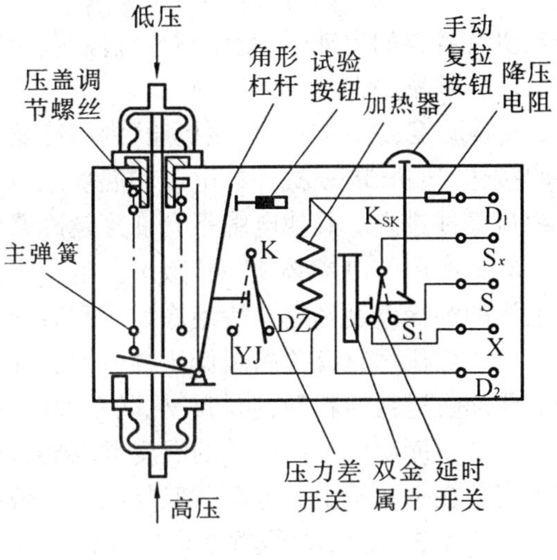

图 2.4.2.4　油压继电器结构示意图

这种油压继电器构成的电动机控制电路原理如图 2.4.2.5 所示。电源开关 Q 合上,接触器线圈 K 通电动作,电动机运转。刚启动压差未建立,压差开关不动作,加热器加热双金属片,在延时开关未动作之前,压差建立,压差开关动作,断开加热器,延时开关不工作,运行指示灯 H1 亮。启动时或运行中润滑不正常,压差低于设定值,压差开关返回,加热双金属片,延时开关动作,断开接触器 K,停止运行,接通故障指示灯 H2。

2.4.3　制冷装置的电气控制和电路

1.电气控制

伙食冷藏装置的被控设备主要是压缩机、冷却水泵和各冷藏库电磁阀等。压缩机和冷却水泵的电动机是一般启动器控制电路。早期的冷藏设备的电气控制装置是分散的,各台

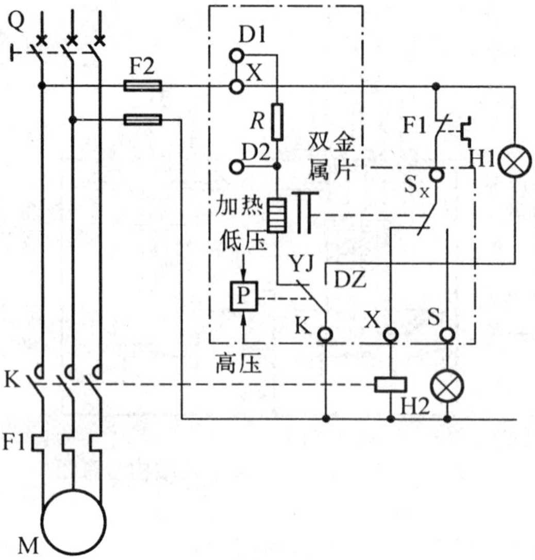

图 2.4.2.5　油压继电器控制原理图

电动机有各自的启动器，受控制装置控制。现在的冷藏设备和电气控制装置是配套的，控制和启动器件集中在控制装置内。

冷藏设备是安装在“冷藏机舱”内。冷藏机舱毗邻各冷藏库。冷藏库内的照明、门开关、呼叫按钮、风机、电动机等的电缆和温度继电器的温包线等，从“舱”和“库”隔舱壁上的密性电缆贯穿件进入。其他电缆不允许穿越冷藏库。

冷藏库内的电缆必须“明”敷设。电缆贯穿件的长度和开孔位置需依据舱室的绝缘布置图上标的绝缘厚度确定。待绝缘铺设和表面包覆工作结束后才能敷设电缆，安装设备。

与压缩机运行有关的高低压继电器和油压继电器上有管路连接，一般是随机安装的，如果需要加装进线填料函，应与轮机联系拆装。

与冷藏库温度控制有关的温度继电器和电磁阀，轮机部门通常是与其他控制、操作器件集中安装在一块板上。电缆一般是敷设在板后，穿孔进入板前设备。

图 2.4.3.1 所示是设置 2 台压缩机和 3 个冷藏库的冷藏装置系统例图。冷藏控制箱、压缩机和安装板安装在冷藏机舱，风机安装在各冷藏库。冷却水泵安装在其他舱室，也可能不是冷藏设备专用。冷藏系统一般只监视水压力。肉库和鱼库属于冷冻库，温度在 -15 ℃以下，长时间使用会产生结霜，需要设置电加热器，定期加热除霜。

2.控制电路

伙食冷藏系统至少设置 2 台压缩机，互为备用。图 2.4.3.2 只画 1 台压缩机的控制电路，另一台控制电路相同。

输入电源通过总电源开关 Q01 向控制电路和各电力负载电路供电。

控制电源为 220 V，通过变压器 T1 降压、隔离供电。初级设开关 Q02，是带过载和短路保护的小型断路器。

各电力负载电路分别设电源开关，开关是带过载和短路保护的塑壳断路器。电动机分路断路器，有的采用电动机保护型，保护动作既可以躲过启动电流冲击又可以满足过载保护

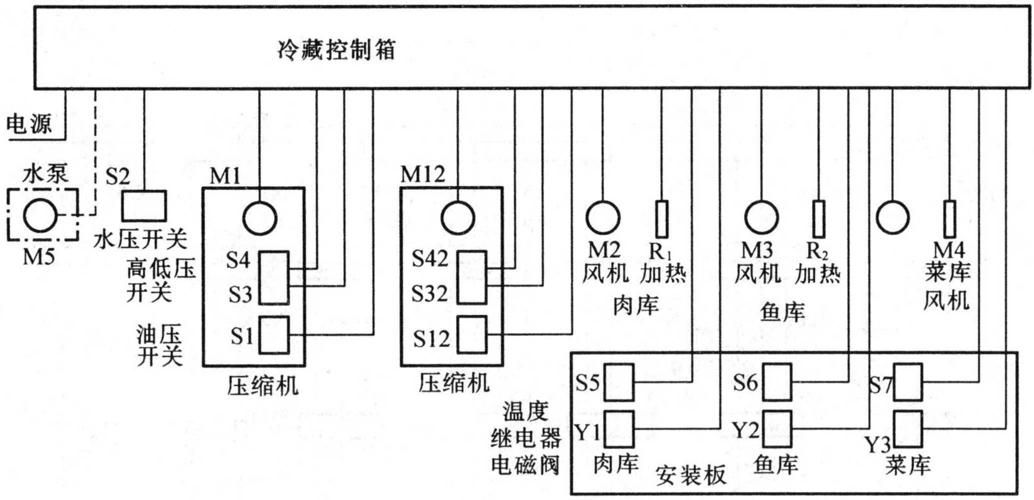

图 2.4.3.1　冷藏装置系统例图

要求，不另设热继电器；本例图表示一般配电断路器，主要承担瞬动和短延时保护，过载长延时保护由热继电器实现。

1)压缩机控制

制冷剂的循环使用由压缩机运行实现。对保持冷藏库的温度没有直接作用。各库的温度变化不一致，某库的温度达到设定值，其他库可能还未达到。即使所有库都达到，还需要将管路内剩余的制冷剂收回。压缩机的电动机的启动、停止一般不纳入自动控制，仅在发生异常情况时停止运行。

(1)故障状态

●短路

控制箱的压缩机电动机出线电缆和电动机内部发生短路，由电源开关 Q1 的瞬动和热保护进行保护，发生短路保护动作跳闸，切断电路停机。

●过载

由于负载或其他机械原因，电动机过载，热继电器 F1 动作停机。

●油压差低

由于机带油泵或管路故障，油压差降低，油压继电器 S11 动作停机。油压故障需要时间确认，即发生故障，延时一段时间，如果故障不消除，则动作输出。本图例是采用前面介绍的油压继电器，本身已解决输出的延时，无需再通过延时继电器输出。现在的冷藏设备多用压力继电器通过延时继电器输出。

●冷却水低压

冷却水压力由压力继电器 S12 监视。压力低于允许值，延时停机。

●出口高压

压缩机排除的制冷剂因冷凝故障不能液化而使出口压力升高，高压继电器 S14 动作停机。

上述故障除“短路”为电故障外，其他都是机运行故障，需要停机后检查、排除，故障动作

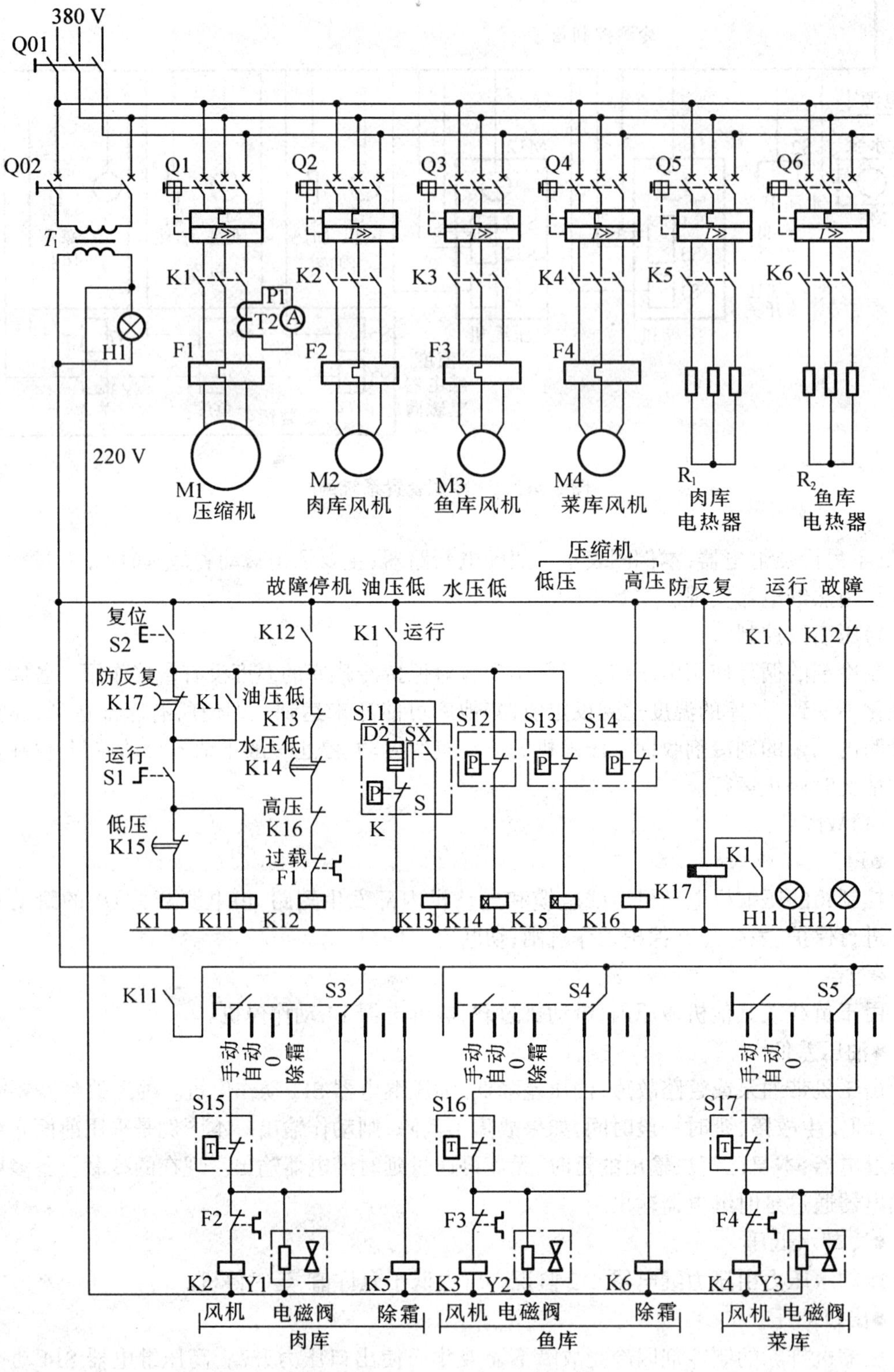

图 2.4.3.2　冷藏装置系统原理图

状态复位后才允许再启动运行。

(2)非故障状态

各冷藏库的温度都下降到设定值,制冷剂输入关闭。压缩机吸收管路内剩余的气态制冷剂,随着制冷剂减少,吸口压力降低,降低到一定的“低压”值,压缩机已没有工作的必要,可以停机。这种非故障的低压状态停机,在冷藏库恢复制冷后,低压状态消除,需要再启动运行。低压状态消除快慢与冷藏库的使用状态有关,为了避免压缩机反复启动,停机后可以等待一段时间再启动。

低压输出停机需要延时。

(3)电路(参看图 2.4.3.2)

●启动

电动机的接触器 K1 的工作条件是:无低压(K15 常闭开关闭合)、运行开关 S1 接通、防反复未动作(K17 常闭闭合)和无故障(K12 常开闭合)。K12 动作常开开关才能闭合,必需按“复位”按钮 S2 才能使 K12 动作,也就是说,初次运行或故障解除后运行都需要按“复位”按钮 S2。

按“复位”按钮 S2,K1 和 K12 动作,电动机启动运行,S2 触点被 K12 常开闭合自保。

●防反复

压力继电器 S13 低压时触点闭合,接通延时继电器 K15,延时动作输出,断开 K1,停止运行。“防反复”继电器 K17 的接入,再次启动要等待 10 min(可整定)。

参看图 2.4.3.3。K17 是断电延时继电器,A1、A2 是电源端,另 2 个是控制端。控制端短接,瞬时动作(输出常闭触点瞬时断开),控制端断开,延时释放(常闭触点延时闭合)。电动机启动运行,K1 吸合,一副辅触点短路“防反复”继电器 K17 输出的常闭触点;一副短接 K17 控制端,K17 动作,输出常闭触点瞬时断开,但被 K1 辅触点自保短路,电路仍接通,K1 保持吸合。低压动作,K15 断开,K1 释放停机,辅触点断开 K17 控制端,K17 将延时释放。延时时间内 K17 常闭触点仍保持断开,即使 K15 恢复闭合,K1 也不能接通,K17 延时 10 min 释放,常闭触点闭合,接通 K1 动作,电动机再次启动。

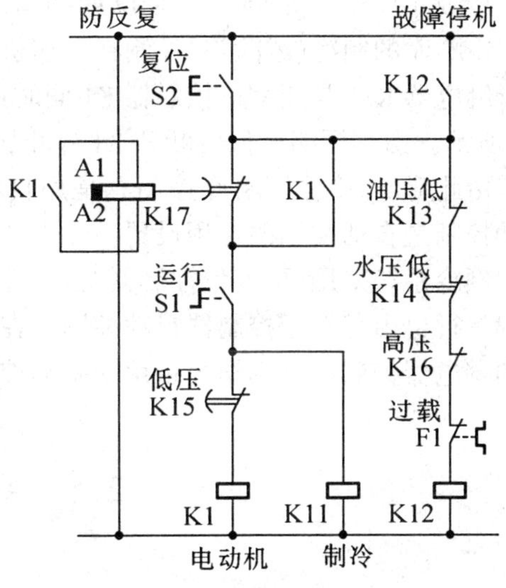

图 2.4.3.3 压缩机控制原理图

●故障停机

发生油压低、水压低、压缩机高压或电动机过载任一故障,故障继电器 K12 断开释放,电动机启动电路断开停机。故障排除,按复位按钮 S2,才能再次启动运行。

2)冷藏库温度控制

冷藏系统的控制对象是冷藏库的温度,控制的目的是保持各库的温度在设定的要求范围之内。冷藏库温度是由人工操作保持,称为手动控制;由器件操作保持,称为自动控制。

制冷剂由电磁阀控制通过膨胀阀进入冷藏库的蒸发器,吸热、制冷。温度下降到设定值,关断电磁阀停止输入制冷剂。为了使库内温度均匀,开启电磁阀同时启动风机运转,使库内空气对流。

自动控制是用温度继电器检测库内温度。温度高于设定值，继电器触点闭合，接通电磁阀和风机接触器；温度低于设定值，继电器触点断开，断开电磁阀和风机接触器。

手动控制是人工操作电磁阀和风机的工作。

冷冻库还需要定时除霜。

图 2.4.3.4 表示冷冻库和冷藏库的操作设置。控制箱面板上，每个库设有工作方式选择开关，可以根据该库的使用、检修或有故障等情况选择。

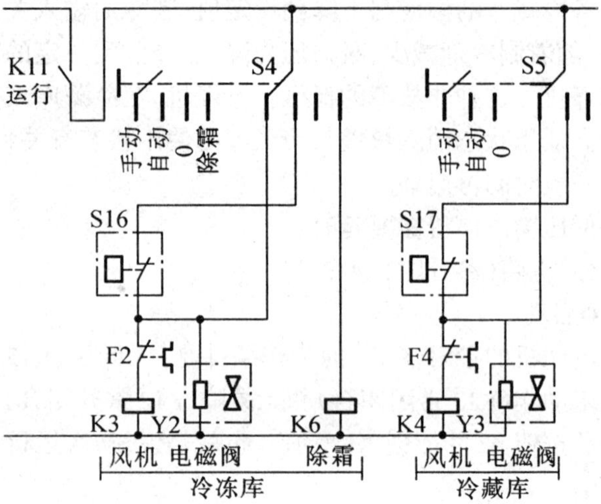

图 2.4.3.4　冷库手动、自动控制设置原理图

冷冻库操作开关 S4 有 4 个位置：手动、自动、0(停止)和除霜。手动位置，直接打开电磁阀和接通风机工作，操作人员认为温度达到要求，将开关置于 0 位，停止制冷；自动位置，制冷由温度继电器 S16 控制；除霜位置，接触器 K6 动作，接通该库的加热器。

冷藏库操作开关 S5 有 3 个位置：手动、自动和 0。

冷藏库的制冷(或除霜)控制在压缩机启动运行时 K11 动作接入。如图 2.4.3.3 所示，运行继电器 K11 与压缩机接触器 K1 同时接通工作。K11 输出接通制冷控制电路，如图 2.4.3.4 所示。由于压缩机低压断开 K1 停止压缩机，K11 仍保持吸合。

由此看出，冷藏库制冷控制总是用自动控制。如果温度继电器故障则无法正常制冷。手动控制是自动控制的备用设置。

制冷系统采用“可编程控制器”自动控制，库内温度用温度传感器监视自动控制。压缩机的运行也由可编程控制器自动控制。在这种情况下，上述的温度继电器控制制冷和压缩机的继电器控制电路则作为备用的手动控制。

2.5　锚机和系缆机

2.5.1　锚机和系缆机简介

锚机和系缆机是船舶必需的甲板机械。

船舶在无依靠的水面停泊，是靠抛入水中的锚和与船维系的锚链定位。船舶靠、离码头或浮筒有时也需要借助锚对船的定位作用。锚机是用来抛锚和起锚的机械设备。

船舶停靠码头是用缆绳拴系在码头的带缆桩上。缆绳需要根据涨潮、落潮水位变化收、放。船舶停带浮筒是用缆绳拴系在浮筒上。靠、离码头也需要借助缆绳的拖、放。系缆机是用来收放缆绳的机械设备。系缆机也称为绞盘。

锚设备包括锚、锚链、锚链筒、止锚器、锚机和锚链舱等。锚机是锚设备中的动力部分，由独立的原动机驱动。用电动机驱动的称为电动锚机，用油马达驱动的称为液压锚机。

锚设备一般都设置在船首。左、右各设一锚，用锚机转动锚链起、抛锚。锚机也可以用来收、放缆绳，有的船舶在船首只设锚机而不设系缆机。一般船尾都设置系缆机。有的船舶也设置尾锚。

电动锚机的起、抛锚运行主要是对电动机的运行控制，是我们船舶电工需要学习掌握的。电动系缆机的控制电路与锚机相似，以下介绍电动锚机。

从电气控制来看，电动锚机（或系缆机）是电动机可逆、变速控制。电动机是短时工作制（30 min）。例如，正转为起锚（或收缆）、反转为抛锚（或松缆）；根据需要电动机可以以不同转速运行；停泊的靠、离操作，电动机运行是断续和短时的。电动起锚是电动机拖动锚运行；电动抛锚是锚拖动电动机运行，电动机处于再生（反馈）制动状态。

交流感应（鼠笼）电动机的正、反转控制很容易实现，调速控制较为困难。

调速采用变极调速，速度变化是跳跃的，一般只有 2 速或 3 速。采用变频变压调速，可以平滑调速，但设备复杂，价格昂贵。以下介绍交流变极调速电动锚机的控制。

2.5.2 交流三速电动锚机

锚机用交流三速鼠笼电动机直接驱动。

1.交流三速电动锚机电气系统

电动锚机由锚机电动机、主令控制器和锚机控制箱组成，如图 2.5.2.1.所示。控制箱由主配电板提供电源。人工操作主令控制器向控制箱发出运行指令，控制电路根据指令和各信号状态，组合判断后，使指令要求的转速接触器动作，接通电动机运转。电动机不运转，用电磁制动器抱闸制动，运转则松闸。

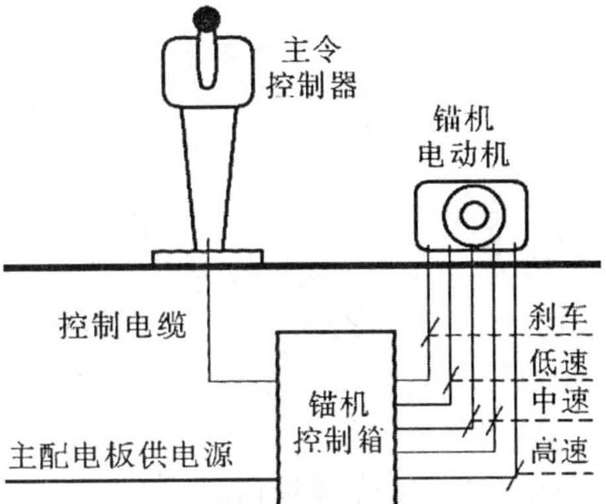

图 2.5.2.1 交流三速电动锚机电气系统图

2.变极调速电动机

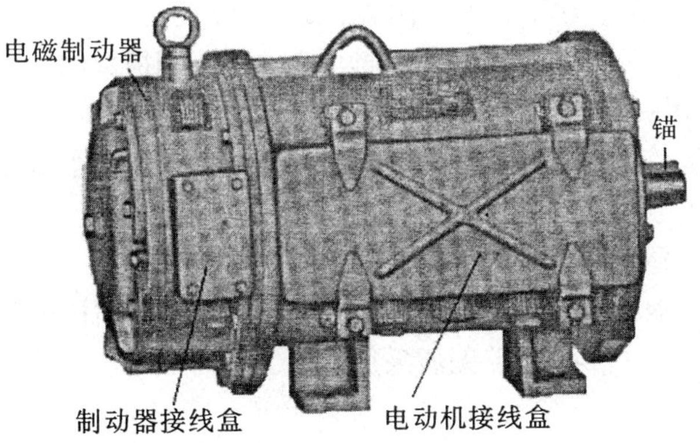

图 2.5.2.2 交流三速电动机外形图

用于锚机的电动机需要带制动器，一般都采用与电动机制作成一体的圆盘式制动器（刹车）。电动机外形如图 2.5.2.2 所示，电磁刹车在端盖内。

变极调速一般只限于鼠笼式电动机。变极是改变定子绕组的极数。因为鼠笼式转子有自动产生与定子同样极数的特点，因此变极只需改变定子绕组的极数。

改变定子绕组极数的方法有三种：

(1)在定子槽中设置 2 个或几个具有不同极对数的、各自独立的绕组；

(2)定子绕组从一种极对数换接成另一种极对数；

(3)将上述两种方法混合使用。

小功率锚机采用双速电动机。这种电动机的定子槽中设置 2 个不同极对数的、各自独立的绕组，例如高速绕组为 4 极，低速绕组为 12 极。

大功率锚机采用三速电动机。下面要介绍的交流三速电动机，极数为 4/8/16，对应的转速为 1 420 r/min、720 r/min、330 r/min。有两套绕组，其中 4 极为一套，8 极和 16 极合用一套。绕组连接如图 2.5.2.3 所示。

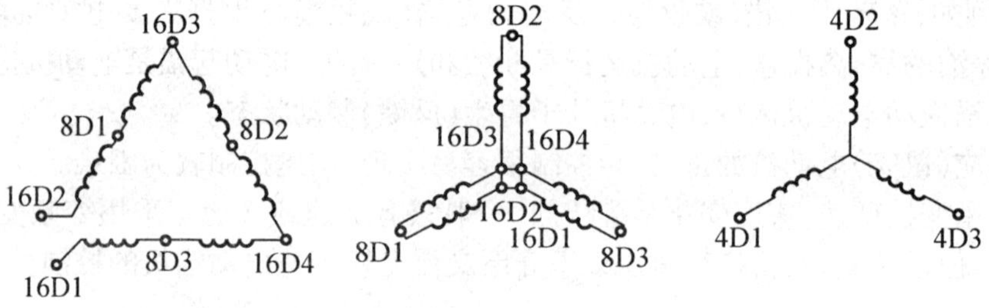

图 2.5.2.3　交流三速电动机绕组连接图

(a)16 极，Δ 连接；(b)8 极，YY 连接；(c)4 极，Y 连接

16 极接法是每相 2 个绕组串联，三相绕组接成 Δ 形，如图 2.5.2.3 中(a)所示。三相绕组出线 16D1(2)、16D3、16D4。16D1 和 16D2 是同一个端子，2 个端子接在一起，三角形闭合；2 个端子分开，三角形开口。当 4 极绕组通电运行时，闭合的 Δ 形的各相绕组会感应到电势，三相电势之向量和应为零，不会产生环流。但是，由于三相绕组工艺制作上的差异，三相电势之向量和可能不为零，就会产生环流。提供 2 个端子，可以在 16 极和 8 极运行时，2 个端子(用接触器)连接，4 极运行时分开，三角形开口。现在的制作工艺已经可以使环流降至最小，4 极运行时可以不必分开。2 个端子在接线盒内作固定连接。

8 极接法是每相 2 个绕组并联，2 个三相绕组接成双 Y(YY)形，如图 2.5.2.3(b)所示。16 极端子连接成中点，8D1、8D2、8D3 三相端子出线。

4 极为独立绕组，接成 Y 形。三相出线 4D1、4D2、4D3，如图 2.5.2.3(c)所示。

这种电动机改变定子绕组极数是上述的混合方法。即定子槽内有 2 个不同极数的独立绕组；其中 1 个绕组从一种极对数换接成另一种极对数。

电气控制电路由主电路和控制电路组成。器件的选用一般有 2 种方式，一种是主电路用接触器，控制电路用继电器；另一种是主电路用接触器，控制电路用可编程控制器。控制电路用继电器，电路功能组合比较直观，容易理解。

以下以实船使用的 MKC1A 型系列“电动机起锚系缆绞盘机控制箱”为例说明锚机电气控制原理。原理图的元件文字代号为该产品提供的电路图所采用的。

3.电动机调速主电路

锚机电动机调速的主电路如图 2.5.2.4 所示。控制正、反转的接触器 1KM 和 2KM 操作锚机起锚和抛锚。两种旋转方向都有三种速度，3KM 控制低速、4KM 和 5KM 控制中速、6KM 控制高速。

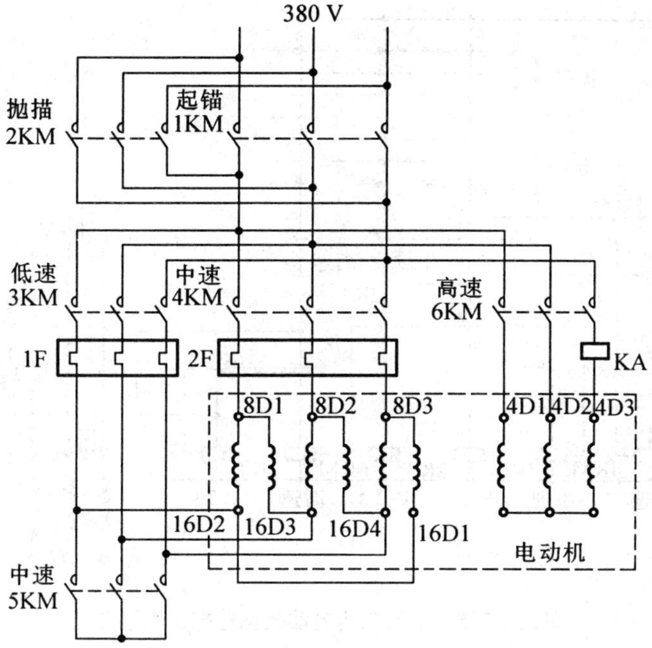

图 2.5.2.4　交流三速电动机调速主电路图

对照图 2.5.2.3 的绕组连接图。

低速运行,3KM 动作,电源通过热(保护)继电器 1F 接入 16 极端子,16D1 和 16D2 在外部固定连接。三相绕组按 Δ 形连接。

中速运行,4KM 和 5KM 动作,电源通过热继电器 2F 接入 8 极端子,每相 2 个绕组并联,5KM 把绕组另一端连接在一起作为中点,2 个三相绕组按 Y 形连接。

高速运行,6KM 动作,电源接入 4 极绕组,其中一相串入电流继电器 KA,运行电流大于额定电流时 KA 动作。

4.电动机调速控制电路

电动机低速和中速可以直接启动,高速必须经中速启动后才能启动。各档转速的主接触器动作,相互连锁。

控制电路如图 2.5.2.5 所示。调速控制指令由指令控制器发出。起锚、抛锚的三档调速动作要求一样。

第 1 档低速,接通低速控制电路。接触器 3KM 动作,接通 16 极低速运行。动作连锁条件是中速、高速接触器 4KM、5KM、6KM 都不动作。3KM 动作同时输出切断中速和高速的控制电路。

第 2 档中速,断开低速控制电路,接通中速控制电路。在低速 3KM 和高速 6KM 不动作的条件下接触器 5KM 动作,输出接通 8 极绕组端子,同时接通 4KM 动作,输出连接 16 极端子,电动机双 Y 形连接,作中速运行。高速启动限制延时继电器 2KT 接通,经设定的时间(1 ~2 s)动作,输出允许高速启动。

第 3 档高速,断开低速控制电路,接通高速控制电路,并保持中速控制接通。如果从“0”

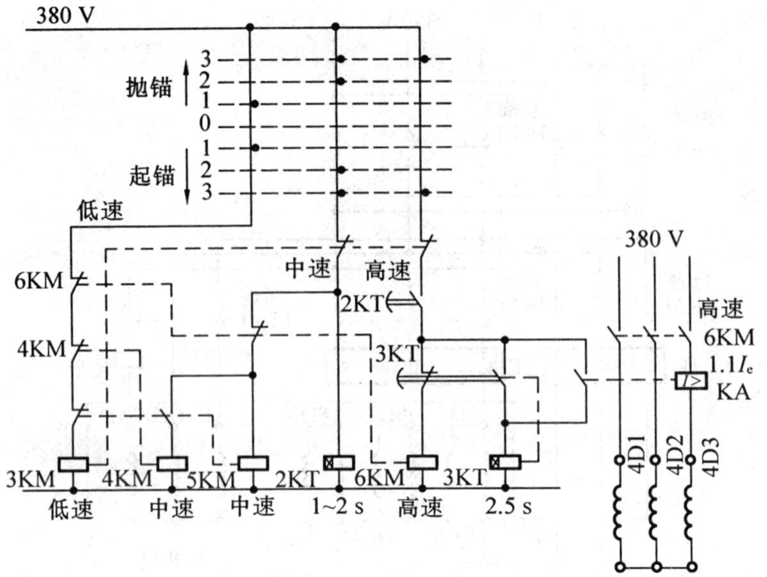

图 2.5.2.5　交流三速电动机调速控制电路图

位直接扳到“高速”档，延时继电器 2KT 的延时动作，保证中速启动后才能启动高速。2KT 的延时动作输出，在低速 3KM 不动作条件下，接触器 6KM 动作，接通 4 极绕组高速运行。同时断开中速控制电路，4KM、5KM 释放。

低速和中速运行有热继电器作过载保护。高速运行过载则返回到中速运行。高速运行由串联在一相电路中的电流继电器 KA 监视，当电流超过额定电流 I_e 的 1.1 倍时，KA 动作，输出接通延时继电器 3KT，延时动作，切断 6KM，返回到中速运行。我们注意到，高速启动电流肯定超过额定电流好几倍，因此 KA 动作的输出作用必须通过 3KT 延时时间（2.5～3 s），以躲过启动所需的时间。也就是说，启动过程在 2.5～3 s 内结束，超过这个时间电流仍保持在额定值以上就是过载。3KT 动作输出切断 6KM，同时自保。因为手柄在高速档，返回中速运行，高速电流消失，如果 3KT 动作不自保，就会释放，又进入高速运行，产生高、中速之间来回振荡。

5.零位保护和强迫运行

零位保护是锚机在任何方向、任何速度下运行，因故停止，必须把操作手柄返回到“零”位后，控制电路才能再次工作的操作保护。

例如，在抛锚高速档运行，突然电源中断，而操作者未拉回手柄就离开，如果没有零位保护，电源恢复，电动机会立即启动；又如，在中速档运行，因过载引起热继电器动作，停止运行，手柄停留在中速档，按热继电器复位，电动机会立即启动。这些无准备的启动是很危险的。

零位保护原理电路如图 2.5.2.6 所示。主令控制器 LK 的端子 1、2 触头在“0”位接通，控制开关 SA1 接通时，零位保护继电器 1K 动作，输出一副常开触点自保、一副常开向主令调速控制触头和刹车控制供电。操作手柄离开零位，端子 1、2 触头断开，1K 靠自保保持吸合，因电源故障或热继电器 1F、2F 动作使 1K 释放，即使电源恢复或热继电器复位，手柄必须返回零位，1K 才能动作。

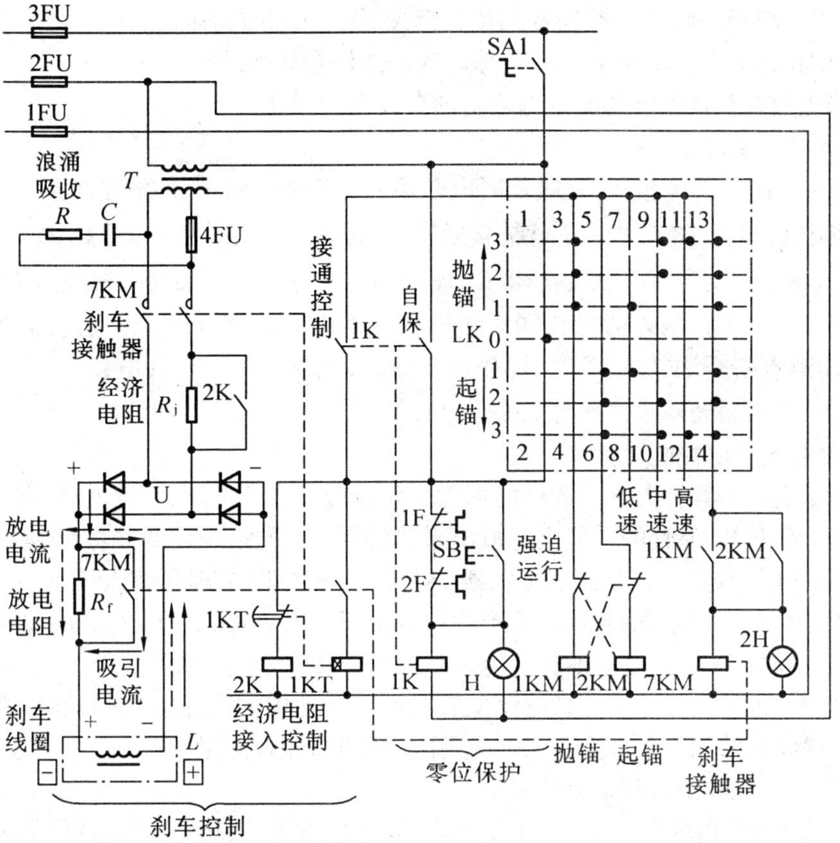

图 2.5.2.6　交流三速电动机零位保护和刹车控制原理图

低速或中速运行过载，1F 或 2F 动作，触点断开，停止运行，但操作者又需要电动机短时运转。在这种情况下越过热继电器的保护，使电动机运行，称为“强迫运行”。手柄回到零位，按住按钮 SB，再操作手柄使电动机运行。

6.制动器控制

制动器即刹车。为安全起见，制动器的电磁线圈不通电时，电动机是处于制动状态，通电后电动机才能运转。

一般都采用与电动机制作成一体的圆盘式电磁制动器结构。如前面已介绍过的图 2.1.3.7所示。电磁线圈不通电时，弹簧顶开定片，摩擦片压紧动片，使电动机轴制动，通电时，弹簧压紧，松开定片，电动机轴可以自由转动。

定片被弹簧顶开，气隙较大，电磁线圈吸动定片需要较大的电流，定片移动到位，气隙很小，维持吸持所需的电流较小。电磁线圈都是采用直流，考虑到经济性，线圈的设计只允许短时通较大的电流，保证吸引，长时间则用较小的电流，维持吸引。

(1)制动器接入工作

参看图 2.5.2.6，制动器电磁线圈 L 由变压器 T 和整流桥 U 提供直流电源。变压器次级 220 V 提供电动机空间烘潮加热电阻电源，抽头电压 127V 提供刹车电源。刹车电源接入电磁线圈由接触器 7KM 进行开、关控制。

电磁线圈 L 通电电动机才能运转。主令控制器 LK 的刹车接触器 7KM 的控制触头(端子 13、14)在零位断开,起锚和抛锚各档位置都接通。7KM 的动作还必须满足起锚和抛锚方向接触器 1KM、2KM 任何一个动作的条件。这个条件是必须的。

7KM 的主触头在整流桥的交流侧控制刹车线圈的通、断。

(2)经济电阻接入

制动器吸动时经济电阻短路,吸持时电阻接入。经济电阻 R_i 的短路和接入是由继电器 2K 控制。零位继电器 1K 动作,2K 就被接通动作,输出常开触头闭合,短路 R_i。7KM 动作,主触头闭合,辅触头闭合短路放电电阻 R_f,制动器电源电压全部加在电磁线圈 L 上,通过较大的电流吸动刹车片。7KM 辅触头同时接通延时继电器 1KT 工作,经设定的时间(1 s)动作,输出常闭触点断开 2K,2K 释放,常开触头断开,R_i 被串入电路,电磁线圈 L 的电压下降,电流减小,维持制动器吸持状态。

(3)电磁线圈放电控制

电磁线圈是一个具有大电感的储能器件。两端施加直流电压,流过电流,电能储存在电感线圈内。电源断开,储存的电能会释放出来,根据电工原理,线圈两端将产生反电势,企图维持线圈中的电流不变。如果刹车接触器 7KM 的主触头设在直流侧,断开时,放电回路开路,电阻无穷大,要维持原来的电流,将产生很高的反电势,7KM 的主触头断开会拉弧烧蚀,甚至熔融无法分断,储存的电能消耗在电弧发热上。因此,电路采取 2 个措施:一是刹车接触器 7KM 的主触头设在交流侧,二是设置放电电路。通电的直流线圈断开时,必须设置放电电路来消耗储存的能量。放电回路的电阻大,反电势高,能量消耗快,刹车释放快;电阻小,反电势低,能量消耗慢,刹车释放慢。

从图 2.5.2.6 可以看出,7KM 动作闭合时,放电电阻 R_f 被短路,施加在线圈两端的电压极性为左“+”右“-”,电流方向如实线箭头所示。7KM 释放断开时,放电电阻 R_f 被串入,线圈两端的反电势极性为右“$\boxed{+}$”左“$\boxed{-}$”,放电电流方向如虚线箭头所示。储存的电能通过整流桥的正向,流过放电电阻,能量消耗在放电电阻和线圈的内阻上。如果不设放电电阻,即放电电阻为零(仅有线圈内阻),能量只消耗在线圈的内阻上,刹车会明显地延时释放。

(4)浪涌吸收

电网中电感性负载的通、断经常会产生浪涌电压,尽管持续时间很短,但幅值可能很高,会击穿硅整流器。一般采用电阻和电容串联,称为阻容保护,吸收浪涌电压。如图中变压器次级的电阻器 R 和电容器 C。产生的浪涌电压对电容进行充电,充电电流流过电阻,浪涌的能量被消耗。曾经发生过因更换元件,拆开阻容保护的一根接线,使用时电源变压器烧坏。开始以为变压器质量不好,再检查发现是硅整流器击穿,变压器次级短路,而变压器容量较小,安放在初级的熔断器熔芯,没有起到保护作用。硅整流器击穿是因为没有阻容保护。

交流三速电动锚机控制原理图如图 2.5.2.7 所示。

7.其他电路

(1)电动机空间烘潮加热

电动机停止使用,从热态逐渐冷却,铁芯和绕组上会产生凝露,绕组绝缘下降。电动机内设置电加热器如图 2.5.2.7 中 R_h。变压器 T 次级提供 220 V 电源,用开关 SA 控制。

(2)运行电流指示

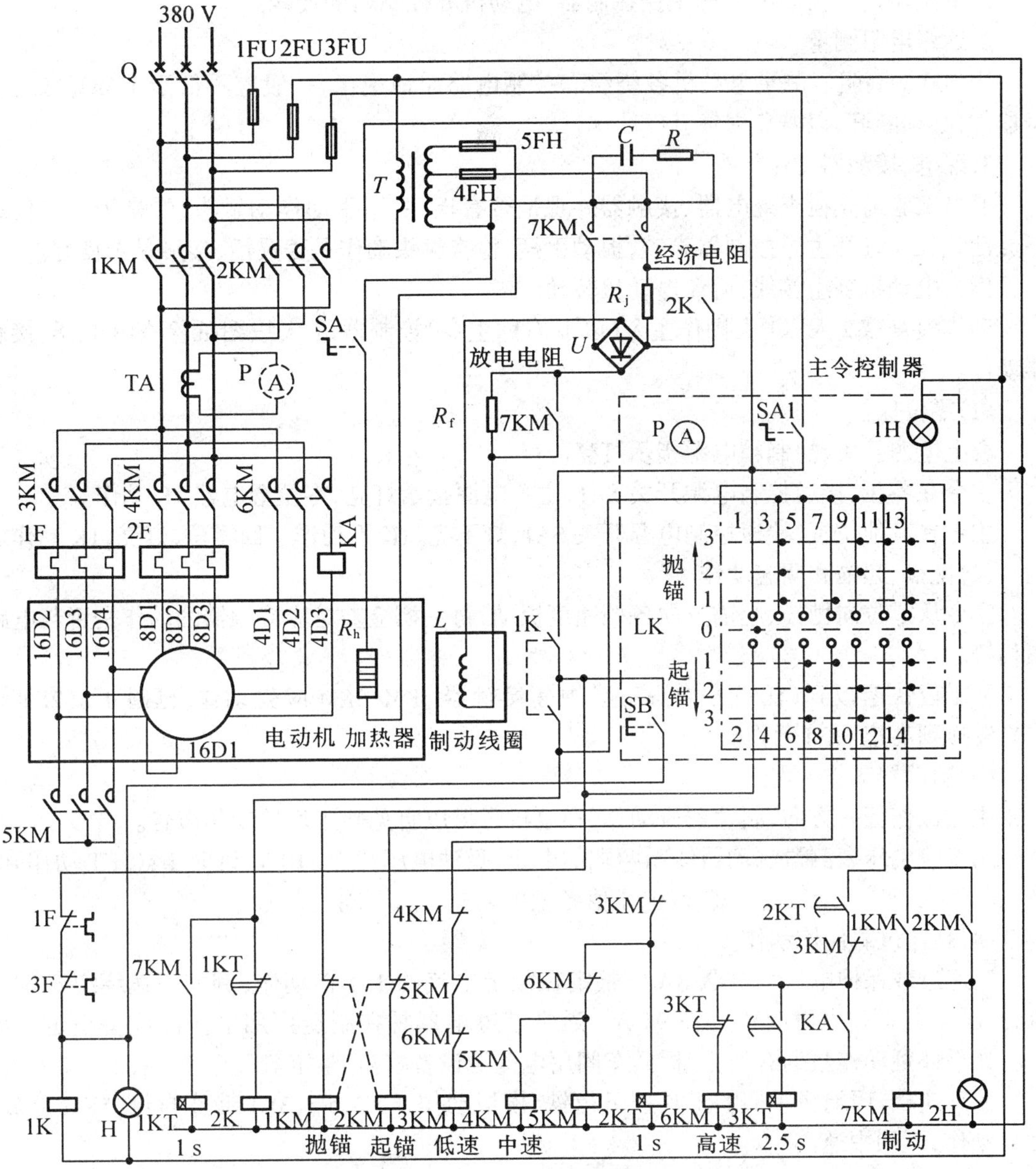

图 2.5.2.7　交流三速电动锚机控制原理图

如图 4.6.2.7 所示,在中间相设电流互感器 TA,次级接电流表 P 指示。电流表设在主令控制器上,供操作者看。

2.5.3　试验

锚机试验是电气配合机械进行试验。机械试验前,电气需进行系统接线检查、绝缘电阻测量、控制电路动作检查和电动机转向检查。

为了避免引起不必要的机械动作,应请机械工人将电动机与锚机的离合器脱开。

1.接线检查

通电试验前应按图纸检查主令控制器、电动机和控制箱的接线。

2.绝缘电阻测量

用500 V高阻表测量电动机各绕组和控制电路对地绝缘,一般应不低于1 MΩ,如有电子器件,必须断开,以避免损坏。

3.继电、接触器动作检查

通电试验前先检查继电器、接触器外观是否有损坏,用手动作动触头,看是否有卡住或不灵活现象。打开主令控制器壳盖,扳动手柄,检查触头动作是否灵活,接触是否良好。

拆去电动机绕组接线,避免电动机转动。

动作检查需2人。1人操作主令(以下简称主令)控制器,1人按图纸检查继电器、接触器动作。

(1)零位保护

合上电源开关,控制箱电源指示灯亮。

主令在零位,接通控制电源开关SA1,主令电源指示灯亮,零位继电器1K动作。

主令在其他位置,接通控制电源开关SA1,灯不亮,1K不动作。回零位,灯亮,1K动作。

(2)抛锚、起锚和调速动作

主令从零位向抛锚、起锚方向各档速度扳动,每一档检查对应接触器的动作是否与电路图相符。

从零位快速扳到(任一方向)高速,中速接触器4KM、5KM应先动作,延时1 s(2KT动作),转换到高速6KM动作。

(3)制动器动作

主令操作任一方向,制动器应动作,在电机旁可以听见刹车片的动作声音。

用直流电压表测量制动器线圈两端的电压,吸动电压约为110 V,延时1 s(1KT动作)经济电阻串入,吸持电压约为30 V(电压值各型电动机有所不同)。

(4)高速过载保护动作

高速过载保护电流继电器KA应整定在额定电流的1.1倍动作,例如高速绕组额定电流为85 A,则动作电流应整定在94 A。通常该继电器是在制造厂用电流源设备整定后出厂。如果怀疑动作数据有误,应拆回车间用电流源设备校验、整定。

在高速档,用绝缘手柄的工具按下衔铁,模拟动作,经2.5 s,3KT动作自保,5KM释放,4KM动作,返回中速。

4)电动机转向检查

3档转速接触器3KM、4KM、5KM输出分别通过3根3芯电缆与3组绕组连接。同一操作方向,抛锚或起锚,3档转速的旋转方向应是一致的。由于芯线对线或接线错误,有可能旋转方向不一致,这是绝对不允许的。

(1)接线检查

主要检查3根电缆连接的绕组是否正确和芯线与各相绕组连接是否正确。前面作继电、接触器动作检查时,电动机3组绕组的外部接线已拆下。

在不通电的情况下,用对线灯或其他对线器具校对3根电缆两端连接的是否同一转速接线端子。

大多数国内船厂的电工工艺,都规定电缆芯线端头有与图纸或电动机出线端子编号相符合的编号。同样用对线灯校对芯线接线是否正确。

在通电的情况下，用相序指示器检查同一操作方向、各档转速的相序应一致。

(2)转向检查

在通电的情况下，检查操作的方向与电动机的转向是否一致；同一操作方向、各档转速的转向是否一致。通常只需检查一个方向。

分别接入3个绕组，主令扳到对应的转速档，电动机的转向应一致。第一个绕组例如低速接入时，应先确认转向正确。

5)烘潮加热检查

在电动机加热器端子上用电压表或220 V校验灯检查，加热开关SA接通，端子上应有电压。

6)强迫运行操作检查

拆去热继电器1F或2F输出的任一接线，接通控制电源，主令置零位，零位继电器1K不动作、指示灯H不亮。按下强迫操作按钮SB，1K应动作、H应亮。

7)空载运转试验

恢复所有拆除的接线。操作主令两个方向和各档转速，从目视和听觉可以确认制动器的动作和各档转速的区别。每档启动时电流表都有明显指示。

8)负载运行试验

空载试验正常可以配合机械负载运行试验。

负载运行需要测量各档转速的负载电流。一般用钳形电流表校验主令上的电流表。钳形电流表的测量精度不高，其优点是可以转换测量量程。电动机每档启动时置于高量程，运行时置于与测量值相近的量程。如果对测量有疑义，也可以用精度高的(5 A)电流表，串入电流互感器的次级。例如电流互感器是150/5 A，接入电流表的满量程是150 A。为了避免启动电流损伤仪表，可以在电流互感器次级并联小开关，短路次级，需要校验时断开。

阻容保护 R、C 不要随意拆开接线，否则运行中会损坏整流器，导致控制变压器烧坏。